KB062572

우리도 몰랐던

우리 문화

우리도 몰랐던 우리 문화

우리와 우리 문화를 이해하는 키워드

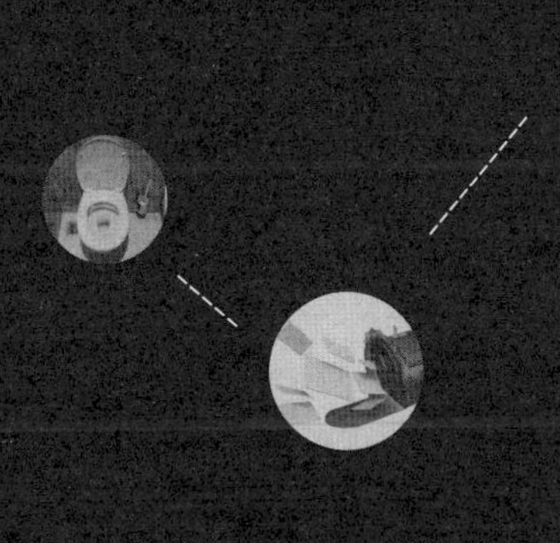

강준만 외 지음

인물과 사상사

죽음의 역사, 포스터의 역사, 석유의 역사, 화장실의 역사, 독신의 수난사, 성폭력의 역사, 매춘의 역사, 다이아몬드 잔혹사, 질병의 역사, 습관의 역사, 선물의 역사, 매너의 역사, 술의 역사, 남성 성기의 역사, 성형수술의 문화사, 빵의 역사, 육체의 문화사, 해적의 역사, 사랑의 역사, 섹스의 역사, 독서의 역사, 체모의 문화사, 거울의 역사, 똥오줌의 역사, 소문의 역사, 복권의 역사, 뇌물의 역사, 향신료의 역사, 철도여행의 역사, 기호품의 역사, 성애의 사회사, 음식의 역사, 자궁의 역사, 눈물의 역사, 디자인의 역사, 허영의 역사.

내 서가의 일부를 차지하고 있는 책의 제목들이다. 내 서가에 있는 이런 종류의 책 수백 권 가운데 극히 일부만을 뽑은 것이다. 이 책들은 모두 서양 저자들이 쓴 책을 번역한 것이고, 수백 권의 책 대부분 역시 서양 저자들이 쓴 것이다. 나는 이런 종류의 역사, 즉 미시사·일상사·생활문화사에 깊은 흥미를 갖고 있다.

2013년 6월 『방의 역사』라는 책이 번역·출간되었다. 여러 신문들이 '방의 역사'에 대한 서평을 크게 실었는데, 서평 기사들을 읽다가 『경향신문』 서영찬 기자가 쓴 기사에 눈길이 갔다. 기사의 다음과 같은 끝맺음이 인상적이었다.

"저자는 특히 19세기 소설 작품에 묘사된 방에 주목했다. 방을 묘사한 텍스트가 곧 사료이기 때문이다. 에밀 졸라와 귀스타브 플로베르는 방을 무대로 당대 풍경을 절묘하게 그려냈다고 평가된다. 책은 왕에서부터 노동자까지 방의 계층별 특징을 탐구하기도 하고 병자의 방, 감금하는 방 등처럼 속성별로 방을 들여다보기도 한다. 다만 아쉬운 점이 있다면 유럽 밖의 방은 안 보인다는 사실이다."[1]

그렇다. 국내에서 많이 출간된 미시사·일상사·생활문화사의 대부분은 유럽사다. 한국의 미시사·일상사·생활문화사를 다룬 책들은 드물다. 늘 이 점을 아쉽게 생각해 그간 나름으로 미시사·일상사·생활문화사와 관련된 책을 여러 권 출간했지만, 아직도 우리 것에 대한 관심 수준은 낮은 것 같다. 사실 '방의 역사'가 먼저 나와야 할 나라도 한국이 아닌가. 사랑방, 다방, 노래방, 찜질방, 피시방, 비디오방, 키스방, 룸살롱 등 한국처럼 다양한 방 문화가 발달한 나라가 또 있을까?

"문화는 드러내는 것보다 감추는 것이 훨씬 더 많으며, 더구나 묘한 것은 그 문화에 속한 사람들이 감춰진 바를 가장 모른다는 점이다. 나는 여러 해 동안 문화를 연구하면서 정말로 중요한 일은 외국 문화를 이해하는 것이 아니라 자신의 문화를 이해하는 것이라는 점을 확신하게 되었다." [2]

내가 자주 인용하는, 미국 문화인류학자 에드워드 홀Edward T. Hall, 1914-2009의 말이다. 이 관점에서 보자면 한국학의 불모지는 역설적으로 한국일지도 모른다. 한국인들은 단지 자신이 한국인이라는 이유만으로 한국을 잘 안다고 믿겠지만, 그건 꼭 그렇진 않다. 한국인은 자국의 역사와 경험에서 무언가 배우려 하지 않으며, 한국만의 특수성에 주목하지도 않는다.

그런 문제의식에서 출발한 이 책은 2013년 봄에 출간한 『우리가 몰랐던 세계 문화』처럼 내 강의 과목을 수강한 학생들과의 공동 작업이다. 이 책엔 내 글 3편을 포함해 모두 9편의 글이 실려 있지만, 팀으로 참여한 학생들도 있어 총 필자는 9명이다. 가나다순으로 열거하자면, 다음과 같다. 강준만, 김신철, 박소윤, 박지혜, 박현범, 유혜지, 이미정, 이소희, 전지연. 이들이 쓴 9편의 글 제목은 다음과 같다.

「"똥은 계급의 첨예한 반영"인가?: 화장실의 역사」(강준만). 「'피라미드 심리'의 원조인가?: '행운의 편지'의 역사」(김신철, 박소윤). 「왜 우리는 머리카락에 목숨을 거는가?: 두발 논란의 역사」(강준만). 「수신 이념의 진화인가?: 자기계발서의 역사」(유혜지), 「왜 발 없는 말이 천 리를 갈까?: 보부상과 행상의 역사」(전지연). 「우리에게 크리스마스는 무엇이었나?: 크리스마스의 역사」(강준만). 「1년 365일 사이클의 물신화인가?: 데이 마케팅의 역사」(이미정), 「왜 우리는 '배달의 민족'이 되었나?: 배달문화의 역사」(박현범, 박지혜). 「여성의 입술은 무엇을 말하는가?: 립스틱의 역사」(이소희).

글 제목들이 잘 말해주듯이, 우리는 그간 역사 연구의 주제로 거의 다루어지지 않은 주제들, 즉 우리도 몰랐던 우리 문화의 이모저모를 파고들었다. 그 이유만으로도 모두 다 각 주제에 대한 전문가라고도 말할 수 있다. 이 책의 주요 필자들이 20대의 학부생들이라고 해서 행여 낮춰보는 일이 없기를 바라는 마음에서 드리는 말씀이다. 주제의 신선함에 공감하는 독자들에게 이 책이 재미있고 유익하게 읽히길 바랄 뿐이다.

2014년 2월

대표 필자 강준만 올림

주

1 서영찬, 「[책과 삶] 은밀한 사생활의 공간, 혼자만의 '방'은 없었다…근대 이전에는」, 『경향신문』, 2013년 6월 15일.

2 에드워드 홀, 최효선 옮김, 『침묵의 언어』(한길사, 1959/2000), 58쪽. 여기서 '1959/2000'은 원서는 1959년에 출간되었으나, 한국에서 번역본은 2000년에 출간되었다는 것을 가리킨다.

차례

신문방송학과 교수

"똥은 계급의 첨예한 반영"인가?

한국 화장실의 역사

'먹는 것보다 싸는 것에 신경써야 한다'

아니 지저분하게 무슨 화장실과 '똥' 이야기야? 그렇게 생각할 분들도 있겠지만, 지난 1997년 5~6월 SBS-TV에서 김용옥의 〈명의 특강-성과 건강〉이 불러일으켰던 선풍을 생각해보시라. 당시 김용옥은 "먹는 것보다 싸는 것에 신경써야 한다", "똥은 많이 쌀수록 좋다", "똥구멍의 미학" 등을 역설했지만, 그걸 흉하다고 생각한 사람은 많지 않았다. 실제로 똥이 우리의 건강에 매우 중요한 화두라고 생각했기 때문일 것이다.

사람들은 매일 평균 4~5회, 시간상으로는 16분 정도를 화장실에서 보낸다. 여자는 5~7회로 18분이어서 평생 1년이 넘는 시간을 화장실에서 보낸다.[1] 다른 연구에 따르면, 남자는 일생에 거의 2년을, 여자는 약 4년을 화장

실에서 보낸다.[2]

어디 그뿐인가. 화장실은 독서 공간이기도 하다. 아서 밀러는 『화장실에서의 독서』에서 '화장실에서의 교양 연마'를 주장하면서 "좋은 책을 화장실로 데려가는 것은 결코 결례가 아니다. 다만 보잘것없는 책은 그럴 자격이 없다"고 했다. 프랑스 문화부 장관이었던 자크 랑은 화장실을 '문화 섭취의 공간'이라 했다.[3]

똥 자체가 풍자 문학의 대상이 되기도 했다. 남정현의 소설 「분지」, 김지하의 담시 「똥바다」가 그 대표적 예다. 차창룡은 똥과 변소를 소재한 시들을 썼는데, 자기 소유의 변소가 없어서 주인집 변소나 공중변소를 이용해야 하는 변두리 인생들의 애환을 묘사했다. 그는 「똥은 계급의 첨예한 반영이다–그들의 사당동」에서 "똥은 계급의 날카로운 거울"이라고 했다.[4] 최영철의 시 「아직도 쭈그리고 앉은 사람이 있다」는 이렇게 노래했다.

"세상에 나서 수세식 변소만 사용해본 딸아이는 모를 것이다……새벽도 오기 전에 앞다투어 산비탈 공중변소 앞에 줄을 서서 아직도 쭈그리고 앉은 사람을 기다리는 사람이 많다는 것을……누가 쏟아놓은 것인지도 모르는 똥덩어리 위에 또다시 자신의 똥을 내려놓으며 아직도 하나가 된 사람들이 많다는 것을……아직도 쭈그리고 앉은 사람이 있어 벌어진 널빤지 사이로 이쪽을 쏘아보고 있다는 것을 모를 것이다."[5]

'똥은 계급의 첨예한 반영'이라는 차창룡의 선언이 가슴에 와 닿는다. 국가적 차원에서 보더라도 그렇다. 개화기 시절에 조선을 다녀간 서양인들은 조선의 화장실이 얼마나 더러운가에 대한 기록을 남기곤 했지만, 오늘날엔 사정이 크게 달라졌다. 해방 이후 오늘에 이르기까지 한국인들은 범국민운동 차원의 '화장실 투쟁'을 전개해왔다. 한국 경제발전의 역사는 화장실의 변화사와 궤를 같이한다. 그러면서 동시에 화장실은 그 주인의 계급 수준을 반영했다. 화장실을 둘러싼 처절한 투쟁이 있었다. 그 투쟁사를 가벼운 마음으로 음미해보자. 이 글은 가급적 화장실에서 읽어야 제격이다.

화장실의 '문화 간 커뮤니케이션'

모든 동물은 배설을 하게 되어 있다. 인간도 예외는 아니다. 그게 무어 그리 큰 흉이란 말인가? 그런데 인간은 똥을 더러운 것으로 여기며 금기시한다. 인류 탄생 이래로 그랬을까? 그렇지 않았다. 모든 게 도시화 때문이었다. 인간이 도시에 몰려살다 보니 똥이 큰 문제가 되었다. 똥과 똥 싸는 일을 규제하는 건 법만으론 충분치 않았다. 문화적 금기도 필요했다. 우리는 지금도 그런 금기의 지배를 받고 있는 것이다.[6]

그런 금기의 발달 과정은 좀 복잡하다. 또 나라에 따라 다르다. 그래서 화장실은 '문화 간 커뮤니케이션intercultural communication'의 연구 대상이 되기도 한다. 지구 북반구에서 변기통의 물은 시계 방향으로 도는 반면, 남반구에서는 시계 반대 방향으로 회전한다.[7] 왜 그럴까? 연구해볼 만한 주제다.

슬로베니아의 철학자 슬라보이 지제크는 "똥은 생각의 대상이 될 수 있다"며 "전형적인 독일 화장실의 경우, 물을 누른 뒤 똥이 빠져나가는 구멍이 앞쪽에 있다. 그래서 화장실 이용자는 그 똥을 보고 냄새를 맡으면서 질병의 징후를 읽을 수 있다. 이와 반대로 전형적인 프랑스 화장실에는 변기

구멍이 뒤에 있다. 반면에 영국 화장실에는 일종의 절충식 변기구멍을 제시한다. 변기에 물이 가득 차 있어서 똥이 그 안에 둥둥 떠다닌다. 눈에 보이기는 하지만 검사를 할 수는 없는 것이다"라고 주장했다. 변기의 국가적 특성은 인간의 가장 기본적인 기능 즉, 대변의 처리에도 심리적 상흔과 이데올로기가 스며들어 있음을 보여준다는 것이다.[8]

우선 눈에 띄는 '문화 간 커뮤니케이션'의 연구 주제는 프라이버시와의 관련성이다. 프라이버시 개념이 동양에 비해 앞섰던 서양에서도 프라이버시가 뿌리를 내린 건 19세기부터였다. 그것도 부유층에만 국한되었다. 17세기까지만 해도 유럽에선 결혼 첫날밤 친척과 손님들이 신혼 부부의 침실에서 초야 치르는 것을 구경하는 것이 관례였다고 하니 더 말해 무엇하랴. 사정이 그러했던 만큼 17세기까지도 사람들은 종종 공개적인 장소에서 대소변을 보았다.[9]

17세기에 지어진 프랑스 베르사유 궁전은 길이 580미터에 2,000개나 되는 방을 갖추었지만, 화장실은 하나도 없었다. 그 대신 300개 정도의 요강이 있었다.[10] 루이 14세1638~1715 시절 루브르 궁전 방문자들은 안뜰, 발코니, 계단, 문 뒤 등 가리지 않고 여기저기에 대소변을 봄으로써 악취를 진동시켰지만, 그걸 당연하게 생각했다.[11] 루이 14세는 요강에서 볼 일을 보면서 사람들을 맞기도 했는데, 그때에 왕을 알현하는 건 가장 영예로운 일이었다.[12]

배설에 대한 프랑스인의 태도는 유럽의 다른 나라들과 크게 달랐다는 게 흥미롭다. 프랑스인들은 배설에 프라이버시 같은 의미를 두지 않았기 때문에 머리와 발이 밖으로 드러나는 옥외 화장실이 유행했다고 한다. 그

전통은 지금도 살아 있어 프랑스의 대부분의 공중화장실은 남녀 공용이며, 레스토랑에도 남녀 공용 화장실이 많지만, 프랑스인들은 그걸 별 문제로 여기지 않는다는 것이다.[13]

화장실에서 일어나는 사건들은 동서東西를 막론하고 비슷하다. 『똥오줌의 역사』의 저자인 마르탱 모네스티에는 사람들이 화장실에서 무엇을 하며 무슨 일이 벌어지는지에 주목했다. 배설하고 독서를 하는 것 이외에도 많은 일이 벌어진다는 것이다.

"화장실은 성찰과 긴장 완화, 숨돌리기뿐 아니라 무엇보다 '금지된 쾌락'의 장소이기도 하다. 더불어 위반, 금기, 위장, 그리고 은밀한 살인, 자살, 영아 살해를 위한 최적의 공간이며, 덜 극단적인 여러 유형의 감정적 행위들, 예컨대……엿보기의 근거지로 삼았던 장소이기도 하다."[14]

물론 이 모든 일은 한국에서도 똑같이 일어났다. 다만 한국의 화장실 역사에선 급격한 압축성장을 겪으면서 화장실의 계급성이 도드라졌고, 또 화장실이 늘 '나라의 체면' 운운하는 국가주의와 연결이 되었다는 점을 그 특징으로 들 수 있겠다.

밑을 닦는 문제

별 탈 없이 사용해온 화장실이 큰 사회적 이슈로 등장한 건 1920년대였다. 일제가 조선의 화장실을 개혁 대상으로 꼽았기 때문이다. 한국의 식자층도 그 취지엔 공감했기 때문에 1920년대의 이른바 '생활개선운동'은 관민 합동으로 전개되었다.

당시 조선총독부 측이 제시했던 개선사항은 1924년 잡지 『조선』에 실린 '생활개선에 관한 선언'에 잘 나타나 있는데, 이 중엔 조선의 재래식 변소의 비위생적 측면을 비판하면서 변소를 개량해야 한다는 게 들어 있었다. 변소의 위치를 집 뒤로 변경할 것과 청결하게 사용할 것 등의 요청과 더불어 요강의 폐지가 강하게 주장되었다.[15]

장보웅은 인류는 크게 밑을 씻는 민족과 밑을 씻지 않는 민족으로 나눌 수 있다고 했다. 유럽인들도 중세에는 밑을 씻지 않는 것이 당연한 것이었으며, 이런 전통은 지금도 캐나다 에스키모인과 사막의 유목민에게 남아 있다고 한다. 육식을 많이 하는 민족은 섬유질이 많은 식물성 음식을 주로 먹는 민족에 비해서 똥이 토끼 똥처럼 둥글고 굳기 때문에 뒤를 본 후에 밑을 닦지 않아도 항문을 비교적 깨끗하게 유지할 수 있기 때문이라는 것이다.[16]

물론 한국인은 그렇지 않았기에 밑을 닦는 게 중요한 문제였다. 오늘날과 같은 화장실용 화장지는 1879년 영국에서 발명되었지만, 일제 치하 한국은 아직 화장지의 시대는 아니었다. 손진태는 일본에서 발행되는 고고인류학 잡지 『돌맨』 1932년 11월호에 기고한 글에서 "한국의 농촌에서는 유아가 용변을 본 후에 그 뒤처리를 개에게 시키는 것은 도처에서 볼 수 있는 현상이다. 단, 성장한 아동이나 성인의 경우는 결코 그와 같이 하는 일이 없다. 어머니들은 유아를 안고 용변을 시키면서 개를 불러들여 엉덩이를 핥게 한 다음 걸레로 닦는다"고 했다.[17]

어른들은 나무 다발이나 헌 새끼줄을 이용했으며, 드물었지만 헌 신문지를 사용하기도 했다. 1995년 서울 강남에서 이동 화장실 업체를 경영한 이상정(60)은 "제가 어릴 때만 해도 볏짚을 둘둘 말아 쓰거나 먹고 난 옥수

숫대로 닦았지요. 넓은 나뭇잎이나 호박잎 · 깻잎도 쓸 만했습니다"라고 했다.[18]

해방 후 도시에서 밑을 닦는 데에 애용된 건 신문지였다. 물론 신문지는 고급에 속했고, 그건 다시 재생종이로 태어났다. 이동순은 "해방 직후에 찍어낸 각종 잡지들을 보면 당시의 심각했던 물자난과 힘겨웠던 경제사정을 짐작하고도 남음이 있다. 매우 결이 거친 마분지馬糞紙에 구멍이 숭숭 뚫렸다던가, 재생종이를 만드는 과정에서 미처 덜 파쇄된 신문지의 활자가 군데군데 거꾸로 박혀 있는 광경을 보면 눈물겹다. 더욱 기절초풍할 사실은 재생종이의 투박한 표면에 수상한(?) 고춧가루가 점잖게 박혀 있다는 점이다. 아마도 화장실 '질가미(휴지)'의 흔적이리라"고 했다.[19]

'청계천 화장실'과 '아이젠하워 양변기'

농촌에선 화장실이 문제될 게 없었지만 해방 후 급격히 유입된 인구로 인해 서울은 공중 화장실 문제로 늘 몸살을 앓아야 했다. 당시 신문들을 보면 이게 단골 기사로 등장하고 있다. 예컨대, 『조선일보』 1947년 1월 18일자는 다음과 같이 보도했다.

"수도의 현관인 서울역 공용변소에는 분뇨가 산을 이루고 있어 여객과 통행인의 코를 찌푸리게 하고 있는데, 내용을 알고 보니 청소 책임당국인 서울시 위생과에서는 중구 구청에 미루고 중구 구청에서는 아직 위생조합이 조직 안 되었으니 몇일 참아달라는 청탁이 있다 한다."

서울엔 화장실 없이 사는 사람도 많았다. 아니 없는 건 아니었다. 그들이 애용한 건 개천이었다. 청계천변에 들어선 판잣집 사람들은 청계천이 곧 화장실이었다. 김원일의 『불의 제전』은 '청계천 화장실'을 이렇게 묘사했다.

"1940년 초 그가 서울에서 대학에 다닐 때만도 오간수 다리에서 내려다보면 생활 하수가 섞여들었으나 물이 맑았고 그 물에 오리떼가 노닐었다. 큰물이 진 뒤면 이불호청이며 광목필을 빨아 물가 자갈 바닥에 늘어놓고 말리기도 했다. 그러나 판잣집들이 개천 위까지 긴 말목을 박고 늘어서고부터 청계천은 그 정착민들의 화장실이 되고 말았다. 변소간에서 똥오줌을 누면 바로 청계천에 떨어졌다. 채소 쓰레기며 휴지가 그대로 버려져 여름이면 파리떼와 모기가 들끓고 겨울철 어지간한 추위에도 청계천 물이 잘 얼지 않았다."[20]

6·25전쟁 중이라고 해서 볼일 안 보고 살 수는 없었다. 그러니 아무리 전쟁 중이라도 악취만큼은 가급적 막아야 했다. 당시 화장실은 경찰 소관이었는데, 경찰은 악취가 안 나게끔 변소를 개량하는 운동을 주관했다. 서울시 경찰국은 1951년 9월 12일부터 10일간 변소 개량 독려에 나서기도 했다.[21]

당시 변소에선 사고가 자주 발생하곤 했으니 경찰이 맡을 만도 했다. 『조선일보』 1952년 9월 20일자에 따르면, "어린이를 가진 부모들에게 주의를 환기시키는 변사 사건. 즉 서울시 회현동 195번지 조씨의 2남인 진석(4세)이란 어린이는 지난 15일 오전 11시 50분경부터 행방이 묘연하여 그의 부모들은 사방으로 찾은 바 있었는데 17일 아침 10시 반경 자기집 변소간에 빠져 죽은 것을 발견하였다고 한다".

1952년 12월 미국 대통령 당선자 드와이트 아이젠하워의 한국 방문은 한국 화장실 역사에 한 페이지는 아닐망정 몇 줄은 기록할 만한 사건을 남기기도 했다. 아이젠하워의 숙소는 종로 3가에 있는 운현궁을 쓰기로 했다. 그러나 운현궁은 한옥이어서 화장실과 난방이 문제였다. 남은 기한은 15일에 불과했다. 미8군은 그 공사를 당시 38세의 건설업자 정주영에게 맡겼다.

"양변기라곤 구경도 해본 적이 없는 정주영이었지만, 기간 내에 공사를 마치면 공사비를 갑절로 주지만, 공사를 못하면 벌금을 갑절로 내는 데 합의를 하고 정주영은 공사에 착수했다. 전쟁 중이라 변변히 남아 있는 것이 없었지만, 정주영은 일꾼들을 이끌고 용산의 고물상부터 뒤지기 시작했다. 모두가 피난가버린 빈 고물상에서 정주영은 보일러 통, 파이프, 세면대, 욕조, 양변기 들을 하나씩 찾아냈다. 주인이 없어 고물상 문짝에 가져간 물건과 돈 받을 곳을 써놓고 돌아왔다. 그렇게 주워 모은 자재들로 밤을 새우고 공사를 강행한 끝에 열이틀 만에 수세식 화장실과 난방공사를 완료했다. 약속시간 사흘 전에 정주영은 공사대금을 받으러 갔다. 공사가 성공리에 끝난 걸 확인한 미8군 관계자들은 정주영에게 '현다이 넘버원' 이라며 칭찬을 아끼지 않았다. 이 두 가지 사건으로 미군 관련 공사는 모두 정주영에게 맡겨졌다." [22]

도시의 '화장실 전쟁'

휴전이 되자 전쟁 중에 파괴된 공중 화장실 복구 작업과 더불어 모자란 화장실을 더 짓는 사업이 본격적으로 이루어졌다. 이는 중요한 뉴스로 취급되어 신문에 꼭 보도되곤 했다. 예컨대, 『조선일보』 1953년 9월 1일자에 따르면, "보건부 당국에 의하면 서울 시민의 보건 위생을 위하여 시내에 백 개소의 공중변소를 신설할 것이라고 한다".

1954년 4월 대통령 이승만은 각 부처 장관에게 관청 내에 있는 변소를 남자용 여자용으로 구별할 수 있도록 개조하라고 지시했다.[23] 이는 시대를 매우 앞서 간 생각이었지만, 당시 현실에선 사치스러운 느낌마저 주는 것이었다. 도시민의 일상적 삶에선 '화장실 전쟁'이라 해도 좋을 정도로 늘 화장실을 둘러싼 분쟁이 그치질 않았다. 주로 냄새 문제로 인한 갈등이었다.

『조선일보』 1954년 6월 18일자 기사 「변소 둘러싸고 옥신각신: 판사 부인과 싸우다 구속된 임부妊婦」는 냄새가 나니 변소를 옮겨달라고 다투다가 일어난 사건을 상세히 보도했다. 판사 부인 측은 임산부가 "판사가 뇌물을 먹었다"고 고함을 쳤다고 주장했고, 명예훼손 혐의로 구속된 임산부는 "옛부터 변소를 옮기면 사람이 죽는다 했기 때문에 우리 식구가 죽게 되면 너도 잘될 게 뭐냐 두고보자"는 말만 했다고 주장하는 등 진술이 엇갈렸다는 내용이다.

냄새 문제 이상으로 자주 일어난 갈등은 변소를 치는(분뇨를 수거하는) 문제였다. 요금 시비가 자주 일어났다. 『조선일보』 1954년 7월 27일자는 "미관상 좋지 못하다고 해서 요즈음 서울 시내에서는 밤중에 변소를 치어가게 되었다"며 "그래서 장맛비가 주룩주룩 내리는 어제 오늘 초저녁 잠을 자던 사람은 눈을 비비고 비를 맞아가며 변소 감시에" 나섰다고 했다.

"내버려두어도 상관 없으련만 대두 한 말 한 통에 30환씩이란 오물 수거료가 붙으니 한 통 푸고 두 통 펐다고 할까보아 걱정이 된다는 것. 미관과 고통과 어떤 것이 이익일까?"

분뇨 수거는 무시 못할 이권利權이기도 했다. 경찰이 분뇨 수거를 대행하는 업소를 지정했는데, 그 대행권을 차지하기 위해 국회의원들과 다른 기관들이 로비를 하는 등 치열한 암투가 벌어지곤 했다. 언론은 이 암투를 '눈부신 쟁탈전'이라고 비꼬았다.[24]

반면 공중 화장실은 늘 청결 문제로 원성이 자자했다. 이 문제를 해결하려고 급기야 유료 화장실이 등장했다. 『조선일보』 1956년 8월 1일자에 따르면, "서울 시내에 돈 받는 공중변소가 등장했다. 서울시 경찰국 바로 뒤에 자리잡은 북창시장 내 변소는 더럽기로 이름난 곳. 그런데 며칠 전부터 변소 입구에 대변 10환 소변 5환이란 간판이 붙고 한 소년이 입구에 앉아서 꼬박꼬박 돈을 받고 있다. 이래서 변소는 깨끗해졌으나 돈 내고 공중변소 쓰러가는 사람의 얼굴은 찡긋찡긋".

1958년 서울시는 광화문 광장에 있던 공동변소가 더럽다고 말썽이 나자 아예 공동변소를 철거해버리고 말았다. 이에 『조선일보』 1958년 10월 12일자 칼럼 「일사일언: 깨끗한 공동변소를 만들라」는 "서울 시내의 공동변소는 더럽기 짝이 없어 누구나 이용 가치보다도 불쾌를 느끼는 것이 사실이다. 문제가 된 광화문 네거리 공동변소로 말하더라도 악취가 상당한 거리에까지 미치고 분뇨조가 넘쳐서 도로로 흐르고 있는 형편이니 그대로 둘 수 없는 것도 또한 사실이다"며 다음과 같이 비판했다.

"이것을 철거하게 된 이유가 악취가 심하고 불결하다는 데 있을 것은 두말할 것 없는 것이다. 이와 같이 악취가 심하고 불결하다는 이유에서 광화문 공동변소를 철거했다고 하면 그 외의 공동변소도 다 철거하는 것이 당연하다 할 것이다. 그러나 위에서 말한 바와 같이 공동변소의 필요가 인정된다고 하면 무턱대고 철거만 할 수도 없는 것 또한 분명한 사실이다."

아파트와 수세식 화장실

수세식 화장실은 아직 먼 꿈이었다. 부자들은 은밀하게 수세식 화장실을 만들어 썼겠지만, 대중은 아직 넘보기 어려운 호사였다. 수세식 화장실이 선을 보인 건 아파트 덕분이었다. 해방 이후 최초의 아파트로 1958년 서울시 성북구 종암동에 중앙산업이 세운 종암아파트가 그 원조였다.

한 가구당 크기는 공용면적 포함 57.9제곱미터(약 17.3평)이었고, 4층짜리 건물 4동에 모두 152가구가 지어졌다. 이는 1956년부터 국제개발협력처에 의한 미국 자본의 재정 지원과 상업은행의 융자로 이루어진 것이었다. 독일 회사가 설계를 맡았고 외국 엔지니어들이 건설 계획에 참여했다. 당시에는 생소했던 '아파트먼트 하우스' 라는 용어를 도입했고 바로 여기서 '아파트' 라는 말이 생겨났다. 대통령 이승만은 아파트의 준공식에 참석해 아파트의 현대성과 특히 수세식 화장실의 설치를 높이 평가했다.[25] 종암아파트 입주자들은 정치가 · 예술가 · 대학교수 들이었고, 좁았지만 수돗물과 수세식 화장실 등과 같은 현대성의 상징을 자랑했다.[26]

사원 주택용으로 지은 것까지 포함한다면 최초의 아파트는 2년 전인 1956년으로 거슬러 올라가야 한다. 종암아파트를 세운 중앙산업이 을지로 4가와 청계천 4가 사이에 있는 주교동 230번지에 세운 중앙아파트로 3층짜리 1동(12세대)이었다. 한 세대당 면적은 66제곱미터(20평)으로 방 하나에 부엌 · 마루 · 화장실 등으로 되어 있었는데, 수세식 화장실과 입식 부엌이 신기하다며 구경하러 오는 사람도 있었다. 이어 중앙산업은 충정로에 6층짜리 개명아파트를 건설했고, 그러고 나서 종암아파트를 지었다.[27]

수세식 화장실이란 요물이 사람들의 화젯거리로 오르면서 '변소개량운동'도 본격화되었다. 이 운동을 전담하는 시민운동가도 나타났다. 1959년 8월 21일 변소개량운동가 임영환은 '어머니회'가 주최한 강연회에서 생활개선의 하나로 우선 변소를 개량해야 한다고 역설했다. 『조선일보』는 그 강연 요지를 게재했다.

"문명국이라 칭하는 외국의 거의 전부가 오래전부터 수세식 변소를 사용하고 있는데 4천 년 역사를 자랑하는 우리가 고대의 변소와 본질적으로 큰 차이 없는 변소를 현재에도 쓰고 있다는 것은 부끄럽기 짝이 없는 노릇이다. 서울 시내에 150개나 있다는 공동변소에 만약 외국인이 용변차 들어갔다고 가정하면 그들이 거기서 받는 인상 때문에 우리 국민의 위생 관념의 정도를 그릇 판단하게 되지 않을까. 또 우리는 교육적으로도 미술 음악 등 예술교육과 환경미화 등 생활지도를 통하여 성장 도상의 2세 국민의 정조情操 도야를 적극적으로 영위하고 있는데 가정에서나 학교에서나 현재대로의 재래식 변소에 하루에도 한두 번씩 가서 극히 불쾌한 시간을 갖게 되면 정서교육을 위한 모든 노력의 효과는 거의 수포로 돌아가고 말 것이다(나는 이것을 정서교육의 맹점이라 부른다)."[28]

‘시아버지와 며느리가 볼기짝을 맞닿을 수 없다’

그러나 여전히 대중의 주요 관심사는 공중변소였다. 너무도 더러웠기 때문이다. 『조선일보』 1959년 10월 17일자는 조치원에 사는 시민 김광식이 쓴 「역 변소를 깨끗이 하자」라는 글을 게재했다.

“종종 역 변소에 들를 때마다 느끼는 것은 형언할 수 없이 불결하다는 것이다.……또 변소 안에 앉으면 꼭 눈이 닿는 위치의 벽에 추잡한 낙서가 마구 그려 있어 얼굴을 찌푸리게 한다.……역 당국의 부단한 노력이 있기 바라며 한편 일반 사용자의 각별한 주의가 있기를 바란다”고 했다.

1960년대 들어서도 신문엔 여전히 공중변소에 관한 기사가 많이 등장했다. 『조선일보』 1960년 12월 3일자는 “고성군 거진면민 6천여 명이 살고 있는 면소재지에 공동변소가 하나밖에 없어 증설이 시급히 요청되고 있다”고 했다. 『조선일보』 1961년 7월 5일자에 따르면, “서울시 당국은 시내 1백89개소의 공중변소에 전등을 달기로 했었는데 4일 현재 중구 종로구 및 동대문구 관내의 공동변소에는 그 시설을 마쳤다고 한다. 지금까지 시내 공중변소에는 전등시설이 있어도 전구가 없거나 줄이 끊어져 제 구실을 못했으며 시민에게 많은 불편을 주었던 것이다. 한편 시 당국은 전등 정비에 이어 불결해진 변소의 안팎을 새로 깨끗이 칠할 것이라 한다”.

1962년 12월 1일 준공된 마포아파트는 다시 수세식 화장실을 사회적 화두로 떠오르게 했지만, 모든 이들이 다 수세식 화장실을 반긴 건 아니었다. 특히 노인들의 불만이 컸다. 노인들은 양변기가 못마땅한 이유로 “시아버지와 며느리가 볼기짝을 맞닿을 수 없다”는 이론을 내세웠다.[29]

라이프스타일을 하루 아침에 바꾸기도 어려운 일이었다. 당시 직접 아파트 내의 생활 실태를 시찰했던 대한주택공사 이사장 장동운은 "신문지를 휴지처럼 쓰고 생리대를 변기통에 처놓고 하다가 보니까 양변기가 막히는 등 첫 경험인 아파트 생활에 희비극도 많았습니다"라고 회고했다.[30]

겨울엔 수도가 얼어 붙자 수세식 변소의 취약점이 그대로 드러나기도 했다. 『조선일보』 1963년 1월 10일자 기사 「얼어붙은 수돗물: 마포아파트는 허울만 멀쩡」은 마포아파트에 사는 주부들이 수돗물이 얼어붙어 수세식 변기를 사용할 수 없다고 불평한다고 했다.

화장실 문제로 가장 고통스러워하는 사람들은 고지대 달동네 주민들이었다. 무엇보다도 분뇨 수거비가 그들의 형편에 비추어 너무 비쌌다. 원성이 자자해지자 구청이 개입하고 나섰다. 『조선일보』 1963년 2월 15일자에 따르면, "서대문구는 일반 가정 분뇨 수거에 있어 특히 고지대에 거주하는 주민들로부터 수거 인부들이 규정 요금(한 지게 6원) 외에 술값 등을 요구하는 일이 있어 조사반을 내어 조사시키기로 했다. 또 서대문구는 이러한 부당요금을 요구하는 수거 인부를 발견하면 즉시 완장번호를 알아두고 신고해주도록 요망했으며 정량대로 퍼가지 않는 인부도 아울러 신고해주도록 당부했다".

'공중변소는 돼지우릿간'

늘 그런 갈등이 끊이지 않았지만, 분뇨 수거는 일상의 중요한 풍경이었다. 영문학자 공덕룡은 「분뇨담」이라는 글에서 1960년대 서울을 회상하면서 "서울의 아침은 분뇨 청소부 외치는 소리로 밝아온다. 두부장수, 콩나물장수보다 한발 앞서, 그 묘한 외침이 소리를 끌며 골목길을 누비고 다니는 것이다. 그리고는 오물을 가득 채운 우마차가 최신식 세단차와 어깨를 비비다시피 달리는 진풍경이 벌어진다"고 했다.[31]

이병학은 1995년 "도시에서 자란 30대 이후 세대들은 분뇨 청소부들이 손수레를 끌고와 멜대 양쪽의 거름통에 '똥바가지'로 분뇨를 퍼담는 모습을 골목 가득한 '냄새'와 함께 아련하게 기억하고 있다. 퍼낸 통수에 따라 값을 치르는데 옆에 지켜 서 있지 않으면 통을 덜 채워 수를 늘리거나 운반하기 쉽게 '건데기'만 퍼가기 때문에 다투는 일도 흔했다"고 했다.[32]

그렇게 돈 문제가 걸려 있으니, 공중변소가 온전할 리 만무했다. 워낙 많은 사람이 이용하는데다 이용자들의 공중도덕심도 박약해 공중변소는 엉망진창이었다. 예컨대, 『조선일보』 1965년 6월 12일자는 정릉유원지의 공중변소가 "돼지우릿간을 연상케 하고 있다"고 고발했다. 누가 떼갔는지 변소 문짝마저 사라진데다 쓰레기가 수북히 쌓여 들어갈 수조차 없다는 내용이었다.[33]

정부도 예산 절감 차원에서였는지 공중변소 투자에 인색했다. 서울 영등포에 사는 고등학생 이일배는 『중앙일보』 1966년 3월 19일자에 「유료 공동변소 많이 세워라」라는 제목의 글을 투고했다.

"3백만이 넘는 서울의 인구가 집중적으로 뒤끓는 종로 세종로 서대문 로터리 등에 공중변소가 없다. 그뿐 아니라 서울역에도 구내변소는 있어도 공중변소는 없다. 이런 사람 많은 곳에서 좀 오래 돌아다니다 보면 용변할 곳이 없어 딱한 지경을 당한다. 유료 변소라도 좋다. 시 당국은 종로 광화문 명동 로터리 있는 곳 등 사람이 많이 모이는 곳에 공중변소를 세워라."

그런 상황에서 깨끗한 공중변소가 뉴스가 되는 건 당연한 일이었겠다. 『조선일보』 1966년 9월 22일자는 "우리나라에 처음으로 라디오와 세면대가 달린 공중변소가 생겨 이용자들의 칭찬을 받고 있다"고 보도했다.

"용산구 원효 3가 전차종점 옆 공중변소는 시설된 지 7년이나 되는 동안 거의 낡아빠져 분뇨가 주위에 흘러내리고 악취가 넘쳤었는데 원신동장 이교씨의 주선으로 동민 유지, 구－동 직원 등이 성금 2만여 원을 거두어 새로 단장, 21일부터 문을 열었다."

'사카린 밀수사건'

부자들은 수세식 양변기를 썼지만, 그런 부자의 수는 기껏해야 수백 명 수준에 머물렀던 것으로 보인다. 1966년에 일어난, 박정희 정권과 삼성의 합작으로 이루어진 이른바 '사카린 밀수사건'이 그걸 시사해주었다.

삼성의 밀수품목 중엔 양변기도 들어 있었다. 당시 부유층은 외제 화장실 양변기를 사용하고 있었지만 국내 생산품은 전무하던 상태였다. 그래서 양변기 하나에 외국에서는 3만 원이면 구입할 수 있는 걸 한국의 암시장에선 15만 원이었다. 그러니 양변기를 밀수하면 5배 장사가 가능했다. 그러나 그건 어디까지나 이론이었다. 삼성이 1차로 양변기 1백 개를 남대문 암시장에 풀었더니 가격이 10만 원으로 떨어졌다. 이는 그만큼 국내 시장 규모가 작았다는 걸 의미하는 것이었다.[34]

그래서 삼성은 사건이 터지고 나서 양변기를 무더기로 땅에 파묻었다. 당시 대검 특별수사반의 부반장으로 그 사건을 수사했던 이택규는 "6년 뒤

한국비료 공장 앞마당에서 양변기와 전화기 등 묻혀 있던 수입품이 무더기로 쏟아져나왔다"고 증언했다.[35]

사카린 밀수사건은 1966년 9월 22일 국회에서의 인분 세례 사건으로 이어졌다. 그날 대정부질문 발언자로 나온 '왕년의 주먹' 김두한은 흰 보자기에 싼 두 개의 통을 들고 발언대 책상 위에 올려놓았다. 그는 자신의 항일투쟁, 반공투쟁 경력 등을 소개한 뒤에 사카린 밀수사건을 비판했다.

김두한은 이어 "배운 게 없어서 말은 잘 할 줄 모르지만, 다른 사람이 할 줄 모르는 행동은 잘 할 수 있습니다"라고 말하더니 들고 온 통을 들고 국무위원석으로 다가갔다. 그는 "이것은 재벌이 도덕질해 먹는 것을 합리화시켜주는 내각을 규탄하는 국민의 사카린이올시다"라고 외치면서 통에 든 걸 뿌렸다. "똥이나 처먹어, 이 새끼들아. 고루고루 맛을 봐야 알지."

국무총리 정일권, 경제기획원 장관 장기영, 재무장관 김정렴, 법무장관 민복기, 상공장관 박충훈 등 국무위원들은 미처 피할 틈도 없이 인분을 뒤집어쓰고 말았다. 그 인분은 파고다공원 화장실에서 가져온 것이었다. 나중에 왜 하필이면 파고다공원 화장실의 인분을 가져왔느냐는 검사의 질문에 김두한은 이렇게 답했다.

"파고다공원에는 말이요, 일본 놈들과 싸우던 우리 민족의 얼이 담겨져 있단 말이요! 3·1독립운동을 일으킨 우리의 선열들의 넋이 깃들어 있는 곳이 바로 파고다공원이 아니겠소. 일본 놈들에게 또 다시 경제 침략을 당하는 짓들을 하고 있으니까 내가 의분을 참지 못해 파고다공원의 오물을 퍼오게 해서 이것을 국무위원을 향해서 뿌린 것이오."

김두한의 인분 세례에 국민은 박수를 보냈지만 국회 분위기는 해도 너무 했다는 것이었다. 김두한은 제명을 당했다. 정일권 내각은 인분 세례에 항의해 일괄 사표를 제출했으며, 박정희는 이 사건을 개탄하는 특별공한을 국회에 보냈다. 이 사건의 여파로 법무장관 민복기, 재무장관 김정렴이 해임되었다.[36]

분뇨 수거 갈등

1967년 2월 1일 서울시가 각계각층의 시민 1,000명을 대상으로 시정에 관한 여론을 조사한 결과, 시민들은 시에서 하고 있는 일 중 분뇨 수거에 가장 불만을 느끼고 있는 것으로 나타났다.[37]

『조선일보』 1967년 4월 22일자는 "요즘 서울시 '시민의 방' 에는 분뇨수거 인부들의 횡포를 호소하는 진정이 잇따르고 있다. 이들은 시 조례에 규정되어 있는 수거수수료의 곱절이 넘는 수수료를 요구하고, 주부들이 이를 거절하면 예사로 수거의 뒤처리를 지저분하게 하거나 수거를 거부하고 있다는 것이다" 고 보도했다

말썽이 끊이지 않자, 서울시는 1968년 4월부터 분뇨 수거에 쿠폰제를 도입했다. 주민들이 동사무소에서 받아놓은 쿠폰을 분뇨 한 지게에 한 장씩 수거 인부에게 교환하면 인부는 이 쿠폰을 동사무소의 확인을 거쳐 대행업자에게 넘기고 대행업자가 시에서 경비를 지불받도록 하는 방식이었다. 쿠폰이 물증이 되므로 수거 인부들이 변두리나 고지대의 분뇨 수거를 기피하는 걸 막을 수 있다는 취지로 도입한 것이었다.[38]

분뇨 수거료가 너무 낮은 것도 문제였다. 그래서 서울시는 1968년부터

분뇨 수거료를 한 지게에 6원 하던 것을 3배가 넘는 20원으로 올리기로 했다. 시 당국은 현 요금이 15년 전인 1952년에 책정된 것으로 매달 600만 원을 수거 대행업자에게 보조해주고 있다는 등의 이유를 들었다.[39]

당시 한국 화장실 수준을 잘 말해준 게 김포국제공항이었다. 『조선일보』 1968년 6월 8일자에 따르면, "김포국제공항의 화장실이 불결한 것은 이미 국제적으로 널리 알려져 있지만 10일 낮 JAL기편으로 내린 영국인 존 클레이턴(54) 씨 때문에 다시 한 번 망신을 샀다. 클레이턴 씨는 이날 용변을 보려고 입국 터미널 변소에 들어갔다가 휴지가 없어 변소 안에서 휴지를 달라고 소리를 질러 당황한 직원이 종이를 갖다주어 용변을 간신히 해결. 물도 안 나오는 오물투성이의 '밀실'에서 나온 클레이턴 씨는 얼굴을 찡그리며 총총히 사라졌다."

화장실을 깨끗하게 관리할 수 있는 유일한 방안은 유료화였다. 그래서 고객들에게 화장실 이용료를 받는 백화점까지 나타났다. 『조선일보』 1968년 6월 13일자엔 '남의 걱정 잘하는 한 시민'이라는 이름의 독자 편지가 실리기도 했다.

"서울 세운상가 백화점에서는 건물 안의 변소를 이용하는 사람에게 1인당 5원씩 요금을 받고 있다. 사회가 아무리 영리주의로 되었지만 대백화점이 자체 변소 하나 관리 못할 정도는 아니라고 본다면 너무나 얄미운 상혼이다. 하기야 공중변소나 조그만 기업체라면 오물수거료조로 그 정도의 사용료는 받아낼 만하다. 그러나 그만 한 백화점에서 드나드는 손님이 소변 한 번 보는데도 얼마를 받아낸다는 것은 정말 너무한 일이다. 앞으로 모든 일이 이런 식으로만 된다면 돈 없는 사람은 길을 다니면서도 용변할 깡통 하나씩은 차고 다녀야 할 판이다."

'공동변소'의 추억

훗날 『경향신문』의 인기연재물 「잃어버린 시절을 찾아서」는 10번째로 '공동변소'를 다루었는데, 이는 비단 1960년대뿐만 아니라 1970년대와 1980년대 달동네의 공동변소 풍경이기도 했다.

"달동네엔 집집마다 변소가 있질 않았다. 산 아래 시장동네는 가겟방 만들어 세놓느라, 산 윗동네는 방 한 칸이라도 더 달아매 세 놔먹느라 변소를 만들지 않았다. 어차피 공동변소가 있으니까. 그래서 달동네에서 그나마 돈이 돈다는 시장통 사람들도 공동변소를 썼다. 산 윗동네에도 아침마다 사람들이 신문쪼가리 구겨들고 발을 동동 구르며 줄 서 있던 공동변소가 있었다. 윗동네 공동변소는 주민 복지시설이었는지 돈을 내지 않았는데, 시장통은 돈을 내고 쓰는 사설 공동변소인 경우가 많았다. 공동변소는 시장에서도 사람이 많이 꼬이는 곳인 만큼 제법 큰 건물에 속했다. 들어가면 오줌 누는 곳이 있고 똥 누는 칸이 여럿 있었다. 냄새가 새나가지 않도록 지은 탓인지 창문은 거의 없었고 그만큼 공동변소는 더 어두웠다. 그래서 낮에도 무섬 타는 아이들은 들어갈 엄두를 안 냈다."

이 기사는 "아이들은 낮에도 촛불을 켜들고 변소엘 갔다. 양초가 없으면 길거리에서 종이쪼가리를 주워가지고 가서 성냥으로 불을 붙여놓고 일을 봤다. 종이를 조금씩 태워야 큰일을 다 볼 때까지 변소 안을 밝힐 수 있었다. 매운 연기에 콜록거렸지만 그래도 아이들에겐 무서운 것보다는 나았다"고 했다.

"공동변소는 동네 사람이 함께 쓰는지라 아주 깊었다. 그래서 똥을 푼 날은 밑바닥이 보이지 않을 정도로 깊었다. 똥은 똥 푸는 아저씨들이 바가지로 퍼 지게로 져 날랐다. 똥 누는 구멍이 어른용이라 가끔씩 철 모르는 꼬맹이들이 혼자 변소 갔다가 빠지기도 했다. 그러면 부모들은 아이들을 씻긴 뒤 똥독 오르지 말라고 고사떡을 해먹었다. 팥고물과 쌀가루를 켜켜이 재서 시루에 찐 떡이었다. 아이들이 떡접시를 들고 동네 한 바퀴를 돌았다.

이어 이 기사는 "지금은 여고괴담이 어쩌니 하지만 그때 괴담 중 괴담은 역시 변소괴담이었다. 변소 아래서 빨간 손이 쑥 나와 '밑 닦아줄까!' 한다는 이야기였다. 그런 이야기를 들으면 진짜 변소 아래서 빨간 손이 나올 것 같았다. 그래서 공동변소에 갈 때마다 형이나 동생을 데리고 가 밖에 보초를 세웠다"고 했다.

"공동변소는 사람들이 많이 꾀는 곳이라 벽에 포스터도 많이 붙여놨다. 특히 영화 포스터는 프로가 바뀔 때마다 극장에서 사람들이 나와 새 포스터를 붙이고 이전 것은 거둬갔다. 새 포스터도 찢어진 것이 많았던 것으로 봐, 프로가 끝나면 영화필름과 함께 포스터도 다른 극장으로 넘겨줬던 것 같다. 포스터를 붙이면 그 대가로 극장에서 '초대권'을 줬다. 50원짜리 영화면 한 10원만 주면 볼 수 있는 할인권도 있었고 아주 공짜로 볼 수 있는 무료초대권도 있었다. 그래서 아이들에게 자주 놀림을 받았던 공동변소 주인 아들도 극장 프로가 바뀌는 날은 어깨를 펴고 다녔다. 특히 홍콩배우 왕우의 〈외팔이〉나 박노식이의 주먹영화가 나올 때면." [40]

정화조 없는 수세식 변소

1960년대 말엔 화장실의 청결을 상품화하는 이색 직업이 등장했다. 『중앙일보』 1969년 6월 24일자 기사 「이색 기업: 화장실업」은 "변소가 화장실로 변하고 팁이 어느덧 우리의 몸에 배기 시작하면서부터 함께 등장한 이 사업은 주로 카바레, 바, 나이트클럽 등을 중심으로 성업 중이다"며 "창업비는 전세 계약금으로 20만 원 내지 50만 원이 들지만 무교동 S나이트클럽의 화장실은 보증금 없이 하루 1천5백 원씩 권리금을 내고 남는 것이 순수입이다. 화장실 영업의 수입원은 취객의 주머니에서 희사(?)되는 팁뿐이다"고 했다.

"이 팁은 대체로 주는 쪽의 기분에 달려 있기 때문에 비록 2평 남짓한 화장실이 영업장소이긴 해도 향수를 뿌려 악취를 없애고 휘황하게 형광등을 밝혀주는 사람의 마음이 결코 어둡지 않도록 신경을 다 써야 한다. 이곳에서는 모든 취객이 '사장님'으로 불리며 '사장님'의 '생리작업'이 끝나면 미리 준비된 물수건이 바쳐진다. 그리고 네모반듯한 거울, 그 밑의 화장대에 놓여 있는 '헤어스프레이', '스킨로션', '헤어로션' 등 이른바 남성용 화장품 세례를 받게 되고 양복과 구도에는 손질이 요란스럽다. 올 때마다 팁을 어김없이 주는 낯익은 단골손님에게는 음주 전후에 좋다는 약도 서비스된다. 이런 서비스를 받은 '사장님'의 취한 체면은 화장대 위에 놓여 있는 둥근 쟁반에 1백 원짜리 지폐를 던지게 마련이고 때로는 술김에 빳빳한 5백 원권을 희사하기도 한다."

아직 화장실용 화장지를 사용하지 않는 나라에서 웃기는 풍경이었다. 시민아파트가 대량 건설되던 1969년 7월 아파트 건설현장을 돌아본 한양대 건축과 교수 홍봉희는 "영세민 아파트에 화장지를 사용해야 하는 수세식 변소를 설치한다는 것부터가 넌센스"라고 했다.[41] 아직 신문지와 더불어 이른바 '푸대종이'가 화장지로 많이 쓰이던 시절이었다. 시멘트나 밀가루를 담았던 푸대종이는 질기고 딱딱했기 때문에 "변소에 들어가 앉기 무섭게 두 손으로 종이를 구겼다 폈다 하며 딱딱한 종이를 부드럽게 만들어야 했다."[42]

제법 늘기 시작한 수세식 변소도 엉터리였다. 정화조 없이 하수구로 직결된 수세식 변소가 많아 오히려 한강을 더 오염시켰다. 1969년 서울시 조사에 따르면, 전체 수세식 변소 1만 6,769개 가운데 정화조를 설치하지 않은 게 1,000여 개소, 정화조가 있으나 용량이 적거나 낡아서 기능을 발휘하지 못하는 불량 수세식 변소가 2,000여 개소에 이르렀다.[43] 1970년 6월 서울시는 서울 시내의 분뇨 중 54.6퍼센트가 곧장 한강으로 버려지고 있다고 집계했다.[44]

아직 공공장소의 남녀 화장실도 미분리된 상태였다. 법학박사 강구진은 『조선일보』 1970년 10월 7일자에 기고한 칼럼에서 "만약 우리나라에서 소위 여권운동이란 것이 일어난다면 나는 여성 지도자들에게 화장실의 분리부터 주장할 것을 권하고 싶다. 또 화장실 분리를 주장하는 김에 여자화장실 안에는 여자들이 항용 들고다니는 핸드백 정도 놓아둘 수 있는 탁자를 반드시 비치해달라고 요청하면 어떨까"라고 했다.

'자가용차보다 수세식 변소를 갖자'

1972년 화장실 '뚜껑 만들어 달기' 운동이 벌어졌다. 『조선일보』 1972년 4월 13일자는 "새마을운동이 아니더라도 여름이 시작되기 전 가정마다 꼭 해야 할 것이 있다. 골목마다 풍기는 변소의 악취를 막아야 하는 일이다. 서울시는 한때 동회장 책임으로 가정변소의 오물 푸는 곳 '뚜껑 만들어 달기'를 벌였었으나 다시 '변소가 들여다보이는 골목'이 되어버렸다. 민주 시민의 긍지(?)는 우선 뚜껑 만들어 달기부터 시작돼야 할 일이 아닐까?"라고 했다.

1972년 말 현재 50여 만 개소의 서울 시내 변소 중 수세식은 약 7퍼센트인 3만 1,000여 개소로 집계되었다. 서울시는 1973년부터 상하수도 시설이 갖춰진 지역에서 면적 66제곱미터(20평) 이상의 신축건물에는 수세식 변소 시설 설치를 의무화하기로 했다.[45]

서울대 보건대학원 교수 허정은 『조선일보』 1973년 9월 8일자에 기고한 「자가용차보다 수세식 변소를 갖자」라는 칼럼에서 "오래간만에 집에서 일요일을 조용히 지내노라면 옆집에서 인분을 푸는 냄새 때문에 기분을 잡치는 수가 있다. 또 도심지의 공해에서 벗어나기 위해 교외에 나가도 밭에 준 인분 냄새 때문에 제대로 호흡도 하기 어려운 경우가 있다"며 "자가용차나 난방시설에 앞서 수세식 변소와 부패조 설치는 현대적인 생활을 영위하는 데 필수불가결의 시설이라는 것을 알아야 하겠다"고 했다.

1974년 9월 서울시장 구자춘은 앞으로 신축주택엔 반드시 수조식水槽式 변소를 갖추도록 하고 기존 주택의 변소도 빠른 시일 안에 수조식 내지 수세식으로 개량하라고 지시했다.[46] 서울시는 1975년부터 분뇨 수거료를 건

평에 따라 5등급으로 차등 부과해 평균 100퍼센트 인상했다.[47]

이처럼 정부는 수세식으로 바꾸도록 압박을 가했지만, 후진적 화장실 문화는 여전했다. 『조선일보』 1976년 7월 16일자 사설에 따르면, "다방이나 주점의 상당수는 고급의자와 탁자, 화려한 장치로 꾸며지고 있다. 고전적 풍취가 서리는 장식품에서 초현대적 추상화까지를 걸어놓고 미려한 음향을 값비싼 하이파이를 통해 부드러이 흘려 보내고 있다. 가히 들를 만한 곳이다. 모든 것이 20세기 후반기에서도 선진적 감흥을 표현하고 있지만, 그런데 일단 화장실을 찾아가면 그야말로 후진적이다. 어떤 것은 30년 전, 아니 50년 전의 그것을 방불케할이만큼 더러운 채로 방치되고 있다".

서울대 교수 구인환은 『조선일보』 1977년 7월 13일자에 기고한 칼럼에서 "다방에 들르면 고객에게 화장실의 열쇠를 주는 경우가 많고, 일부 터미널이나 역에선 유료 화장실을 사용해야 한다"며 "자기 다방을 이용하는 고객에게 일일이 열쇠를 주고받는 불편을 주는 것이나, 하루 몇만 명이 드나드는 승객에게 화장실 사용료를 받고 있는 서울의 역들이나 일부 고속터미널의 처사는 아무리 호의로 이해하려고 해도 납득이 되지 않는다"고 했다.

"이제 우리도 공중의 화장실쯤 깨끗하게 쓸 수 있지 않을까. 유료 화장실은 국어사전의 사어死語로 남겨놓고 불편없이 살아갈 수 있게 말이다."

1979년 현재 서울에는 72만 1,500여 개소의 변소 가운데 39.3퍼센트인 28만 3,820개소가 수세식 변소였다. 그러나 대부분 정화조 기능이 엉망이어서 한강 오염의 주원인이 되었다.[48]

1980년대의 '화장실 혁명'

1980년대는 화장실의 대변혁기였다. 외국인의 눈을 의식하는 한국 특유의 문화가 만들어낸 변화였다. 서울올림픽은 1988년 9월에 개최되었지만, 올림픽의 서울 유치가 확정된 건 7년 전인 1981년 9월이었다. 그해 11월엔 86아시안게임의 서울 유치도 확정되었다. 아시안게임과 더불어 서울올림픽은 5공 정권이 민주화를 유예시키기 위해 휘두를 수 있는 최상의 카드였다. 이후 '8688' 은 마법의 주문이 되었다. 물론 그 마법의 주문은 화장실을 바꾸는 데에도 원동력으로 작용했다.

1982년 6월 대형건물 화장실을 개방하는 조치가 취해졌고, 1983년 7월 서울시는 재래식 화장실을 가진 위생업소는 수세식 시설로 바꾸거나 아니면 이전 · 전업하라고 압박을 가했으며, 1983년 8월엔 모든 주유소에 공중변소 설치를 의무화했다.[49] 언론도 더욱 센 압박을 가하고 나섰다. 『조선일보』 1983년 8월 16일자 기사 「시급한 '화장실 혁명': 현 상태로는 올림픽 치르기 어렵다」는 정부가 좀더 적극적으로 나서라고 촉구했다.

1983년 9월 이동식 차량 화장실이 등장했다. 서울시는 6대를 시험제작해 각종 야외행사장 등 많은 인파가 모이는 장소에 우선 설치 · 운영했다. 서울 시내 초 · 중 · 고교의 화장실을 1986년 말까지 100퍼센트 수세식으로 바꾸기로 했으며, 또 9월부터 신축 대형빌딩에 공중변소 시설을 의무화했다.[50]

1983년 10월 한국관광공사가 20세 이상의 주한 외국인 3,000명을 대상으로 실시한 여론조사 결과, 여행시 가장 불편을 느끼고 있는 것으로 '불결한 화장실' 을 1위로 꼽았다. 전체 응답자의 48.8퍼센트였다.[51]

이후 86아시안게임이 열리기까지 대대적인 화장실 청결운동이 벌어져 꽤 큰 변화를 이루어냈다. 86아시안게임에선 17개 경기장 밖에 설치된 420개의 간이화장실이 큰 역할을 했다. 아시안게임조직위원회에서 간이 화장실 설치·관리 위촉을 받은 이상정은 "이동화장실 개발 필요성을 처음으로 느낀 것은 1984년 교황 바오로 2세가 여의도광장에서 집전한 미사에 1백만 신도가 모인 것을 보고나서입니다"라고 말했다.[52]

이제 남은 건 88올림픽이었다. 『조선일보』 사회부장 신용석은 1988년 1월 21일자 칼럼 「올림픽 화장실」에서 "현대식 시설과 규모를 자랑하는 올림픽 스타디움이 바라보이는 곳에 불결하기 짝이 없는 화장실이 존재하고 있다면 과연 서울올림픽을 멋진 제전祭典이라고 평가할 사람은 없을 것이다. 금년은 올림픽의 해다. 이제는 초읽기와도 같이 바로 눈앞에 닥친 서울올림픽을 위해 모두가 적극적으로 나서야 할 때인 것이다"고 역설했다.

1988년 6월 서울시는 일반 가정과 사찰에 있는 재래식 화장실의 수세식 개량을 의무화, 연말까지 화장실을 개량하는 건물주에게는 정화조 설치 비용을 무상지원해주기로 했다. 수세식 화장실이 의무화되는 지역은 상-하수도 시설이 완비된 곳으로 시내 대부분의 지역이 해당되었으며, 의무 지역으로 확정된 후 1년 이내에 개량하지 않으면 건물주에 과태료를 부과하기로 했다. 서울시는 재래식 화장실을 개량하는 일반 가정에는 화장실 1개소당 10만 원씩의 보조금을 지급했다.[53]

1991년의 '화장실 사건'들

서울올림픽을 성공적으로 치른 이후에도 이미 가속이 붙은 '화장실 혁명' 운동은 계속 이루어졌다. 수세식 화장실 비율은 1985년 37.8퍼센트에서 1989년 말 현재 서울 76퍼센트 부산 56퍼센트 등 평균 61퍼센트로 크게 높아졌지만, 영국 99퍼센트, 독일 97퍼센트, 미국 96퍼센트, 일본 90퍼센트, 싱가포르 85퍼센트 등에 비해 크게 뒤져 있었고, 서울의 공중화장실은 1,139개소로 인구 1만 명당 1개소에 불과한 실정이었기 때문이다.[54]

1991년 3월부터는 연면적 2,500제곱미터(758평) 이상의 대형건축물을 지으려면 지상 1층에 일반대중이 자유롭게 이용할 수 있는 공용화장실을 의무적으로 설치해야 했다.

대변화를 앞둔 과도기적 상황 때문이었을까? 1991년엔 유난히 '화장실 사건'이 많이 일어났다. 몇 가지 이상한 사건들을 살펴보기로 하자.

1991년 5월 서울 서초경찰서는 화장실 청소 문제로 세입자와 시비를 벌인 끝에 오물을 퍼내 셋방에 뿌린 윤모씨(34 · 서울시 내곡동)에 대해 폭력행위 등 처벌에 관한 법률위반혐의로 구속영장을 신청했다. 윤씨는 어린이날인 5일 밤 9시 30분쯤 술에 만취해 귀가, 평소 세입자 손모씨(53 · 여)가 화장실 청소를 하지 않는 데 불만을 터뜨리며 말다툼 끝에 오물 반바가지를 퍼내 손씨의 방과 부엌에 뿌렸다는 것이다.[55]

1991년 9월 서울 영등포경찰서는 이모씨(28 · 무직)를 상해치사 혐의로 구속영장을 신청하고 최모씨(28)를 같은 혐의로 수배했다. 이들은 6일 하오 10시 40분쯤 서울 영등포구 영등포 1동 김모씨(35)집 앞길에서 평소 알고 지내던 김씨에게 "용변을 보겠다"며 화장실문을 열어줄 것을 요구했으나 거절당하자 갖고 있던 과도로 김씨의 배를 찔러 숨지게 하고 말리던 이웃 주민 2명에게도 흉기를 휘둘러 상처를 입혔다.[56]

1991년 9월 경남 진주경찰서는 임신한 사실을 모르고 있다가 화장실에서 어린이를 낳아 숨지게 한 진주 시내 모 여고 3년 ㅈ모양(17)을 영아 살해 혐의로 입건했다.[57]

1991년 9월 서울 성동경찰서는 지하철역 구내 여자화장실에서 상습적으로 금품을 훔쳐온 재수생 박모군(19)을 절도혐의로 구속했다. 박군은 8월 24일 하오 11시 30분쯤 서울 성동구 행당동 지하철 2호선 한양대역 구내 여자화장실에 들어가 좌변기를 딛고 올라가 옆칸에서 용변을 보던 손 모 양(22)이 옷걸이에 걸어 놓은 손가방을 몰래 훔치는 등 같은 수법으로 6차례 절도를 저질렀다.[58]

'비데 붐'과 삼성의 '화장실 혁명' 운동

1993년 수세식 화장실 보급률은 64.8퍼센트로 높아졌으며, '비데 붐'이 일어 1993년 한 해 동안 4만 가구가 비데를 설치했다.[59] 반면 달동네는 여전히 화장실 문제로 고통받고 있었다. 1991년 경제기획원의 집계에 따르면, 무허가 또는 노후 불량주택이 밀집한 달동네는 전국적으로 529개 지구에 달했으며 모두 131만 6,000가구 131만 3,000명의 주민이 16만 3,000채의 주택에 살고 있었다. 집 한 채당 거주자 수는 8.1명꼴이었으며, 전체의 39.6퍼센트는 단칸방에서 거주하고 약 30퍼센트는 단독화장실이 없어 공동변소를 이용하는 것으로 나타났다. 화장실의 75.4퍼센트는 재래식 변소였다.[60]

1995년부터는 환경부가 발벗고 나섰다. 환경부는 1995년 2월 하수종말 처리장이 가동 중인 구역 내 기존 건축물에 설치되어 있는 재래식 화장실은 앞으로 3년 이내에 반드시 수세식으로 개조해야 한다는 내용의 하수도법 시행령 및 시행규칙을 개정 · 공포했다. 수세식 개조 의무화 대상가구는 전국에 걸쳐 45만 9,000가구였다.[61]

삼성그룹도 '화장실 혁명' 을 부르짖고 나섰다. 1995년 3월 삼성그룹은 연말까지 전국 모든 사업장의 화장실을 호텔 수준으로 고급화해 '생각하는 공간' 으로 바꾸기로 했다고 발표했다. 삼성그룹은 "하급생활공간인 화장실을 고급화해 생활의 질을 높이라는 이건희 회장 지시에 따라 태평로 본관 회장 비서실층부터 최근 공사에 착수했다" 며 "내부조사 결과 하루에 화장실에서 보내는 시간이 평균 40분에 이르고 화장실에서 아이디어가 반짝 떠오르는 경우가 많아 회장께서 이런 결정을 내린 것으로 안다" 고 밝혔다.[62]

이는 다른 그룹에도 퍼져나갔다. 1995년 말 동아그룹은 7억여 원을 들여 그룹 본사 화장실을 개조했다. 이는 1995년 초 회장 최원석이 "화장실을 '아이디어 창출을 위한 공간', '고객 만족을 위한 서비스 공간' 으로 만들자" 고 역설한 데 따른 것이었다.[63]

1995년 김형국은 지난 한 세대 동안의 도시화와 공업화 과정에서 이루어진 가장 괄목할 만한 진전은 도시 가정 내의 개인 위생 시설, 즉 화장실의 보급이라고 평가했다.

"아주 저돌적인 3공 시절의 계관桂冠 경제학자 한 분이 현대 한국 경제의 초기 성과는 부드러운 클리넥스 종이로 뒷처리를 할 수 있는 수준으로 나아졌다는 한마디 말로 요약할 수 있다는, 이례적이지만 실감나는 공언公言처럼 화장실이 대거 수세좌식水洗座式으로 바뀐 것이다. 아파트의 대량보급과 함께 화장실이 수세좌식으로 바뀐 것인데, 일의 순리로 말하면 현대식 변소의 도입이 아파트 생활방식의 확산에 일조했다." [64]

■ **화장실 용도의 다양화**

점차 화장실의 용도도 다목적으로 바뀌기 시작했다. 용변을 보는 것 이외에 화장실에서 하는 다른 일이 많아졌다는 뜻이다.

1995년 6월부터 그간 남자화장실에만 놓여 있었던 콘돔자동판매기가 여자화장실에도 설치되었다. 대한가족계획협회는 "콘돔의 시대적 역할이 피임에서 에이즈 예방으로 바뀌었다"며 "여성에게도 적절한 자구책을 줘야 한다는 의견에 따라 여자화장실 내 콘돔자판기 설치를 결정했다"고 밝혔다. 여자화장실에 설치되는 자판기는 문구부터 달랐다. 종전의 "고추 하나 때문에……"는 여성에게 어울리지 않는다는 이유로 삭제된 대신 "자신을 지키는 현명한 여성"이 채택되었다. 남성용도 "에이즈 예방, 피임"이라는 문구로 바뀌었다.[65]

오랜 전통을 자랑하는 화장실 낙서를 소통의 마당으로 이용하려는 시도도 이루어졌다. 1995년 12월 서울대 사회대학생회는 사회대 건물 내에 있는 10개의 화장실벽마다 '난장판'이라고 이름붙인 A4용지 크기의 낙서판을 설치했다. 마구잡이 낙서를 하라는 게 아니라 매주 월요일마다 학생회가 선정한 학내외의 주요 쟁점사항을 놓고 '난장판'을 통해 토론을 벌이자는 것이었다. 학생회가 이처럼 화장실에까지 찾아가 학생들의 의견을 모으려는 것은 점점 심각해지는 학생회에 대한 관심 저하 때문이었다. 학생회측은 "지난주 치러진 서울대 총학생회 선거의 투표율이 사상최저인 48퍼센트에 머무르는 사태가 벌어졌다"며 "학우들의 관심이 더 떨어지면 회복이 어려울 것"이라고 말했다. 총학생회장선거는 투표율 미달 사태가 벌어져 투표를 3차례나 반복했으며, 서울대 학보사가 실시한 여론조사에 의하면 83퍼센트에 달하는 학생들이 "총학선거에 관심이 없다"고 답했다.[66]

화장실에서 보내는 시간을 더욱 쾌적하게 만들기 위한 새로운 '감성 상품'도 쏟아져나왔다. 예컨대, 1997년 10월 욕실용품 전문업체인 브리앙산업은 에티켓 벨, 향수 분무기, 라디오, 시계까지 묶은 5가지 기능의 여성전용 화장실 제품을 내놓았다. 에티켓 벨은 그동안 여성들이 '볼일'을 보면서 부담스런 소리를 지우려고 몇 번씩이나 물을 그냥 흘려보내는 습관에 착안, 스위치만 누르면 20초간 물소리가 '쏴아-'하고 흘러나오게 했다. 또 볼일 보는 동안 무료한 시간이 되지 않도록 라디오를 설치, AM/FM을 듣도록 했다. 특히 향수 분무기까지 있어 좋지 못한 냄새가 옷에 배는 것을 방지해주게끔 했다.[67]

에티켓 벨의 원조는 일본이었다. 1985년 일본인들은 절수節水를 위해 '음희音姬'라는 여성용 절수형 변기를 고안해냈다. 이는 여성들은 화장실에 들어가면 자신의 신체에서 나는 소리가 들리지 않게 하기 위해 세 번 정도 물을 사용한다는 점에 착안해 물이 흐르는 소리를 내게 하는 변기였다.[68]

일부 여성들에겐 화장실은 흡연 공간이기도 했다. 1998년 한 수입담배업체 조사에 따르면, 한국에서는 여성 흡연자에 대한 차별이 심하기 때문에 여성 흡연자의 48퍼센트가 주로 화장실에서 담배를 피우고 있으며, 한국 성인 여성(18세 이상) 중 4퍼센트가 흡연여성이라는 공식 통계와는 달리 실제 여성 흡연자의 비율은 15~20퍼센트 정도로 추정되었다.[69]

1997년엔 백화점 여자화장실에 비밀카메라가 등장하는 희한한 사건이 벌어졌다. 경찰 조사결과 신촌 그레이스백화점은 여자화장실 천장에 3~4밀리미터 크기의 구멍을 뚫어 특수렌즈를 설치, 지하 1층 방재실에서 직원들이 모니터를 통해 화장실 내 전 모습을 들여다볼 수 있도록 한 것으로 드러났다. 백화점측은 "4월 초 누군가가 화장실 변기에 30여 차례 고의로 비닐 쓰레기를 버려 비밀카메라를 설치했다"고 변명했지만, 상상을 초월하는 엽기적 발상이었다.[70]

여기서 힌트를 얻었는지 몰래카메라로 여자화장실을 촬영하는 사람들이 생겨났고, 급기야 적발된 사람이 최초로 구속되는 사건이 1998년 3월에 벌어졌다. 형법상 건조물 · 방실침입 및 업무방해 등 3가지 혐의였다.[71]

'화장실문화 시민연대'의 출범

화장실은 여전히 외국 관광객들의 불만 대상이었지만 이제 1순위는 아니었다. 한국관광공사가 한국을 방문한 외국인과 재외교포 3,035명을 대상으로 '1997년도 외래관광객 여론조사'를 실시한 결과 불편한 점으로는 교통혼잡율이 53.3퍼센트로 가장 많았고 그다음은 언어소통 어려움(45.7퍼센트), 화장실 불결함(17.3퍼센트), 상품강매(15.9퍼센트), 택시 운전사의 바가지요금과 불친절(15.8퍼센트) 순이었다.[72] 비록 화장실 불결을 지적한 외국인이 17.3퍼센트였을망정, 이는 '화장실 혁명'을 계속 밀고 나가야 할 이유로선 충분했다.

특히 경기도 수원시는 지자체 중에선 처음으로 1997년부터 화장실 개보수 사업에 집중 투자, 다른 시의 모범이 되었을 뿐 아니라 화장실 문화에 대한 전 국민적인 관심을 불러일으키는 데 성공했다. 시의 화장실 문화 담당자와 구청장들뿐 아니라 (사)한국화장실문화협의회의 회장을 맡은 수원시장 심재덕은 수시로 화장실로 '출장'을 나가 '화장실 혁명'을 진두 지휘했다. 그 덕분에 1999년 말 수원 광교 저수지 '반딧불이' 화장실은 미국 『월스트리트저널』에까지 실려 세계적인 명성을 얻게 되었다. 약 142제곱미터(43평) 넓이에 화장실이라기보다는 교외의 카페처럼 생긴 '반딧불이' 화장실엔 각 지자체 화장실 담당자들과 동남아시아 내무 관리들의 견학이 끊이지 않았다.[73]

1999년 12월 시민단체와 주부 자원봉사자, 학생들이 중심이 된 '화장실문화시민연대'가 출범했다. 시민연대는 서울시와 함께 '미운 화장실 전화 신고 창구'를 개설해 서울 시내의 청결하지 못한 화장실에 대한 신고를 받고, 공중시설이나 음식점 등의 화장실이 불결하다는 신고가 접수되면 현장 확인을 거쳐 시정을 권고하는 등의 활동을 전개했다.[74]

2000년 2월 '화장실문화시민연대'는 서울 지하철 5~8호선 구간 87개 역 800여 곳의 화장실에 "아름다운 사람은 머문 자리도 아름답습니다"라는 문구와 그림을 부착하는 동시에 '화장실 앞 한줄서기'와 '깨끗한 화장실 이용'을 호소하는 캠페인을 벌였다.[75]

2000년 2월 서울시는 2001년 한국방문의 해와 2002년 월드컵을 앞두고 서울을 찾는 내외국인의 이용 편의와 서울의 이미지를 높이기 위해 화장실 시설을 개선하는 음식점에 대한 대대적인 자금지원에 나섰다. 화장실 시설을 개선하는 업소에 대해서는 식품진흥기금으로 업소당 1,000만 원(총 100억 원)까지 연 3퍼센트 저리로 개선자금을 융자해주기로 했다. 또 서울시는 25개 자치구별로 가칭 화장실개선추진협의회를 결성, 화장실 문화 수준 향상을 위한 시민운동을 지원키로 했다.[76]

화장실 고급화 경쟁

2000년 4월 문화관광부와 한국관광공사는 공중 화장실 부족 현상을 해소하기 위해 대형 건물과 음식점의 다중 화장실을 24시간 개방하자는 운동을 전개했다.[77] 2000년 9월 서울시는 2002년 월드컵대회의 성공적 개최를 위해 2001년 1월 1일부터 월드컵이 끝나는 2002년 6월 말까지 한시적으로 서울 도심 4대문 안과 인사동, 이태원 등 관광 지역에 있는 화장실을 심야에 개방하면 파손에 의한 수리비는 물론 전기료와 상하수도료 등을 지원하는 내용의 '다중이용화장실 개방에 따른 보조금 지급조례안'을 입법예고했다.[78]

『동아일보』 2000년 11월 1일자는 "'확 달라진 공중화장실 가보셨나요?' 2002년 월드컵대회를 앞두고 서울 시내 공중화장실의 풍경이 바뀌고 있다. 예전의 비위생적이고 우중충한 분위기에서 특급호텔 수준의 편의시설과 함께 화사한 내부 인테리어로 단장되는 등 '변신'하고 있는 것"이라고 보도했다.[79]

각 지자체별로 '화장실 혁명' 경쟁을 하다보니 이상한 일도 벌어지기 시작했다. 호화 화장실 건설 경쟁이 바로 그것이었다. 『한겨레』 2000년 11월 2일자 사설은 "경기도 수원시에 이어 안산시가 1억 원짜리 고급 공중화장실을 만들겠다고 나서 눈살을 찌푸리게 하고 있다. 가뜩이나 경제가 어려워 국민들이 허리띠를 졸라매고 있는 마당에 자치단체가 경쟁적으로 나서 고급 화장실을 짓겠다는 발상에는 어처구니가 없다는 생각이 앞선다. 화장실 문화 개선에 앞장서겠다는 것이 당국의 선전이나, 시민 혈세를 과연 이렇게 낭비해도 되겠느냐는 것이 솔직한 심정이다. 고급 화장실보다는 시민들이 언제나 쉽게 찾을 수 있도록 보통 화장실을 한 곳이라도 더 많이 두는 것이 상식적 판단이라고 본다"고 비판했다.[80]

『동아일보』 2000년 11월 14일자는 "경기 고양시가 일산신도시 호수 바로 옆에 호화 화장실을 신축하고 있어 호수공원의 아름다운 경관이 훼손되는 것은 물론 환경오염의 우려도 높아 시민들로부터 반발을 사고 있다. 고양시는 10월부터 9억 2,000만 원을 들여 지하 78평, 지상 33평 규모의 '고양시 화장실 전시관' 공사를 내년 4월 완공 목표로 추진 중이며 현재 20퍼센트의 공정률을 보이고 있다"고 보도했다.[81]

『동아일보』 2000년 12월 27일자는 "'수십만 원짜리 비데가 설치된 변기, 자동출입문, 핸드드라이어, 칸마다 부착된 거울과 기저귀 교환대까지…….' 어느 특급호텔의 화장실 풍경이 아니다. 2002년 월드컵대회를 앞두고 서울시가 작년부터 시내 곳곳에 건립 중인 시범 공중화장실 내부의 모습이다. 서울시가 각종 국제행사에 대비, '화장실 문화수준 향상'을 위해 추진 중인 시범 공중화장실 건립사업에 '예산낭비'라는 지적이 나오고 있다. 깨끗하고 실용적인 공중화장실 가꾸기 차원을 넘어 거액을 들여 특급호텔에 버금가는 화려한 인테리어와 시설로 치장해 '지나치다'는 논란이 빚어지고 있는 것"이라고 보도했다.[82]

'시설은 선진국, 이용 문화는 후진국'

그런 경쟁적인 '화장실 혁명'의 와중에서 모든 교도소 화장실도 수세식으로 바뀌게 되었다. 기획예산처 장관 진념은 안양교도소와 서울소년원을 방문해 2002년까지 전국 46개 모든 교도소와 구치소에 수세식 화장실과 난방시설을 갖추겠다고 밝혔다.[83]

이젠 외국인이나 교도수 수감자보다는 국내 저소득층이 화장실로 인해 더 큰 불편을 겪는 사람들이 되었다. 수세식 화장실을 갖춘 비율은 2000년 87퍼센트로 늘었다. 그러나, 한국개발연구원이 밝힌 '저소득층 주거현황'에 따르면, 2000년 기준으로 전체 가구 1,431만 가운데 수세식 화장실이 없는 가구가 233만, 아예 화장실이 없는 단칸방 가구가 112만이나 되었다.[84]

2001년 11월 최초로 열린 '국제 화장실 회의'를 통해 전 세계 인구의 40퍼센트는 수세식 화장실을 모르고 산다는 통계가 발표되었으니[85] 세계 평균에 비추어 한국이 엄청난 발전을 이룬 건 분명했다. 1988년 서울올림픽, 2002년 한일월드컵 등과 같은 국제행사를 의식한 한국인들이 새마을운동 하듯이 대대적인 범국민운동을 전개한 게 주효했다.

한국 유학 경험이 있는 일본의 사회학자 고하리 스스무가 2001년에 낸 책에서 토로한 놀라움도 한국의 '깨끗한 화장실 만들기 운동' 이 매우 치열했다는 걸 말해주는 해프닝으로 볼 수 있을 것이다. 그는 "한 번은 서울에서 고속버스를 타고 지방에 갔을 때, 도중에 들른 휴게소의 화장실에 붙어 있던 표어를 보고 놀란 적이 있었다. '우리 일등 국민은 화장실을 깨끗이 사용한다.' 이 같은 표어를 보고, 그렇다면 나 같은 외국인은 몇 등 국민이라는 것인지 어이가 없었다" 며 다음과 같이 말했다.

"자국 민족을 '일등 국민' 이라고 규정한다면 '이등 국민', '삼등 국민' 이어야 할 타민족이 존재한다는 뜻이다. 이래서는 일제가 행한 대동아 공영권 발상과 다를 것이 없지 않은가. 일본은 일찍이 자국 민족을 '일등 국민' 으로서 정점에 올려놓고 만주인, 조선인, 몽골인, 중국인 등을 순위를 나누어 통치했다. 고속도로 휴게소 화장실에 붙어 있었던 표어이고 아무리 자국민에게 질서를 일깨우기 위한 조치였다고 해도 자국 민족에게 우월감을 가지게 해서 질서 유지라는 목표(이 경우에는 위생적인 화장실 이용)를 달성시키려는 발상은 일제의 통치 방법과 닮은 점이 많다. 만약 그런 조치가 일제 시대의 영향 때문이라고 말한다면 일본인으로서 가슴 아픈 일이 아닐 수 없다."[86]

그러나 아직 '1등' 은 먼 상태였다. 화장실문화시민연대가 2004년 6월 서울시 공중화장실 관리인 198명을 대상으로 실시한 설문조사 결과에 따르면, "화장실 시설과 시민들의 이용 문화 모두 성장하고 있다" 는 대답은 22.4퍼센트에 불과한 반면 "시설은 선진국이지만 이용 문화가 후진국 수준이다" 라는 대답이 58.6퍼센트였다.[87]

깨끗한 게 전부일 순 없었다. 화장실은 늘 반성의 대상이었다. 2004년 7월부터 시행에 들어간 '공중화장실 등에 관한 법률'은 각 시도에 공중 화장실을 설치할 경우 남성 화장실의 대소변기 수와 여성 화장실의 대변기 수가 최소한 같거나 아니면 여성 화장실을 더 많도록 하게끔 했다. 용변을 보는 평균 시간이 남성(46초)보다 여성(79초)이 더 오래 걸린다는 연구 결과에 따른 조치였다.[88]

2005년 5월 미국 뉴욕시 의회는 음식점 · 술집 · 공연장 등 공공장소의 여성 화장실 숫자를 남성 화장실 숫자의 2배로 해야 한다는 '여성 화장실 평등법Women's Restroom Equity Bill'을 만장일치로 통과시켰다. 이와 유사한 법령이 미국 전역으로 확산되어 나갔다.[89]

그러나 평등은 보는 관점에 따라 다르다. 남녀평등 원칙을 철저하게 지키는 노르웨이의 공공 화장실엔 아예 남성 전용 소변기가 없으며, 심지어 남녀 화장실 구분이 없는 곳도 많다고 한다.[90]

뉴욕 맨해튼 다운타운에서 가난한 뉴욕 시민들에게 법률서비스를 제공하고 그들의 인권보호에 주력하는 단체인 '어번 저스티스 센터'도 남녀 구분이 없는 화장실을 운영하고 있는데, 화장실에는 이런 문구가 쓰여 있다고 한다.

"왜 우리는 성 구분이 없는 화장실을 갖고 있는가? 엄격한 양성 구분의 문화 속에서 그러한 구분에 맞지 않는 사람들이 남녀로 구분된 화장실을 이용하다가 폭행이나 놀림을 당하는 경우가 많다. 우리는 좀더 많은 곳에서 누구든지 다 안전하고 편안하게 화장실을 사용할 수 있도록 성 구분이

없는 화장실을 갖게 되기를 바란다." [91]

2005년 8월 22일 경기도 용인경찰서는 여성 유치장 내 화장실에 '에티켓 벨'을 설치했다. 이 벨은 용변 소리로 수치심을 느끼는 여성들을 위해 새소리나 시냇물 흐르는 소리가 나도록 고안된 제품으로 벨을 누르면 22초 동안 소리가 나 화장실에서 나는 다른 소리를 막아준다. 만일의 사태에 대비해 유치장 화장실은 출입문도 없고 남자화장실과 얇은 벽으로 나뉘어 있어 남녀 유치인끼리는 물론 순찰 경찰관도 민망한 경우가 자주 발생했다고 한다.[92]

2005년 9월 '믿었던 도끼'에 발등 찍혔다는 비판이 제기되었다. 기대를 걸었던 '공중화장실 등에 관한 법률'이 알고 보았더니 여성 화장실 변기 수를 종전보다 줄이도록 규정했다는 것이다. 종전 법령이 남성 화장실은 대변기 3개와 소변기 5개 이상, 여성 화장실은 대변기 8개 이상으로 규정한 것에 비해, '공중화장실 등에 관한 법률'은 남성 화장실에 대변기 2개와 소변기 3개 이상, 여성 화장실에 대변기 5개 이상을 설치하도록 했다. 행정자치부는 "쾌적한 화장실 공간을 확보하고 체구가 큰 외국인들이 이용하는 데 불편하지 않도록 여유공간을 확보하다 보니 대변기와 소변기 수가 줄게 됐다"고 변명했다.[93]

'공중화장실 등에 관한 법률' 개정으로 2006년 10월 29일 발효일부터 1,000명 이상 수용하는 문화공간이나 집회장소, 고속·국도 휴게소 등은 화장실의 여성용 변기 수를 남성용의 1.5배로 갖춰야만 건축허가를 받을 수 있게 되었다. 그러나 문제는 이 법이 시행되어도 기존 건물의 여자 화장실이 증축될 가능성은 거의 없다는 데 있다. 새 법이 적용되는 건물 범위에 기존 공공장소까지 포함되는 것은 아니기 때문이다. 화장실문화시민연대 대표 표혜령은 "집계된 것은 아니지만, 1.5배 수치를 맞추기 위해 여자 변기를 늘리기보다는 오히려 멀쩡한 남자 변기를 뜯어내는 웃지 못할 사례가 있다는 얘기마저 공공연히 나돈다"고 꼬집었다.[94]

'비데 경영'과 '홈퍼니 전략'

이제 화장실은 세계적으로, 그리고 여러 분야에서 주요 이슈로 대접받게 되었다. 2004년 11월 17일 중국 베이징에서 열린 제4회 '세계 화장실 정상회의'엔 19개국의 화장실 디자이너, 환경론자, 위생전문가 등 150여 명이 참가해 전 세계를 향해 화장실 문화 개선을 촉구했다. 이 회의의 창설자인 잭 심은 "화장실은 기본적인 인권문제"라며 "이런 회의도 있느냐고 웃는 사람이 있겠지만 화장실 문화가 당신의 건강과 삶의 질, 사회적인 지위와 연관되어 있음을 깨닫게 될 것"이라고 주장했다.[95]

화장실이 깨끗해질수록 화장실의 용도는 더욱 다양해질 것이다. 미국에선 화장실이 광고주들의 눈길을 끌고 있다. 2004년 미국 화장실 광고 규모는 5,000만 달러로 추산되었는데, 이는 2년 연속 두 자릿수 성장을 기록한 것이다. 광고주들이 화장실 광고를 선호하는 이유는 타깃에 대한 선택적 접근이 가능하기 때문이라고 한다. 우선 남녀 간 구분이 확실하고, 운동경기장은 스포츠 마니아, 공연장은 문화애호가, 고급 레스토랑은 부자들, 나이트클럽은 젊은이들이 찾을 가능성이 높다는 것이다. 미국 화장실광고연합회는 "레스토랑의 경우 손님의 75퍼센트가 식사 도중 화장실을 가며, 나

이트클럽과 바를 찾는 손님은 그날 저녁에 서너 차례는 화장실에 간다"고 밝혔다.[96]

한국에선 "누가 누가 더 잘하나" 경쟁심리가 '화장실 혁명'의 열기를 계속 데우고 있었다. 지자체끼리 아름답고 예쁜 화장실 만들기 경쟁이 벌어져 화장실에 향수, 음악, 그림, 화분, 비데, 온열변기 등까지 등장했다. 그 덕분에 한국 화장실은 중국, 브라질 등의 벤치마킹 대상이 되고 있으며 시찰단까지 몰려들고 있었다. 한국화장실협회 회장인 열린우리당 의원 심재덕은 "다른 선진국 화장실도 깨끗하기는 하지만 공중화장실이 문화공간으로까지 바뀐 사례는 한국이 유일하다"면서 "앞으로 30여 개국이 참석하는 세계화장실협회 회의를 한국에 유치해볼 계획"이라고 말했다.[97]

2005년 금융·게임업종에서 시작된 비데 붐이 이젠 모든 업종으로 확산되고 있었다. 국민·수출입·하나은행과 농협·증권거래소 등이 잇따라 화장실에 비데를 설치한 것이다. 웅진코웨이는 법인 고객에 대한 비데 판매량이 1년 만에 3배 이상 늘었다고 밝혔다.[98]

『조선일보』 2006년 8월 10일자는 "요즘 금융권에는 '비데 경영'이 일대 유행이다"며 "집처럼 편안한 환경 만들기'가 경영의 새로운 트렌드로 등장했다. 가정 같은 회사를 추구한다고 해서 '홈퍼니hompany: home + company' 전략이라고 불린다. 이 홈퍼니 회사들은 전통적 기업의 관심영역 밖이던 직원의 사적私的 활동·공간에까지 세심한 배려의 눈길을 보내고 있다. 비데에서 안마기·수유授乳시설·족욕기·피트니스센터·보육시설까지 투자를 아끼지 않는다"고 했다.[99]

이후 오늘에 이르기까지 '화장실 혁명'은 계속되고 있다. 2012년 11월

19일 제5차 세계화장실협회 이사회는 수원시의 염태영 시장을 제3대 회장으로 추대했다. 이에 동아시아전통문화연구원장 김용국은 이렇게 말했다. "(수원시는) 화장실문화혁명을 완수하여 인류를 생각하고 인류를 구원하는 세계적 도시로 자리매김할 것이다. 이제 수원시의 위상이 한껏 드높아져서 후손들의 자랑이 될 날도 머지 않았다. 세계화장실협회, 참 잘된 일이다. 수원 시민임이 더욱 자랑스럽고 행복해진다." [100]

'똥은 에너지다'

이 모든 변화는 대진보로 환영해마지 않을 일이다. 그러나 생각해볼 점도 있다. "똥은 에너지다" 고 외치는 시민발전 대표 박승옥의 주장을 경청해보기로 하자.

박승옥은 "수도권 2천만 명이 하루에 똥오줌을 내보내기 위해 수세식 화장실에서 쓰는 수돗물 양만 해도 180만 톤이라는 계산이 나온다. 1년이면 약 6억 6천만 톤이다" 고 했다.

"수자원공사의 계산대로라면 수많은 인민들이 반대해서 무산된 동강댐 공사에 1조 원이 들고 거기서 만드는 물의 양이 3억 6천만 톤이라고 하니, 수도권 주민들은 오로지 똥오줌을 씻어내는 데만 1년에 동강댐 2개 정도의 물을 쓰고 있는 셈이다. 우리나라 인민 한 사람이 하루에 쓰는 물은 409리터로 독일, 프랑스, 영국, 일본 등 대부분의 잘사는 나라보다도 40퍼센트 이상 훨씬 더 많다. 그야말로 물을 '물 쓰듯' 한다." [101]

박승옥은 잘못된 위생 관념 자체에 문제를 제기했다. 그는 "지금 청소년들은 거의 모두 재래식 화장실에서는 볼일을 잘 못 본다고 한다. 심지어는 학교 화장실도 더럽다고 가지 않고 마냥 참고 있다가 집에 와서 볼일을 본다는 얘기를 심심찮게 듣는다"며 "가히 정신병 수준으로까지 치닫는 기이한 위생 관념이 아닐 수 없다"고 했다.

"문제는 똥 자체를 혐오하고 더러운 쓰레기이자 불결하고 또 병원균이 득시글거리는 오염 물질로 여기는 우리 사회의 인식이다. 도대체 자신의 몸에서 나온 똥과 오줌을 무슨 에일리언이라도 되는 것처럼 기겁을 하고는 군사작전 하듯이 눈에 띌세라 재빨리 '학살'해버리는 이런 말도 안되는 가학성 히스테리 의식과 문화가 언제부터 우리 사회에 정착되었을까. 도대체 에너지이자 비료로서 아주 훌륭한 유기물질인 사람 똥을 애써 엄청난 돈을 들여 폐기물로 처리하는 이런 멍청한 짓이 어떻게 왜 당연한 것처럼 여겨질 뿐만 아니라 도시 '문명생활'의 필수 요소가 되어버리고 말았을까."[102]

박승옥은 "자연에는 폐기물이란 없다. 농업사회에서는 폐기물이란 개념은 없었다. 어떤 쓰레기라도 다 재활용되었고 생태계는 순환되었다"며 "그런데 산업사회가 시작되면서 사람은 폐기물을 만드는 이상한 종으로 변신해버렸다. 그것도 엄청난 양을 만들어내 이제는 지구 밖에 우주에서까지 폐기물을 만들어버리고 있다. 일찍이 지구상에 이런 생물체가 없었다는 점에서 인류라는 종은 특별하다. 어떤 면에서 보면 지구 생태계의 입장에서는 가히 재앙이라고까지 말할 수도 있다면 지나친 말일까"라고 했다.[103]

일부 시인들도 똥을 생태적 관점에서 보았다.

김사인의 「양변기 앞에서」는 "사기성 농후한 저놈/이 땅의 살진 거름 다 먹어치우는 입 큰 저놈……이 똥 저 똥 다 먹어 챙기고/구린내 지린내 날 틈도 없이 촌놈들 뒤통수 후려치는 우구르르 쏴아 소리/입 싸악 닦고 앉아 있는/에라, 이 교활한 놈"이라고 했다.[104]

김선우의 「양변기 위에서」는 "양변기 위에 걸터앉아 모락모락 김나던 그 똥 한무더기 생각나는 저녁, 오늘 내가 먹은 건 도대체 거름이 되질 않고"라고 했다.[105]

똥돼지 예찬론

그런 생태적 관점에서 보자면, 사람의 똥을 먹고 크는 똥돼지야말로 우리 조상들의 선견지명이었음이 틀림없겠다. 지금은 제주도 관광코스에 전시용으로만 남아 있지만, 1970년대 초까지도 제주도 농어촌엔 대부분의 살림집 화장실에 돼지가 있었다.[106]

똥돼지는 제주도에만 있었던 게 아니라 호남 일부 지역에도 있었다고 한다. 주강현은 1996년에 출간한 『우리 문화의 수수께끼』에 지리산 휴게소 근처 아곡리마을 현장 방문기를 실었다. 그런데 주민들이 '동네 망신'이라며 똥돼지를 보여주질 않거나 없다고 잡아떼더라는 것이다. 똥돼지 마을로 소문나는 걸 주민들이 싫어했기 때문이다.[107]

주강현은 우리 현대인들은 똥을 늘상 '지저분한 것'으로만 여기지만 옛사람들의 '똥사랑'은 유별났다며 "우리 농민들에게 똥은 참으로 '황금'이었다. 똥은 농사짓는 황금 그 자체였다. 사람똥, 소똥, 돼지똥, 닭똥 가릴 것

없이 각각의 용도에 맞게 퇴비를 만들어 논밭에 뿌렸다"고 했다.

"청결을 금과옥조로 삼는 현대인들. 그들은 똥돼지 문화에서 거부감을 느낄 수도 있다. 그러나 그들의 똥은 수세식 변소를 거치는 순간부터 자연을 더럽히고 있다. 그러나 선조들의 똥은 자연으로 되돌려져서 자연과 함께 소멸되고 먹거리의 자양분이 되었다. 양자를 비교한다면, 우리는 알 수 있다. 무엇이 더 문명적이고, 무엇이 더 야만적인 것인지. 적어도 선조들은 똥을 내버려 강물을 오염시키는 파렴치한 짓은 하지 않았다." [108]

똥돼지를 먹어본 주강현의 똥돼지 예찬론이다.

"사람의 몸에서 배출된 똥을 먹어서인지 맛이 정말 좋았다. 개도 똥개가 맛있다던가. 담백하고 고소한 맛이 그만이다. 사료를 먹여 키운 돼지에서 항생제가 발견되고, 그 항생제가 그대로 사람의 몸에 축적된다는 것은 새삼스런 일이 아니다.……서울의 이화여대 앞에도 똥돼지 전문집이 하나 있어서 알 만한 사람들의 발길을 끈다고 한다. 그 똥돼지집의 고기가 확실한 똥돼지인지는 미처 확인하지 못했지만, 아무쪼록 곳곳에서 똥돼지를 다시 키우고 전국에 보급할 일이다!" [109]

지금도 이화여대 앞에 똥돼지 전문집이 있는지는 모르겠지만, 똥돼지를 먹진 않더라도 똥에 대한 지금과 같은 거부감만큼은 다시 생각해볼 필요가 있겠다. 우선 가장 '온건한' 수준의 문제 제기는 '물'의 문제다.

2005년 7월 중국 베이징시는 화장실 사용 물이 전체 가정용수의 60~70퍼센트가량을 차지하며, 지나치게 큰 좌변기의 물 탱크가 물 낭비의 주범이라고 보고, 현재 9리터 이하로 규정되어 있는 좌변기 물탱크 용량 기준을 6리터 이하로 축소 조정하고 대소변을 구분해서 물을 내리도록 좌변기 표

준 규정을 개정하기로 했다.[110]

지금 우리는 청결에만 집착하고 있을 뿐 이 문제는 비교적 등한시하고 있다. 한국의 수세식 변기는 물을 한 번 내리는 데 13리터의 물을 소비하고 있다. 남자는 하루에 대변 1.09회에 소변 6.58회를 보니까 그 분뇨 처리에만 하루에 1.8리터짜리 페트병 60개에 해당하는 물을 하구로 흘려보내는 셈이다. 그래서 서양에서는 발효식 변기가 등장하고 있고, 한국에서도 귀농자들이 측간 또는 해우소라 불리던 한국의 전통 뒷간들을 친환경적으로 되살리는 시도를 하고 있다.[111] 물론 이런 방안들은 도시에선 시도하기 어려운 것이지만, 물 사용을 줄이려는 노력만큼은 있어야 하지 않겠는가.

'똥의 평등'과 '겸손의 철학'

그런 변화를 위해서도 청결에 대한 과도한 강박은 다시 생각해볼 일이다. 청결은 계급갈등의 산물이라는 주장을 수용하진 않을망정 참고해볼 필요는 있겠다. 유럽에선 19세기 말엽 세력이 증대된 노동자 계급이 도시로 이동함에 따라 계급간 경계선이 불명확하게 되자, 부르주아 계급은 위협을 느껴 더욱 청결성에 집착하게 되었다. 이와 관련, 인류학자 매리 더글러스는 "어느 한 사회의 외부 경계선이 위협받거나, 혹은 그 문화의 도덕성 내부에서 내적 모순으로 인해 위험이 발생할 때 더러움에 대한 불안감이 발생한다"고 주장했다.[112]

그런 불안감의 확산을 통제하기 위해선 똥의 평등성 가치를 새삼 음미해보는 게 바람직하다. 흠모했던 선생님이 화장실에 가는 걸 보고 실망했다는 어떤 학생들의 이야기는 배설만큼 모든 인간이 평등함을 증명해주는 것도 없다는 걸 말해준다. 뉴기니의 파푸아인들은 백인들을 처음 보고 공포에 떨었는데, 백인들이 똥을 누는 모습과 냄새가 몹시 구린 것을 확인하고서야 같은 인간임을 확인하고 안심했다는 이야기도 있다. 몽테뉴는 "공공생활은 생리작용에서 유래한다"며 "왕들과 철학자들도 똥을 눈다. 귀부인들 역시 그렇다"고 말했다.[113]

김소진은 「내 마음의 세렌게티」에서 "이제 나는 세상의 똥으로 돌아갑니다. 더럽고 냄새나고 아무짝에도 쓸모없이 버려지는 똥 말입니다.…… 똥이 다시 부드러운 흙과 투명한 바람과 서로 몸을 섞고 맑은 공기를 따라 푸성귀도 되고 짐승의 살이 되듯 일평생 똥이 가득 머물다 간 집이었던 내 몸뚱아리는 스스로가 똥이 되려 합니다. 끝내 다시 태어나려는 기억도 잊으려 합니다"라고 했다.

최재봉은 위 대목을 소개하면서 "요절한 작가 김소진이 와병 직전까지 만지작거리고 있던 미완의 단편에서 죽음을 똥이 되는 일로 파악"했다고 했다.[114]

똥은 우리의 겸손을 요구한다. 언론인 최철주는 "우리들이 교만해질 때 어느 종합병원의 응급실 입구에 앉아 있기를 권한다. 그래도 그 교만이 치료되지 않을 때 영안실 입구로 자리를 옮겨앉기 바란다. 정말 우리는 아무것도 아니다"고 했다.[115] 그러나 정신 없이 바쁜 현대인들이 응급실이나 영안실을 일부러 찾을 것 같지는 않다. 무슨 일이 있어 그곳을 찾을 때엔 더욱 바빠져 딴 생각만 하다 오기 십상이다. 그런 현실을 감안컨대 화장실이 교만을 치료하는 훌륭한 대안일 수 있다.

똥은 계급의 첨예한 반영일망정, 그 수명이 오래지 않다는 점에 똥의 미학이 있다. 우리는 매일 똥을 누기 때문에 적어도 하루에 한 번은 철학을 할 수 있다. 남의 똥 구리다고 함부로 손가락질할 일이 아니다. 내 똥도 구리다는 걸 알아야 한다.

남의 똥만 더럽다고 지적하는 데에 집착하다 보면 자기 똥에 펄썩 주저앉기 십상이다. 왜 우리는 사회정의를 세우는 일과 내 똥도 구리다는 사실을 인정하는 걸 동시에 해내지 못하는 걸까? 그건 아마도 누구를 위해 사회정의를 세우는가 하는 목적의식 때문일 게다. 나를 빛내고 뽐내고 내 욕심을 채우고 키우기 위해 시도하는 '사회정의 세우기'는 실패할 수밖에 없다. 이건 한 번도 어긋나지 않은 역사의 법칙이었다.

이제 누구를 미워하거나 누구에 대해 분노하는 심정이 들 때면 화장실에 들어가 가급적 내 똥 냄새를 맡아보자. 요즘 같은 최신식 화장실에선 그마저 쉽지 않은 일이지만, 그래도 애써보자. 똥이 계급의 첨예한 반영이 되지 않게끔, 가급적 똥의 평등성이 보장되는 그런 세상을 위해서 말이다.

1 다니엘 푸러, 선우미정 옮김, 『화장실의 작은 역사: 요강과 뒷간』(들녘, 2004/2005), 210쪽.
2 지연태, 「화장실과 관광」, 『조선일보』, 1994년 5월 27일, 5면.
3 마르탱 모네스티에, 임헌 옮김, 『똥오줌의 역사』(문학동네, 1996/2005), 45쪽.
4 최재봉, 『간이역에서 사이버스페이스까지: 한국문학의 공간 탐사』(이룸, 2003), 298쪽.
5 최재봉, 『간이역에서 사이버스페이스까지: 한국문학의 공간 탐사』(이룸, 2003), 299쪽.
6 야콥 블루메, 박정미 옮김, 『화장실의 역사』(이룸, 2005), 25쪽.
7 에바 뉴먼, 김은정 옮김, 『세계 화장실 엿보기』(경성라인, 2002), 182쪽.
8 제니퍼 윌리스, 「슬라보예 지젝」, 사이언 그리피스 엮음, 이종인 옮김, 『미래는 어떻게 오는가?: 세계 최고 석학 30인과의 대화』(가야넷, 2000), 143쪽.
9 제러미 리프킨, 이원기 옮김, 『유러피언 드림: 아메리칸 드림의 몰락과 세계의 미래』(민음사, 2005), 164~168쪽.
10 다니엘 푸러, 선우미정 옮김, 『화장실의 작은 역사: 요강과 뒷간』(들녘, 2005), 74~77쪽.

11 제러미 리프킨, 이원기 옮김, 『유러피언 드림: 아메리칸 드림의 몰락과 세계의 미래』(민음사, 2005), 168쪽.
12 다니엘 푸러, 선우미정 옮김, 『화장실의 작은 역사: 요강과 뒷간』(들녘, 2005), 79쪽.
13 피터 콜릿, 이윤식 옮김, 『습관의 역사』(추수밭, 2006), 211~212쪽.
14 마르탱 모네스티에, 임헌 옮김, 『똥오줌의 역사』(문학동네, 2005), 46쪽.
15 소현숙, 「'근대'에의 열망과 일상생활의 식민화: 일제시기 생활개선운동과 젠더정치를 중심으로」, 이상록 · 이유재 엮음, 『일상사로 보는 한국근현대사: 한국과 독일 일상사의 새로운 만남』(책과함께, 2006), 64쪽.
16 장보웅, 『동서고금의 화장실 문화 이야기』(보진재, 2001), 115쪽.
17 장보웅, 『동서고금의 화장실 문화 이야기』(보진재, 2001), 8쪽에서 재인용.
18 이병학, 「화장실(해방 50년, 삶의 발자취를 찾아서: 54)」, 『한겨레신문』, 1995년 11월 26일, 11면.
19 이동순, 「'막간 아가씨'와 손풍금」, 『월간조선』, 1998년 5월, 556~557쪽.
20 김원일, 『불의 제전 5: 김원일 장편소설』(문학과지성사, 1997), 216쪽.
21 「변소 개량 주간 실시」, 『조선일보』, 1951년 9월 13일, 조간 2면.
22 또 하나의 사건은 1953년 겨울 한국전에 출병한 각국 유엔군 사절들이 참배에 맞춰 부산의 유엔군 묘지를 잔디밭으로 조성해달라는 '황당한' 주문을 들어준 것이었다. 낙동강 근처에 있는 보리밭을 서른 대의 트럭을 동원해 유엔군 묘지에 옮겨 심었는데, 참전 사절단들은 그걸 보고 원더풀을 연발했다나. 홍하상, 『카리스마 vs 카리스마 이병철 · 정주영』(한국경제신문, 2001), 64~66쪽.
23 「관청내의 변소 남녀별로 개조하라」, 『조선일보』, 1954년 5월 1일, 조간 2면.
24 「분뇨청소 작업 이권으로 말썽: 국회의원과 여러 기관간」, 『조선일보』, 1956년 8월 7일, 조간 2면.
25 발레리 줄레조, 길혜연 옮김, 『한국의 아파트 연구: 서울 지역 7개 아파트 단지의 경관 분석을 중심으로』(아연출판부, 2004), 43쪽.
26 발레리 줄레조, 길혜연 옮김, 『한국의 아파트 연구: 서울 지역 7개 아파트 단지의 경관 분석을 중심으로』(아연출판부, 2004), 153쪽.
27 김은신, 『한국 최초 101 장면』(가람기획, 1998), 198~199쪽.
28 「변소 개량: 불결한 변소는 정서에도 영향/화학적 정화 수세식이 이상적」, 『조선일보』, 1959년 8월 30일, 조간 3면.
29 백승구, 「위대한 세대의 증언/주거혁명의 기수 장동운: "한국인의 주거문화를 바꿨다는, 온 힘을 다해 나라에 충성했다는 자부심 한 조각은 있습니다"」, 『월간조선』, 2006년 7월, 363쪽.
30 조갑제, 『내 무덤에 침을 뱉어라 5: 김종필의 풍운』(조선일보사, 1998), 81~82쪽.
31 이병학, 「화장실(해방 50년, 삶의 발자취를 찾아서: 54)」, 『한겨레신문』, 1995년 11월 26일, 11면.
32 이병학, 「화장실(해방 50년, 삶의 발자취를 찾아서: 54)」, 『한겨레신문』, 1995년 11월 26일, 11면.
33 「지어서 내버린 공중변소/정릉유원지 부근/문짝도 없고 쓰레기만 수북해」, 『조선일보』, 1965년 6월 12일, 조간 4면.
34 이맹희, 『묻어둔 이야기: 이맹희 회상록』(청산, 1993), 142~143쪽.
35 허용범, 『한국 언론 100대 특종』(나남, 2000), 99쪽.
36 이만섭, 「나의 이력서: 사카린 밀수사건②」, 『한국일보』, 2002년 7월 31일, 27면.
37 「시민여론 조사결과」, 『중앙일보』, 1967년 2월 17일, 4면.
38 「오물 수거에 쿠폰제: 변두리지역 기피 막게」, 『중앙일보』, 1968년 3월 21일, 8면.
39 「분뇨 수거료 인상: 새해부터 3배 이상」, 『중앙일보』, 1967년 12월 22일, 4면.
40 윤성노, 「잃어버린 시절을 찾아서 (10) 공동변소」, 『경향신문』, 2000년 4월 28일, 29면.
41 「서울살이 점검: 시민아파트」, 『조선일보』, 1969년 7월 12일, 조간 4면.
42 윤성노, 「잃어버린 시절을 찾아서 (10) 공동변소」, 『경향신문』, 2000년 4월 28일, 29면.
43 「수세식 변소 불결」, 『중앙일보』, 1969년 8월 20일, 4면.
44 「분뇨 55%가 한강에」, 『조선일보』, 1970년 6월 23일, 조간 8면.
45 「수세식 변소 의무화」, 『조선일보』, 1973년 1월 13일, 6면.
46 「신축주택 변소 수세식으로: '기존'도 빠른 시일 내 개량」, 『조선일보』, 1974년 9월 17일, 8면.

47 「오물 수거료 배로 인상: 건평에 따라 5등급」, 『중앙일보』, 1974년 12월 11일, 8면.
48 「한강정화와 시민의 참여: 수세식변소의 설치-개수-청소에 힘쓰자(사설)」, 『조선일보』, 1979년 10월 19일, 2면.
49 「38개 대형건물 화장실을 개방」, 『조선일보』, 1982년 6월 10일, 10면; 「재래식 화장실 가진 위생업소 수세식 시설로 바꿔야」, 『중앙일보』, 1983년 7월 28일, 6면; 「주유소마다 공중변소」, 『중앙일보』, 1983년 8월 3일, 11면.
50 「이동차량 화장실 9월 첫 선」, 『중앙일보』, 1983년 8월 4일, 6면; 「초 · 중 · 고교 화장실 86년 말까지 모두 수세식으로 바꿔」, 『중앙일보』, 1983년 8월 11일, 6면; 「신축 대형빌딩 공중변소시설 의무화」, 『중앙일보』, 1983년 8월 24일, 6면.
51 「"한국관광 화장실이 가장 불편하다"」, 『조선일보』, 1983년 10월 21일, 11면.
52 이진광, 「한마디: 이상정씨」, 『조선일보』, 1986년 10월 4일, 2면.
53 「재래화장실 개량 의무화」, 『조선일보』, 1988년 6월 26일, 13면.
54 「연건평 7백56평 넘는 신축 대형건물/공중화장실 설치 의무화」, 『동아일보』, 1991년 1월 9일, 6면.
55 「세준 방 오물 뿌린 주인 영장(여울목)」, 『국민일보』, 1991년 5월 7일, 15면.
56 「"화장실 문 열어달라"/실랑이 끝 주민 살해/20대 영장」, 『서울신문』, 1991년 9월 9일, 19면.
57 「여고생 화장실서 분만/아기 숨져 경찰서 조사(돋보기)」, 『경향신문』, 1991년 9월 9일, 15면.
58 「지하철 여 화장실 무대/재수생이 핸드백 치기(돋보기)」, 『경향신문』, 1991년 9월 17일, 15면.
59 박홍신, 「94년 한국사회지표 내용/국민 평균수명 남67 · 여75세」, 『경향신문』, 1995년 2월 17일, 5면; 이은호, 「비데 설치 붐/Bidet/"화장실 휴지여 안녕"」, 『한국일보』, 1994년 5월 30일, 14면.
60 배인준, 「달동네 주민 39퍼센트 단칸방 생활/기획원 저소득층 지역 환경조사」, 『동아일보』, 1991년 4월 3일, 6면.
61 박재영, 「재래식 화장실 45만여 가구/수세식 개조 의무화/3년 이내」, 『조선일보』, 1995년 2월 8일, 37면.
62 정영무, 「삼성그룹 화장실 '호텔 수준' 고급화」, 『한겨레신문』, 1995년 3월 25일, 8면.
63 「'화장실을 개조하라 아이디어 공간으로'/동아그룹 7억 들여 추진」, 『경향신문』, 1996년 1월 31일, 26면.
64 김형국, 「나의 서울살이 30년」, 『사상』, 1995년 겨울호, 99~100쪽.
65 선우정, 「여 화장실에도 콘돔 자판기/남성들 기피 현상… "에이즈 예방" 자구책」, 『조선일보』, 1995년 2월 19일, 27면.
66 조철환, 「바쁜 세상 화장실도 토론의 장?」, 『한국일보』, 1995년 12월 14일, 31면.
67 차병학, 「여 화장실의 '감성 상품'(30초 경영학)」, 『조선일보』, 1997년 10월 29일, 11면.
68 다노 데쓰후미, 장민철 옮김, 『히트상품 이야기: 일본 시장의 유행 변화를 읽는다』(행담, 1996), 178~179쪽.
69 김영수, 「여성 흡연자 48% "화장실 이용"」, 『조선일보』, 1998년 7월 1일, 27면.
70 「여 화장실에 비밀카메라/그레이스백화점, 천장에 설치」, 『한국일보』, 1997년 7월 15일, 39면.
71 「여 화장실 몰래카메라 형법 적용 첫 구속」, 『한국일보』, 1998년 3월 13일, 31면.
72 최병준, 「관광공사조사 '작년 방한 외국인 통계'/한국관광 교통혼잡 '왕짜증'」, 『경향신문』, 1998년 1월 7일, 31면.
73 김민경, 「카페 같은 분위기…여기 화장실 맞아?: 화려한 인테리어 · 베이비 시트에 향수병까지…월드컵 아셈 맞춰 '바꿔 붐'」, 『주간동아』, 2000년 3월 2일자.
74 이혁재, 「"들어가면 나가기 싫은 화장실을 만듭시다"」, 『조선일보』, 1999년 11월 27일, 29면; 이명건, 「화장실문화시민연대 "불결한 화장실 신고 받습니다"」, 『동아일보』, 2000년 1월 18일, 27면.
75 신동흔, 「"화장실 앞에선 한줄로…": 시민연대, 캠페인 나서」, 『조선일보』, 2000년 2월 16일, 30면.
76 박일근, 「화장실 고치고 돈도 받고」, 『한국일보』, 2000년 2월 11일, 26면; 염영남, 「신화장실 문화운동 적극추진」, 『한국일보』, 2000년 2월 13일, 20면.
77 김석종, 「건물 · 음식점 화장실 '24시간 개방'」, 『경향신문』, 2000년 4월 26일, 24면.
78 「서울시 "화장실 개방땐 보조금 지원"」, 『동아일보』, 2000년 9월 6일, 26면.
79 윤상호, 「수도권/"서울 공중화장실 확 달라졌어요"」, 『동아일보』, 2000년 11월 1일, 26면.
80 「1억 원짜리 공중 화장실(사설)」, 『한겨레』, 2000년 11월 2일, 4면.
81 이동영, 「고양시, 주민 산책로 막은 호화 화장실 조성」, 『동아일보』, 2000년 11월 14일, 29면.
82 윤상호, 「사립 공중화장실 논란/"깨끗하면 됐지 화려할 것까지야"」, 『동아일보』, 2000년 12월 27일, 27면.
83 홍인표, 「모든 교도소 화장실 수세식으로 바꾼다」, 『경향신문』, 2000년 2월 15일, 22면.

84 박서환, 「주택보급률」, 『2006년 한국의 실력』(월간조선 2006년 1월호 별책부록), 290쪽.
85 다니엘 푸러, 선우미정 옮김, 『화장실의 작은 역사: 요강과 뒷간』(들녘, 2005), 73쪽.
86 고하리 스스무, 고영욱 옮김, 『한국과 한국인』(이지북, 2001), 21~22쪽.
87 신수정 · 동정민, 「겉은 '아름다운 화장실' 안엔 '버려진 양심' 수북」, 『동아일보』, 2005년 3월 26일, A9면.
88 문경란, 「정책 세울 때 '성별 영향평가'」, 『중앙일보』, 2004년 11월 24일, 11면.
89 강찬호, 「미 '남녀화장실 평등법' 확산」, 『중앙일보』, 2005년 5월 30일, 19면.
90 소병택, 「남성용 소변기가 없는 노르웨이」, 『매일경제』, 2005년 6월 16일, A35면.
91 유영근, 「남녀구분 없는 화장실?」, 『한겨레』, 2005년 7월 1일, 9면.
92 이동영, 「"용변소리 민망했죠" 유치장 여자화장실에 '에티켓 벨'」, 『동아일보』, 2005년 8월 26일, A9면.
93 한대광, 「女性 외면한 공중화장실, 개선 한다더니… '그녀들의 공간' 되레 줄어」, 『경향신문』, 2005년 9월 29일, 1면.
94 구민지, 「여자화장실, 언제쯤 충분해질까…법으론 해결 못해」, 『국민일보』, 2006년 7월 27일.
95 김영식, 「"전 세계 화장실을 더 좋게 바꿔야"」, 『동아일보』, 2004년 11월 19일, A12면.
96 이도운, 「미 화장실 광고 "돈 되네"」, 『서울신문』, 2004년 9월 20일, 8면.
97 이석우, 「화장실도 한류?!」, 『조선일보』, 2005년 10월 24일, A9면.
98 신지은, 「"회사를 집처럼 편하게" 홈퍼니 경영」, 『조선일보』, 2006년 8월 10일, B3면.
99 신지은, 「"회사를 집처럼 편하게" 홈퍼니 경영」, 『조선일보』, 2006년 8월 10일, B3면.
100 김용국, 「세계 화장실 혁명, 수원시가 이끈다」, 『경기일보』, 2012년 11월 22일.
101 박승옥, 「똥은 에너지다」, 『녹색평론』, 제86호(2006년 1~2월), 57~58쪽.
102 박승옥, 「똥은 에너지다」, 『녹색평론』, 제86호(2006년 1~2월), 51~52쪽.
103 박승옥, 「똥은 에너지다」, 『녹색평론』, 제86호(2006년 1~2월), 54쪽.
104 최재봉, 『간이역에서 사이버스페이스까지: 한국문학의 공간 탐사』(이룸, 2003), 300쪽.
105 최재봉, 『간이역에서 사이버스페이스까지: 한국문학의 공간 탐사』(이룸, 2003), 300쪽.
106 장보웅, 『동서고금의 화장실 문화 이야기』(보진재, 2001), 33쪽.
107 주강현, 『우리 문화의 수수께끼』(한겨레신문사, 1996), 238~241쪽.
108 주강현, 『우리 문화의 수수께끼』(한겨레신문사, 1996), 241~244쪽.
109 주강현, 『우리 문화의 수수께끼』(한겨레신문사, 1996), 251쪽.
110 조중식, 「13억이 좌변기 쓰면 그 물을 어떻게…」, 『조선일보』, 2005년 7월 9일, A16면.
111 김현주, 「우리 조상들의 삶 속에 환경해법이 있다」, EBS, 『방송으로 본 환경: 미래를 위한 보고서 하나뿐인 지구 800회의 기록』(EBS, 2004), 287쪽,
112 피터 코리건, 이성룡 외 옮김, 『소비의 사회학』(그린, 2001), 176쪽.
113 마르탱 모네스티에, 임헌 옮김, 『똥오줌의 역사』(문학동네, 2005), 7쪽.
114 최재봉, 『간이역에서 사이버스페이스까지: 한국문학의 공간 탐사』(이룸, 2003), 302~303쪽.
115 최철주, 「교만에서 벗어나기」, 『중앙일보』, 2005년 12월 26일, 31면.

'피라미드 심리'의 원조인가?

'행운의 편지'의 역사

중학교 1학년 광호는 화장품 외판원인 엄마와 함께 산다. 동네 간호사인 은숙 누나를 좋아하는 광호는 매일 그녀를 쫓아다니지만, 반대로 자신을 따라다니는 바보 재명에게 매일 짜증을 낸다. 그러던 어느 날 광호에게 '행운의 편지'가 날아온다. 편지에는 이 편지를 받고 바로 똑같은 편지를 써보내지 않으면 불행이 찾아온다는 이야기가 적혀 있다. 이에 겁먹은 광호는 엄마와 은숙 누나, 재명에게 행운의 편지를 보내지만 세 명 모두 이를 무시한다. 그래서 그런 것일까? 광호가 소중하게 여기는 이 세 사람들에게 불행이 찾아오게 된다.

이 줄거리는 1980년대를 배경으로 한 영화 〈사랑해, 말순씨〉의 주인공 14세 광호의 이야기다. 영화 속에서 광호는 행운의 편지 때문에 소중한 사람들에게 불행이 찾아왔다고 믿는다. '행운의 편지'는 제목은 '행운'이지만 실상 내용은 '저주'에 가깝다. 나도 영화 속의 광호처럼 행운의 편지를 받아본 기억이 있다. 학창시절 누구나 한 번쯤 받아보았을 행운의 편지는 대체 누가, 언제, 어디서 만들었을까?

최초의 행운의 편지는 어떻게 탄생했을까?

최초의 행운의 편지에 대한 기록은 일제강점기까지 거슬러 올라간다. 1922년 2월 1일 『동아일보』의 「호운好運을 위하여, 구매의 엽서를」이라는 기사가 행운의 편지를 다룬 최초의 문헌으로 추정된다. 기사의 내용은 다음과 같다.

"30일 이래로 경성 시내에는 괴상한 엽서가 배달되는 일이 있다. 그 엽서에는 '좋은 운수를 위하여 이것을 9장의 엽서에 기록하여 그대가 호운이 되기를 바라는 사람에게 보내라. 아흐레만 지나면 그대에게 좋은 운수가 돌아올 것이오. 이 사슬을 끊으면 안 된다. 만약 끊으면 크게 악운이 있다. 이 사슬은 미국 사관士官에게서 비롯된 것인데 9번 지구를 돌지 아니하면 아니된다. 24시간이 지나기 전에 쓰기를 바란다. 좋은 운수를 위하여'라고 기록하고 발신인의 주소, 성명은 보려 하여도 볼 수가 없고, 일부 인을 보면 경성우편국과 광화문이란 도장이 찍혀 있다."[1]

1920년대는 편지쓰기의 대중화로 우편 이용도가 크게 늘었던 시기다. 1925년 한 해 동안 조선인이 인수한 편지의 양이 7,000만 통이 될 정도였다. 편지의 등장으로 국내엔 남녀 간의 연애편지가 유행했고, 연애편지를 묶어낸 서간체 형태의 소설이 유행했다. 1945년까지 출간된 60편 정도의 서간체 소설 중 1920년대에 창작된 것이 30여 편에 달할 정도로 대중들에게 편지는 친숙하고 중요한 소통 수단이 되었다.[2]

이런 환경 속에서 연애편지의 애틋함과는 별개로 행운의 편지는 1926년부터 본격적인 유행을 타게 되고, 경성 시내를 거쳐 경기도 장단, 전북 김제, 황해도 해주 등으로 퍼져나가 지역 우편 물량의 대부분을 차지하게 된다.[3] 그러나 이로 인해 정상적인 우편 업무가 마비되자 경찰은 행운의 편지를 치안 유지의 방해 요소로 지적하며, "행운의 편지가 시키는 대로 다른 곳에 발신하면 엄중 처벌한다"고 공표했다.[4]

한편 이미 서양에서는 중세 시대에 자선을 구하거나, 종교적 축원을 담은 형태의 행운의 편지가 존재했다. 행운의 편지는 서양에서 연쇄통신의 범주로 묶인 체인레터Chain letters라고 불렸다. 「호운을 위하여」에 등장하는 행운의 편지의 내용 중 "이 사슬을 끊으면 안 된다"라는 구절로 볼 때, 영어 체인Chain을 사슬이라고 직역한 것이라 추정할 수 있다. 고로 행운의 편지가 미국 혹은 영국에서 시작되어 국내로 유입되었을 가능성이 높다고 볼 수 있다. 우리가 아는 행운의 편지는 1920년대에 이르러 전형적인 모습이 되었고, 행운의 편지는 같은 기간 국내뿐만이 아닌 영국과 미국, 일본 등 세계 각지에서 동시에 유행했다.

『동아일보』의 기사 「호운을 위하여」에서는 행운의 편지가 '대판(오사카)'에서 다수 배달된 사례를 들어 일본의 비밀결사에서 시작한 일로 추정하고 있다. 일본의 저널리스트이자, 세태풍속연구가인 '미야타케 가이코쓰宮武外骨'가 1922년 1월 중순경에 작성한 『기태유행사奇態流行史』에도 '행운

엽서' 의 존재를 소개한 구절이 있고, 그 내용 또한 국내의 것과 동일해 행운의 편지는 서양에서 일본을 거친 후 빠르게 국내에 유입된 것으로 추정된다.[5]

숨은 발신자를 찾아라!

사람들은 행운의 편지를 퍼트린 주범으로 체신국을 지목했다. 당시의 대중들은 체신국이 엽서를 많이 팔기 위해 이런 일을 꾸몄다고 생각한 것이다. 하지만 체신국은 행운의 편지로 인해 우편 업무 마비라는 어려움을 겪었기에 자신들은 주도자가 아니라고 설명했다. 그 후에도 익명으로 배달되고, 또 전해야 하는 이 불편한 놀이를 도대체 누가 시작한 것인지에 대한 사람들의 추측은 계속되었다.

누구는 일거리가 없어질 것을 두려워한 우편배달부의 속셈이라고도 했으며, 편지지나 우표 등을 판매하는 문방구 주인을 범인으로 지목하는 사람도 있었다. 이후 타자기의 등장과 함께 타자기 판매업자가 범인으로 지목되었지만 사실 여부를 확인할 수는 없었다. 하지만 "1985년 복사기의 사용으로 행운의 편지가 다시 성행하자 충청북도 청주의 복사업소들이 주변 대학과 관공서 등에 행운의 편지를 마구 보내 수익을 올렸다" 는 기사를 보아 행운의 편지에 대한 관련 업계 배후설이 허무맹랑한 소리만은 아니란 것을 알 수 있다.[6]

최초의 발신자를 찾을 수는 없지만, 분명한 것은 행운의 편지의 주된 유포자는 '여학생' 과 '유한마담' 이었다는 것이다. 그 증거는 1939년 8월 4일 발행된 『매일신보』의 기사에서 찾아볼 수 있다. 기사에는 "행운의 편지에 빠져든 것은 시국 인식이 철저하지 못한 탓"이라며 여성들의 나약한 심정을 나무라는 글이 담겼다. 실제로 행운의 편지 때문에 종로경찰서에 한 여학생이 찾아간 일이 있었다. 이 학생은 경찰에게 행운의 편지를 받고 이것이 미신이고, 나쁜 일인 줄 알면서도 친구 4명에게 편지를 보냈다고 자백했다. 수사에 들어간 경찰은 이 행운의 편지가 조선인과 일본인 미혼 여성과 여학생 34명을 거쳐 이 학생에게 왔음을 파악했다.[7] 곧바로 일본 총독부 학무국은 "여학생들에게 절대 편지를 뜯지 말고, 학교 교장에게 제출하라"는 등의 행운의 편지 절멸책絶滅策을 각 도지사와 각 학교 교장에게 엄중 통첩했다.[8]

이후에도 행운의 편지에 대해 엄중 처벌을 하겠다는 경고는 계속되었지만, 결과적으로 들불처럼 퍼져나가는 행운의 편지를 막을 수는 없었다. 행운의 편지 때문에 골머리를 앓았던 이승만 정부는 1954년 행운의 편지에 대한 대대적인 단속을 시작했다. 1954년 1월 행운의 편지가 성행하자 서울시 경찰국은 행운의 편지의 정체를 밝히기 위해 받은 이의 경위를 더듬어 올라갔다. 이에 전주시에 거주한다는 모 씨가 10여 일 전에 행운의 편지를 친지에게 발송한 것까지 알게 되어 현지에 조회했고,[9] 금산 경찰서는 1월 27일부터 31일까지 행운의 편지 100여 통을 압수했다.[10]

1954년 2월 6일 공보처장은 내무부 장관과 법무부 장관이 행운의 편지에 대한 단속 방침과 엄중 처벌을 합의했다고 발표했다.[11] 행운의 편지 발신자가 공무원일 경우에는 행정징계 처분을, 일반인일 경우에는 치안재판에 회부한다는 것으로 이 같은 구체적인 방침이 각 지방 경찰서에 내려왔다.[12]

이렇게 정부에서 벼르고 있던 찰나, 2월 11일 서울시 중구 태평로 소재 동화산업 회사에 다니는 회사원 장익선이 행운의 편지를 보내다가 적발되었고, 치안재판에 구속 회부되어 400환의 과료 처분을 받았다.[13] 단순히 행운의 편지만으로 처벌받은 최초이자 마지막 발신자인 장익선은 12장을 보내야 하는 것을 4장만 보내고 망설이다 경찰에 붙잡혔는데, "(12장을 보내야 하는 것을) 하자는 대로 안 해서 불행이 왔군"이라고 탄식했다고 한다.[14]

행운의 편지 유행에도 때가 있다?

앞서 말했듯이, 일제강점기에서 편지는 대중들의 주요 소통창구였다. 1920년대에 전국적인 우편망에 기생하게 된 행운의 편지는 1930년대까지 전국 각지로 전이되며 '행운의 편지 유행'을 만들어냈다. 신문에는 「평양에 괴서찰」,[15] 「행운의 편지 이천군에 유행」,[16] 「행운의 편지 인천에 출현」,[17] 「개성에도 행운의 편지」[18] 등 행운의 편지의 파급 상황을 보고하는 내용의 기사들이 실렸다. 1935년 7월 9일 『조선일보』는 드디어 경성의 『조선일보』 사옥에도 행운의 편지가 도달했다며, 식자로서는 이해 못할 일이라는 기사를 냈지만,[19] 그만큼 행운의 편지가 어디까지 도달할 것인지에 대한 대중들의 관심이 컸음을 보여준다.

해방 이후 신문들의 보도를 따라서 살펴보면, 6 · 25전쟁 이후 황폐해진 국내에 행운의 편지가 다시 유행해 전국 각지에 활개를 쳤다. 행운의 편지를 보내다가 벌금을 물게 된 장익선의 사례처럼 1954년 이승만 정부는 행운의 편지 단속에 적극적이었다. 행운의 편지가 민심을 혼란하게 해 전 국민의 사기를 저하시킨다는 것이 단속의 이유였지만, 정부에서는 일본에서 대부분 넘어오는 행운의 편지가 어떤 국제 모략의 일부라고 추측하거나, 행운의 편지가 전쟁 후 남한에 남아 있는 북한의 오열분자들의 짓이라고 생각했다고 한다.[20]

행운의 편지는 박정희 정부가 세워진 1960년대 초반에 다시 유행하게 된다. 하지만 이전과 다르게 경찰에서는 "공갈조로 된 행운의 편지는 경범으로도 다스릴 수 없다"며 행운의 편지를 받은 사람은 이를 묵살할 것을 권유하는 등 정부가 행운의 편지에 대한 단속의 집착에서 벗어났음을 보여주었다.[21] 1979년 '10 · 26사태' 이후로 행운의 편지가 다시 성행한 일이 있었는데, 앞에 소개한 영화 〈사랑해, 말순씨〉에서는 기존의 "케네디 대통령이 이 편지를 읽고 무시해서 암살당했다"라는 내용에서 그 대상이 '박정희 대통령'으로 바뀌어 당시 혼란한 시대상을 행운의 편지가 이용하는 모습이 그려졌다.

행운의 편지의 유행은 기술적 발전과도 밀접한 관련이 있다. 초기 행운의 편지는 수기로 일일이 다시 베껴야 했기 때문에 편지를 재배포하는 데 부담과 비용이 컸다. 하지만 1960년대 타자기의 대중화, 1980년 초반 '복사기'의 등장 등과 같이 새로운 기술이 선을 보일 때마다 재배포는 이전에 비해 훨씬 용이해졌다.

하지만 사회적으로는 새로울 것이 없는 행운의 편지에 대중들은 둔감해졌다. 또 기술적으로는 '전화'로 대표되는 통신 매체의 등장으로 인쇄매체가 쇠락하자, 인쇄물이었던 행운의 편지는 이전과 같은 영향력을 끼치지 못한다. 물론 신문의 시민기고란에 행운의 편지가 불러오는 불편함에 대해 토로하는 글들이 실리는 것을 보아 그 명맥이 겨우 유지되었다는 것을 알 수 있었다. 하지만 이전까지만 해도 행운의 편지를 비판하는 주체가 정부나 신문 기자들이었다는 점을 생각하면 행운의 편지는 이제 '존이불론存而不論', 속된 말로 '아웃 오브 안중(관심이 없다)'이 되었다.

행운의 편지의 스토리텔링 방식

행운의 편지는 내용적인 측면에서 기존의 편지와 많은 부분이 다르다. 가장 큰 차이로는 보낸 이와 받는 이의 관계가 제대로 설정되어 있지 않은 점을 들 수 있다. 그 때문에 보낸 이가 받는 이에게 안부나 구체적인 물음을 하는 등의 의사소통을 하기 위해 보내는 기존의 편지 형태를 띨 수 없다. 행운의 편지는 "행운을 얻고, 불운을 피하고 싶다면, 이 편지 내용을 그대로 여러 장 복사하여 전달하라"라는 단순한 내용만을 가지고 있다. 수신자의 특성과 관계없이 내용이 동일하다는 측면에서 스팸메일과 유사하지만, 행운의 편지는 받는 이가 동시에 또 다른 행운의 편지를 보내는 이가 되는 피라미드 구조를 띠고 있다는 다른 특징도 가진다.

우리가 흔히 행운의 편지 하면 떠올리는 "이 편지는 영국에서 최초로 시작되어……"의 내용은 1960년대 중후반 만들어져 유포된 것으로 추정된다. 초기 행운의 편지가 단순히 "행운의 편지를 유포하라"는 내용만을 담았다면, 이 행운의 편지는 일정한 서사구조를 가지게 되는데, 행운의 편지를 전달해 성공한 사례와 그렇지 않아서 실패한 사례를 제시해 행운의 편지 재배포의 당위성을 높이고 있다. 예컨대 1930년대에 영국에서 HGXWCH

라는 사람이 편지를 받아 그의 비서에게 시켜 행운의 편지를 복사해서 보냈더니 20억 복권에 당첨되었다는 이야기나, 미국의 케네디 대통령이 이 편지를 받았지만 보내지 않아 암살당했다는 이야기가 대표적인 사례다.

일요일 오전 MBC에서 방영되는 〈신기한 TV 서프라이즈〉에 나올 것 같은 이 이야기는 나름의 설득력을 가지고 있다. 1930년대에 복사기가 존재하긴 했지만 사용이 불편했을 뿐 아니라 대단히 귀한 것이었다. 하지만 비서를 둘 정도의 재력이면 그 정도의 복사기 사용이 가능했을 것이다.[22] 또 이 편지는 1963년 케네디 대통령의 암살을 거론하는데, 미스터리한 사건에 행운의 편지라는 유령 편지의 내용을 잘 매치시키고 있다. 이와 같이 행운의 편지는 편지를 보내는 것에 따른 행운과 불행이라는 사실 여부를 떠나 그럴듯한 사례들의 나열로 설득력을 높이고 있다.

그동안 국내에 유포된 행운의 편지에 기록된 행운의 편지가 가져다 준 유명 인사들의 성공과 실패 사례들을 보면 이런 이야기들이다. "링컨과 케네디 대통령은 행운의 편지를 받았지만 그냥 버렸기 때문에 암살을 당했다. 루스벨트 대통령은 행운의 편지를 모두 발송한 뒤 3시간 만에 대통령에 당선되었고, 아랍의 나세르 대통령은 10시간 안에 행운의 편지를 모두 발송하고 혁명을 성공시켰다." 하지만 이는 사실을 확인할 수 없다. 암살을 당한 사람은 말을 할 수 없다고 하더라도, 발송하고 행복을 받은 사람들도 있었는데 실제로는 이들 중 누구도 행운의 편지를 받았다는 언급이나 기록이 없다.

이렇게 구성된 행운의 편지에는 언제 시작되었는지, 혹은 세계에서 어떻게 퍼져나가고 있는지에 대한 '기원'과 행운의 편지에 적힌 대로 재배포하고 얻게 된 '보상 사례'와 반대로 이를 무시했을 때 생긴 '처벌 사례'가 담겨 있다. 편지를 보냈을 때 받게 된다는 행운의 양이 보내지 않았을 때 겪게 되는 불행의 양보다 크다는 점을 강조한 것도 파급의 동력이 되었을 것으로 추정된다. 행운의 편지는 복사해서 보낼 편지의 양이나 편지 안의 글의 내용이 시대에 맞춰 늘어나거나, 줄어드는 등 심리적인 요소에 맞추어 충분히 조율되고 있었다. 해외의 사례에서도 똑같은 구성으로 운이나 금전, 사랑과 불행 등의 사례를 나열해 행운의 편지의 파급을 촉구하고 있다는 걸 알 수 있다.

행운의 편지는 욕망의 실현도구인가?

행운의 편지는 받는 사람에게 재배포를 강력히 요구한다. 대신 행운이나 불행과 같은 추상적인 보상만 있을 뿐, 실제로 물질적인 이익이나 피해를 기대할 수 없다. 하지만 어떤 이들은 행운의 편지의 파급 방식을 주목했고, 이에 따라 행운의 편지는 점차 다른 용도로도 사용되었다. 장사를 하는 사람에게는 상품 선전의 수단으로, 종교인들에게는 선교의 방편으로, 정치적으로는 사상과 신념을 전파하는 도구로 활용된 것이 그 예다.

『매일신보』 1926년 8월 28일자에는 "충남 부여 지역에서 행운의 편지를 흉내내어 사회제도의 불합리함을 역설하는 적화사상 편지가 포착되었다"라는 기사가 실렸다. 1935년에는 경제 현실을 비판하며 불경기 퇴치를 부르짖는 편지가 여러 곳에 발송되지 않으면 불행해진다는 협박과 함께 나돌아 경찰들을 긴장시켰다고 한다.[23] 미국에서는 1927년 공화당 대통령 후보로 캘빈 쿨리지를 뽑아달라는 행운의 편지가 나돌았고, 한국에서는 1996년 김영삼 대통령을 비방하는 편지 사본을 5명에게 보내야 행운이 온다는 내용이 담긴 편지가 도는 등 정치적 사상과 신념을 전파하는 도구로 쓰였다.[24] 이는 오늘날에도 이어져 투표 장려나 반값등록금 촉구, 학교폭력 근절을 알리는 캠페인에서도 구호와 정당성을 알리는 방법으로 사용되기도 했다.

1990년대 말에 PC통신을 이용한 사기 이메일을 시작으로 2000년대 초반 "앉아서 수십 억 원을 벌게 해드리겠습니다"라는 이름의 행운의 편지가 사회적 문제로 떠오른 적이 있다. 이메일을 받은 사람이 리스트에 올라와 있는 6명에게 각각 5,000원을 송금한 뒤 첫 번째 리스트를 삭제하고 자신의 이름을 올려 1,500명에게 발송하라는 다단계 수법이었다. 이 편지는 6단계를 거쳐 자신의 이름이 삭제될 때까지 이메일을 받은 사람 전체의 0.5퍼센트만 송금해도 38억 원을 벌 수 있다는 내용을 담고 있었다.[25]

이런 형식의 피라미드 금융사기를 '폰지게임Ponzi game' 혹은 '폰지사기Ponzi Scheme'라고 부른다. 찰스 폰지Charles Ponzi, 1882~1949는 1919년 국제 우편쿠폰이 제1차 세계대전을 겪으며 크게 변한 환율이 아닌 전쟁 이전의 환율로 교환되는 점에 착안해 해외에서 우편 쿠폰을 대량 매입한 뒤 미국에 유통시켜 차익을 얻는 사업을 구상하고 투자자들을 모집했다.

모집 슬로건은 간단했다. "45일 만에 50퍼센트 이자, 90일 만에 100퍼센트 이자를 드립니다!" 투자가 활발해지고, 다시 투자자들에게 수익금이 지급되자, 더욱 많은 투자자가 모여 무일푼에 전과자였던 폰지는 순식간에 갑부가 되었다. 하지만 실상을 알고 보니 폰지는 나중 투자자가 앞선 투자자의 수익을 충당하는 방법을 사용했고, 이것이 최초의 대규모 금융 피라미드 사기였다. 투자자들이 사실상 빼앗긴 돈은 2,000만 달러에 이르렀는데, 이는 2011년 기준으로 환산하면 2억 2,500만 달러에 달하는 거액이었다. 폰지는 나중에 비참한 가난 속에 죽었는데, 그가 마지막 남긴 말이 재미있다. "나는 청교도들이 아메리카 대륙에 도착한 이후 최고의 쇼를 보여준 것인데, 돈을 잃었다는 사람도 싼값으로 구경한 게 아닌가." [26]

1930년대에 한국에서도 비슷한 수법의 행운의 편지가 등장했다. 1935년 10월부터 유행한 '불경기퇴산 통신무진不景氣退散 通信無盡 행운구락부'라는 편지다. 앞서 언급한 대로 경제 현실 비판과 불경기 퇴치를 주장하는 내용을 담은 행운의 편지였다. 하지만 편지 안에는 2일 내로 다른 5명에게 같은 내용으로 편지를 함과 동시에 제일 먼저 기입된 사람에게 10전씩을 절수切手(수표)로 부송하라는 내용이 담겨 있었다. 그 때문에 기존의 행운의 편지에 대한 피해보다 큰 규모의 사기 피해가 일어나게 되었다.

'불경기퇴산 통신무진 행운구락부'는 기존의 행운의 편지와 달리 발신자가 행운의 편지에 남겨진다는 단점을 가지고 있었다. 이에 경상북도 문경의 본정경찰서가 이 행운의 편지를 조회해, 해산물상에 다니는 김대진를 용의자로 체포했다. 하지만 취조 후 최초 유포자가 아닌 것으로 밝혀져, 과료 1원에 처하고 석방했다고 한다(김대진의 편지는 일반적인 행운의 편지가 아니었기에 앞서 행운의 편지로 처벌받은 사람은 장익선 밖에 없다고 한 것이다).[27]

같은 해에 미국에서도 '10센트 보내줘Send a Dime'라는 행운의 편지가 크게 유행했다. '번영 클럽Prosperity Club'이라는 이름을 내걸고 콜로라도주 덴버에서 시작된 이 편지에는 지금까지 거쳐간 인명 목록이 적혀 있었는데, 10센트를 송금한 뒤, 똑같은 편지를 만들어 자기 이름을 적고 대신 맨 윗사람

이름을 지워 다른 사람에게 보내는 방식을 활용했다는 점에서 '불경기퇴산 통신무진 행운구락부'와 똑같은 구조를 가지고 있었다.[28]

2011년 3월 11일 '동일본 대지진'이 일어났다. 일본에서는 당시의 혼란스러운 상황을 틈타 '행운의 편지'가 다시 유행했다. "다른 사람에게 알려주십시오"로 시작하는 이 행운의 편지는 지진 피해지역 난민 구호를 위해 기금을 모으고 있으며, 다른 지역에도 지진이 발생하고 있으니 주의하라는 거짓 정보를 담고 있었다. 이에 일본 총무성은 "동북 지방 태평양 연안 지진에 관한 행운의 편지에 주의하시기 바랍니다"라고 발표했다.[29] 불황에는 소주가 잘 팔리고, 미니스커트가 유행한다는 속설처럼 관계가 명확하지 않지만 행운의 편지는 어려운 시대상황에서 사람들의 불안 심리를 파고든 것이다.

괴담 유포에도 행운의 편지가 사용되었다. 2000년대 초반 바이러스에 걸린 파일을 삭제하라는 거짓 경고 이메일이 인터넷을 통해 크게 확산되었다. "안철수연구소에 따르면"으로 시작되는 이 편지는 최근 바이러스 감염 파일이라며 'SULFNBK.EXE'라는 이름의 파일을 지우라는 경고를 담고 있었는데, 기술적인 용어를 사용해 언뜻 그럴싸해 보였지만 거짓 경고였다('SULFNBK.EXE' 파일은 '/Windows/Command' 폴더에 실제 존재하는 파일로 긴 파일 이름을 복원하는 데 필요한 정상적인 윈도 파일이다).[30] 이렇듯 언뜻 그럴싸해 보이는 내용으로 사용자를 현혹하는 이메일을 일러 '혹스Hoax'라고 한다(혹스는 '불쾌한 일에 대한 거짓말', '장난질'이라는 뜻이다).

2013년 초에도 "Black in the White House"라는 제목의 이메일을 클릭하지 말라는 카카오톡 메시지가 성행했다. 역시 안철수연구소가 발표한 것으로 되어 있었으며 복사해서 지인들에게 알리라는 내용이 담겨있었다. 안철수연구소 관계자는 이에 대한 어떠한 발표도 한 적 없으며, 이런 혹스는 실체가 전혀 없는 것으로 메시지를 통해 컴퓨터가 바이러스에 감염된다는 등의 공포심 조성과 함께 거짓된 내용을 많은 사람에게 보내게 하려는 행운의 편지식 장난이라고 했다.

이외에도 이동전화를 걸 때 수신자가 응답할 때까지 이동전화를 귀 가까이에 대지 말라는 내용의 메시지도 있었다. 이동전화를 걸 때 직후의 신호음이 2watts=33dbi로 크기 때문에 뇌에 직접 영향을 줄 수 있다는 내용으로 "아시는 분들께 긴급 전파 바랍니다"라며 전달을 촉구했다. [31]

행운의 편지, 종이를 떠나다!

행운의 편지가 현재까지 이어지는 또 다른 장수 비결은 하나의 메시지 양식으로 각 시대를 대표하는 미디어 속에 녹아든 점을 들 수 있다. 인쇄매체의 발전은 행운의 편지의 수명을 늘려주었지만, '전화'라는 통신 매체의 등장으로 행운의 편지는 역사의 뒤안길로 사라지는 듯했다. 전화는 글이 아닌 말을 이용하기에 전달자의 정체를 알 수 있는 목소리가 남을 뿐만 아니라, 동시에 여러 사람에게 긴 내용을 전달할 수 없기 때문이다.

그러나 전화 이후 '컴퓨터 통신'의 등장으로 편지 문화가 사이버상에 흡수되어 다시 활성화되었다. 마찬가지로 행운의 편지 역시 종이를 떠나 PC 통신에 자리를 잡는다. 내용은 20~30년 전과 다름이 없었지만, 이메일을 통해서 통신 가입자들에게 보내진 행운의 편지는 무작위로 남의 ID를 골

라낸 뒤 한꺼번에 여러 명의 가입자에게 편지를 보내는 다중 발송 방법을 사용했다.[32]

이전의 행운의 편지보다 내용을 적고, 전달하는 데 시간이 획기적으로 줄게 되자 확산 속도가 걷잡을 수 없이 빨라져 통신 시스템에 과부하가 걸렸고, 행운의 편지를 받은 사용자들의 항의가 빗발쳤다. 그렇지만 행운의 편지의 변형인 '혹스 메일'과, 본격적인 '금융 피라미드 메일'이 계속 등장하고 성행했다.[33]

전화도 시간이 흐르며 변화를 거듭했다. 가정용 전화기를 대체하기 시작한 휴대전화는 PC통신의 이메일과 같이 문자메시지를 서비스함으로써 말을 통한 통화뿐만 아니라 글로 소통을 할 수 있게 해주었다. 사람들이 언제 어디서나 문자메시지를 확인할 수 있는 환경이 구축되자 행운의 편지 또한 그 속에 녹아들었다. 인터넷이 다양한 형식의 변형된 행운의 편지의 실험 공간이었다면, 휴대전화 문자메시지는 단순한 장난이 목적이었다. 이는 글자 수의 재한에 따른 것으로 순수한 의미에서 행운의 편지라 볼 수 있을 것이다.

대표적인 사례로 2010년 10월에 유행했던 '823년 만에 온 10월'이라는 문자를 들 수 있다. 이 문자메시지에는 2010년 10월은 금요일과 토요일, 일요일이 한 달 사이에 5번이나 들었으며, 이런 일은 823년 만에 등장한 것으로 이 소식을 8명의 사람에게 전달하면 좋은 일이 생긴다는 내용이 적혀 있었다. 중국 풍수에 그 근거가 있다고 했지만, 사실 엉터리 내용으로 2004년도에도 10월에 금요일, 토요일, 일요일이 모두 5번 들어 있었다는 것이 밝혀졌다.[34] 하지만 당시에 파급은 엄청났으며 심지어 정두언 당시 한나라당

최고의원도 당 최고위원회의에서 이 문자의 내용을 언급하기도 했다.[35]

행운의 편지가 종이를 떠나 컴퓨터와 휴대전화에 정착했지만, 글자를 통해 이야기를 전달한다는 기본적인 방식은 바뀌지 않았다. 일본 영화 〈링〉은 행운의 편지를 종이에서 비디오로, 글자에서 영상으로 옮기는 시도를 보여주었다. 〈링〉은 비디오테이프에 담긴 공포 영상을 복사해서 다른 사람에게 넘기지 않으면, 일주일 안에 영상 안의 귀신이 받은 사람을 죽인다는 내용이다. 국내는 물론 할리우드에서도 리메이크될 정도로 많은 인기를 얻었지만, 〈링〉을 따라 비디오테이프를 통해 재배포를 한 실제 사례는 찾아볼 수 없었다. 영상은 분명 자극적이고 강한 효과를 가지지만, 영상을 복사하고, 배포하는 비용이 너무 크기 때문인 것으로 추측된다.

2000년대에 들어서 본격적인 인터넷 커뮤니티의 발전으로 따로 연락처를 알지 못하더라도 불특정 다수에게 자신의 글을 노출하는 것이 가능해졌다. 이 때문에 이메일 대신 유명 포털의 댓글이나 사이트에서 '이 글을 퍼가지 않으면……' 식의 글을 심심치 않게 만날 수 있게 되었다. 하지만 인터넷 안에는 엄청난 양의 '스팸메일' 이나 '악플', '해킹' 등 더욱 자극적이고 공격적인 문화가 자리를 잡게 되었고, 행운의 편지는 큰 파급력을 보이지 못하고 있다.

2013년 행운의 편지의 현주소는?

2010년을 기준으로 국내에 스마트폰이 대중화되었고, 2012년 12월 기준 국내의 스마트폰 사용자는 3,272만 명을 넘었다. 이 중 60퍼센트 이상이스마트폰을 통해 '소셜네트워크서비스SNS'를 이용했다. 소셜 여론 검색 서비스인 '소셜 매트릭스'는 2013년 1월 첫 한 주간 소셜네트워크서비스에서 가장 많이 언급된 키워드를 조사했는데 1위 사진(34,990), 2위 손금(21,113), 3위 앨범(20,130), 4위 리트윗(18,360), 5위 할머니(17,290)였다. 이 중에 '손금'과 '할머니'라는 키워드가 눈에 띄는데, 이는 한 트위터리안(소셜네트워크서비스인 트위터를 사용하는 유저를 뜻함)이 100억을 벌었다는 부자 할머니의 손금 사진을 올리고, 그것을 다른 사람들이 리트윗으로 재배포하면서 퍼진 키워드로 새로운 형식의 행운의 편지라는 평을 얻었다.[36]

'100억 부자 할머니 손금'이라고 불리는 이 '소셜네트워크서비스 부적'은 삼성공원묘원 재단 이사장인 김진정 여사의 손금으로 알려져 있다. 김진정 여사의 새까만 손도장은 2000년대 중반 인터넷에서 '포스팅만 해도 금전 운이 따른다'라는 이름으로 먼저 유행했었던 적이 있지만, 이 사진은 소셜네트워크서비스 특유의 '리트윗'과 '공유하기'를 이용해 더욱 크고, 빠르게 전파되었다.[37]

'100억 부자 할머니 손금'의 특징은 "손금 사진을 공유하면 돈이 생긴다"는 기본 메시지와 함께 자신의 경험담이나 소원을 함께 덧대어 적으며 재배포를 하는 것에 있다. "손금을 리트윗하고 아빠한테 3만 원 받았다", "길가에서 돈을 주었다" 등의 누리꾼들의 경험담은 협박이나 저주로 일관한 기존의 행운의 편지와 다르게, 실제 경험자들의 생생한 후기로 인한 기대심리만으로도 공유를 할 수 있게 만들었다는 평을 들었다.

같은 해 2월 달에도 밸런타인 데이를 맞아 '밸런타인 부적'이 누리꾼들 사이에서 일파만파로 퍼졌다. 국내 만화 캐릭터인 '부토'를 이용해 재치 있는 부적 이미지를 소셜네트워크서비스에 올린 것인데, 부적 안에 "솔로 탈출! 커플 결혼! 소개팅도 백퍼 성공! 부실 애인 전격교체!" 등의 멘트가 숨어 있다.[38] 부적은 마지막에 "캡처하시오"를 재미있게 "카압추어하시오 壓抽漁下時悟"라는 한자로 표기하면서 함께 전달하지 않을시 소개팅마다 진상을 만날 것이라는 귀여운 협박을 동원하며 재배포를 강조했다.

이후 '100억 부자 할머니 손금'은 워런 버핏(미국의 억만장자)의 손금으로 바뀌어 다시 유행했고, 인기 연예인들의 손금으로도 바뀌어 누리꾼들은 새해 소원과 함께 이들의 손금 사진으로 소셜네트워크서비스를 수놓았다. '밸런타인 부적' 역시 '중간고사 부적' 등으로 변형되어 현재까지도 많은 인기를 누리고 있다. 이렇듯 행운의 편지는 생사를 위협하던 이전의 진지함을 벗어던지고, 가벼운 메시지와 귀여운 협박으로 소셜네트워크서비스 안의 하나의 놀이로 정착되었다.

어쩌면 소셜네트워크서비스는 행운의 편지에 최적화되어 있다고 볼 수 있다. 대부분의 사용자가 스마트폰을 통해 장소에 구애받지 않고 실시간으로 소셜네트워크서비스를 적극 사용해 이제는 현대인의 일상 중 하나로 정착되었기 때문이다. 소셜네트워크서비스의 기능적인 구조를 보면 사용자가 올린 글뿐만 아니라 사용자가 댓글을 달거나, 추천을 한 활동 내역 또한 사용자의 친구들에게 공개되므로 정보가 쉽고 빠르게 많은 사람에게 공유가 된다. 이런 인터넷 커뮤니티의 개방적인 특성에 태그 기능을 통해 특정 친구에게만 피드(알람)를 날려서 확인을 강조하는 이메일과 같은 특성을 동시에 지니고 있다. 소셜네트워크서비스에서 태그 기능은 비단 행운의 편지가 아니더라도 특정 콘텐츠를 본 사람이나 제작자가 그 콘텐츠의 조회 수를 높이고자 할 때 사용된다.

행운의 편지는 불행만 전달하는 걸까?

"죄는 미워하되 사람은 미워하지 마라"라는 말이 있다. 분명 행운의 편지는 오랜 시간 동안 많은 사람에게 정신적인 피해를 주었다. 하지만 매체를 통한 의사소통의 방법 측면에서 본다면, 행운의 편지는 1대 1 혹은 단방향으로만 전달되는 매체의 의사전달 구조를 뛰어넘었다는 점에 의의를 둘 수 있다. 받는 사람이 동시에 보내는 사람이 되어 다수에게 가지를 치듯 뻗어나가는 구조를 통해 일방향 커뮤니케이션을 쌍방향 커뮤니케이션으로 바꾸었기 때문이다. 내용 면에서도 어두운 면만 있는 것은 아니다. 파급력 때문에 행운의 편지가 금융 피라미드 사건에 악용되기도 했지만 반대로 행운의 편지를 통해 미담을 전하거나 진짜 행복을 찾은 사례도 존재하기 때문이다.

1986년 박정환은 시를 좋아하는 몇몇 친구들과 함께 '생활 시 보급운동'을 시작하면서 '우리정 나눔터'라는 봉사조직을 만들었다. 우리정 나눔터는 행운의 편지처럼 시를 적은 편지를 보내면 받은 사람이 시를 다시 적어 2편 이상 다른 사람에게 보내는 식으로 활동했다. 이후 인사동에 사무실을 갖추었고, 1988년 3월에는 회원이 크게 늘어나 편지의 형태를 벗어나 전화로 시를 낭송해주는 서비스를 실행했다.[39]

오지 탐험가 김형욱은 2005년 네팔, 캄보디아, 아프리카 등지에서 여행을 하며 만난 어린아이들을 통해 행복이 무엇인지 배웠다. 그는 오지에 사는 그들의 꿈이 무엇인지 궁금했다고 한다. 아이들의 부모는 "우리 아이가 교육을 잘 받았으면 좋겠다"라고 말했고, 김형욱은 세계의 수많은 오지 시골 마을에 도서관을 만들어야겠다고 다짐했다. 그는 불특정 다수에게 이메일을 보내 오지마을 도서관에 쓰일 물건들을 기부해줄 것을 부탁했는데, 기부를 한 사람에게 행운이 깃들 것이라는 행운의 편지의 특성을 이용했다. 처음에는 어떤 꼬마의 연필 10자루로 시작했지만, 곧이어 몇천 원, 몇백만 원의 기부를 받게 된 그는 인도와 파키스탄, 네팔 등의 오지마을 17곳에 2만여 권의 영어책을 전달했다고 한다.[40]

2009년 재계에서는 삼성전기 박종우 사장이 보낸 행운의 편지가 화제가 되었다. 2009년 12월 17일 박종우 사장은 연말 임원들에게 보내는 이메일에서 "힘들었던 올 한해 정말 수고 많았다. 상황이 안 좋았지만 큰 성과를 올렸다. 내년에도 올해처럼 열심히 하자"고 격려했다. 이 편지가 회자된 것은 이메일 말미에 "'돈으로 집을 살 수 있지만 가정을 살 순 없다. 돈으로 의사를 살 수 있지만 건강은 살 수 없다' 등의 내용을 주변 사람 20명에게 보내면 행운을 가져다준다"는 말이 적혀 있었기 때문이었다

행운을 바라는 마음으로 시작한 이메일은 임원들부터 사원들에게 전달이 되었고, 일주일 만에 삼성계열사를 모두 거쳐 현대, SK, 두산, 아시아나 등의 다른 회사 사원들에게까지도 번졌다. 이메일을 받은 이들은 "대기업을 다 돌고 온 듯", "삼성전기 사장님한테 이메일을 받다니 대박이다", "훈훈하다" 등의 긍정적인 반응을 보였고, 박종우 사장은 딱딱하게만 느껴지는 대기업 최고 경영자의 인간적인 면모를 보여주었다는 평가를 받았다.[41]

또한 행운의 편지는 사회의 미담을 알리거나 만드는 데도 일조했다.

1999년 미국 미네소타 주의 한 수녀의 10년 전 이야기가 이메일을 타고 미국 전역과 세계 각지로 퍼지며 읽는 이들을 감동시킨 사례가 있다. 헬렌 머로슬루 수녀가 그 주인공으로 그의 제자 마크 에클룬드와의 이야기였다. 수학시간에 헬렌 수녀는 수업을 중단하고 학생들에게 노트에 친구 이름을 쓴 다음 칭찬의 말을 적으라고 했고, 자신도 학생들 이름을 일일이 쓰고 칭찬의 말을 적은 뒤 나눠주었다고 한다. 세월은 흘러 1971년 8월 베트남에서 마크가 전사했다는 소식이 들렸고, 장례식에서 수녀는 마크가 간직하고 있던 노트를 받았는데, 자신이 그에게 써준 칭찬 리스트였다고 한다. 헬렌의 이야기는 그의 친구가 이메일을 통해 "읽고 다른 사람에게 보내면 큰 행운이 올 것"이라는 추신을 달아 익명의 독자에게 전달하며 퍼지기 시작했다고 한다.[42]

2013년 3월 12일 소셜네트워크서비스인 '페이스북'에 사당동에서 지하철 택배 일을 하는 배창희 할아버지의 사진이 올라왔다. "회사에서 좋아요 수가 1만 번 넘으면 제 아내랑 제주도 여행 보내준데요. 젊은이 여러분 도와주세요"라고 쓰인 종이를 든 사진이었다. 이 사진은 행운의 편지 형식으로 사람에서 사람들로 재배포되었고, 이틀 만에 62만 명이 넘는 인원이 이 사진에 '좋아요'를 눌렀다.[43]

배창희 할아버지는 회사에서 제주도를 보내주기로 했다며 고마움을 담은 후기를 사진으로 다시 게재했다. 이후 할아버지는 SBS 〈당신이 라디오 스타〉에 출연해 사실 아내가 오래전에 유방암으로 세상을 떠났으며, 바쁘다는 이유로 신혼여행도 못 간 것이 한이 되었다고 말했다. 이어 아내의 사진과 함께 제주도에 부부동반 여행을 가게 되었다며 사진에 '좋아요'를 눌

러주고, 적극 홍보해준 총 67만 명의 누리꾼들에게 감사의 인사를 전했다.

행운의 편지 100년사를 향해

행운의 편지가 국내에 들어온 지 어느덧 90년의 세월이 지났다. 누군가의 심술궂은 장난으로 치부하기에는 아주 오랜 세월을 버틴 행운의 편지는 그 생존력만으로도 우리의 관심을 끌기 충분하다. 하지만 행운의 편지에 대한 연구나 서적을 찾아보기가 어려웠다. 다행히도 당시의 사회적 쟁점을 담는 신문기사를 통해 행운의 편지의 형태나 영향 등을 모아서 분석할 수 있었다.

하지만 신문 역시 행운의 편지에 대해 부정적인 시각으로 일관했다는 것이 자료를 해석하면서 느낀 아쉬움이다. 우리는 언론과 대중의 십자포화十字砲火를 맞으면서도 행운의 편지가 살아남은 특성에 주목했는데, 비결은 적응력이었던 것 같다. 매체 환경의 변화로 인해 디지털 매체가 대거 등장하고 있는 상황에서도 생명력을 유지하고 있기 때문이다. 수많은 이용자가 사용하는 디지털 매체로 빠르게 무대를 옮겼다는 게 그 증거라 할 것이다.

또한 행운의 편지의 의사소통 방식에 주목했다. 1대 1의 소통으로 규정된 '편지'라는 매체에서 1대 다多로 확장되는 방식의 우수성이 행운의 편지가 누린 장수 비결이라고 생각했다. 1986년 미국에서 어떤 아이들은 행운의 편지의 네트워크를 통해 세계 기네스에 도전하려했다. 마찬가지로 행운의 편지와 같은 네트워크에 개인이 적극 참여했을 때 자신이 보낸 행운의 편지가 점점 증식되는 과정에 대한 희열을 느끼는 것 같다. 요즘의 소셜네트워크서비스에서 유행하는 행운의 편지는 그 방식이 간단하고, 저주나 협박 등의 수위가 약할 뿐만 아니라, 공유되는 과정이나 수치가 보이기 때문에 더욱 빠르게 퍼지는 것 같다.

액땜이나 각종 사기의 방법으로 사용되던 행운의 편지가 최근에는 공익적인 차원에서 사용되고, 행운의 편지 특유의 저주나 협박 없이도 받는 사람들이 기분 좋게 발 벗고 공유하는 사례들이 나타나고 있다. 10년 뒤면 행운의 편지가 국내에 들어온 지 100년이 넘게 된다. 그때의 행운의 편지는 어떤 모습과 형태로 존재할까? 그러나 분명한 것은 그때에도 사회나 사람들의 의식, 그리고 사회에서 사용되는 주요 매체 속에 행운의 편지는 녹아 있을 것이란 사실이다.

피라미드 수법pyramid scheme을 근간으로 하는 다단계 마케팅multi-level marketing에 빠져든 사람은 자신의 판매 네트워크가 기하급수적으로 확장해갈 수 있다는 가능성에 전율을 느낀다고 한다. 그런 심리를 가리켜 '피라미드 심리'라고 할 수 있겠다. 행운의 편지도 그런 심리와 무관치 않겠지만, 우리는 그런 심리가 사회적 공익을 위한 선행의 전파에도 작동할 수 있는 가능성에 주목하고 싶다.

1 「호운을 위하여, 구매의 엽서를」, 『동아일보』, 1922년 2월 1일, 3면.

2 최영창, 「연애사건으로 돌아본 '한국 근대사'」, 『문화일보』, 2003년 11월 6일.

3 김명환, 「24시간 안에 이 편지를 안전했다간⋯ '행운의 편지' 1920년대에 출현」, 『조선일보』, 2012년 10월 10일, A37면.

4 「행운의 편지, 경찰은 처벌할 방침 최근 경성에 빈번히 돌아다녀 우매한 자나 하는 것」, 『조선일보』, 1935년 7월 9일, 조간 2면.

5 이순우, 「행운의 편지를 아시나요?」, 『경향신문』, 2004년 7월 14일.

6 「청주 복사업소 행운의 편지로 짭짤한 재미」, 『동아일보』, 1985년 4월 25일, 10면.

7 「행운편지의 악희」, 『동아일보』, 1939년 8월 23일, 2면.

8 「행운편지에 계엄」, 『동아일보』, 1939년 8월 24일, 2면.

9 「행운의 편지가 또 돌기 시작. 편지 받거든 똑같은 편지를 써서 12명의 친구에게 보내라는 것」, 『조선일보』, 1954년 1월 31일, 조간 2면.

10 「행운의 편지 100장 압수, 금산경찰서 단호 단속을 개시」, 『조선일보』, 1954년 2월 5일, 조간 2면.

11 「행운의 편지 단속, 정부에서 적극 대책」, 『조선일보』, 1954년 2월 8일, 조간 3면.

12 「행운의 편지 발신하면 불행이 온다. 강원도 경찰국서도 단속 방침」, 『조선일보』, 1954년 2월 10일, 조간 2면.

13 「벌 받은 행운의 편지」, 『경향신문』, 1954년 2월 11일, 2면.

14 「불행의 제1호, 행운의 편지 보내다 치재서 과료」, 『조선일보』, 1954년 2월 11일, 조간 2면.

15 「평양에 괴서찰」, 『동아일보』, 1926년 7월 28일, 5면.

16 「행운의 편지, 이천군에 유행」, 『조선일보』, 1926년 8월 18일, 조간 2면.

17 「행운의 편지 인천에 출현」, 『조선일보』, 1939년 7월 28일, 조간 3면.

18 「개성에도 행운의 편지」, 『동아일보』, 1939년 8월 13일, 7면.

19 「행운의 편지, 경찰은 처벌할 방침 최근 경성에 빈번히 돌아다녀 우매한 자나 하는 것」, 『조선일보』, 1935년 7월 9일, 조간 2면.

20 「행운의 편지 단속 갈 공보처장이 경고」, 『경향신문』, 1954년 2월 8일, 2면.

21 「두통거리 행운의 편지」, 『동아일보』, 1965년 2월 20일, 7면.

22 이터군, 「행운의 편지에 대한 칼럼」, 2004년 3월 9일; 이터군의 일상 블로그(http://blog.naver.com/eter02).

23 「불경기퇴산 통신무진 행운편지 대유행」, 『동아일보』, 1935년 10월 11일, 2면.

24 곽수근, 「5일 안에 5명에게 안 보내면 사라지지 않는 행운의 편지」, 『조선일보』, 2009년 12월 26일, B4면.

25 고찬유, 「경찰, 다단계 행운의 e메일 조심」, 『한국일보』, 2002년 4월 11일, 한국일보.

26 「Charles Ponzi」, 『Wikipedia』; 「Ponzi scheme」, 『Wikipedia』.

27 「불경기퇴산통신 무진 행운편지 대유행」, 『동아일보』, 1935년 10월 11일, 2면.

28 곽수근, 「5일 안에 5명에게 안 보내면 사라지지 않는 행운의 편지」, 『조선일보』, 2009년 12월 26일, B4면; 「Chain letter」, 『Wikipedia』.

29 「日대지진, 행운의 편지 확산에 혹세무민 우려」, 『머니투데이』, 2011년 3월 20일.

30 임성연, 「화재, 거짓말 바이러스주의보」, 『한국일보』, 2001년 5월 31일.

31 홍연, 「전화 받으면 귀가 먼다고? 바이러스 괴담 유포 중」, 『머니투데이』, 2013년 2월 13일.

32 김태훈, 「컴퓨터 통신 행운의 편지」, 『조선일보』, 1994년 5월 9일, 30면.

33 권혁철, 「불쾌한 유령 행운의 편지」, 1997년 8월 5일, 27면; 오철우, 「장난 전자우편 극성」, 『한겨레』, 1997년 11월 19일, 17면; 이헌진, 「PC통신 사기메일 대학생 등 13명 입건」, 『동아일보』, 1999년 6월 18일, 21면.

34 한경닷컴 경제팀, 「823년 만에 온 10월, 엉터리 新행운의 편지 무차별 확산」, 『한국경제』, 2010년 10월 24일.

35 「최고위원회의 주요내용(보도자료)」, 『한나라당』, 2010년 10월 25일.

36 김현곤, 「할머니의 손금」, 『PC사랑』, 2013년 2월호. 118쪽.

37 구가인, 「지금 SNS에서는, SNS부적」, 『동아일보』, 2013년 1월 9일, 28면.

38 장원수, 「발렌타인 부적 등장에 누리꾼 효험을 위해 20130214통 전달 불사」, 『한국일보』, 2013년 2월 14일.

39 김홍진, 「시가 좋아 낭송전화 자비 운영」, 『조선일보』, 1990년 10월 15일, 14면.

40 노정연, 「세상의 가장자리에 1천 개의 도서관을 꿈꾸다」, 『레이디경향』, 2012년 10월호.

41 최영훈, 「삼성전기 박종우 사장 행운의 편지」, 『서울신문』, 2009년 12월 18일.

42 김연극, 「e메일을 타고 번지는 사제 감동」, 『조선일보』, 1999년 2월 9일, 10면.

43 주애진, 「칠순의 아내 사랑, 누리꾼 62만 명 감동 클릭」, 『동아일보』, 2013년 3월 15일, 14면.

왜 우리는 머리카락에 목숨을 거는가?

두발 논란의 역사

"목을 자를지언정 머리카락은 자를 수 없다"

고대 서양에선 여자의 머리카락은 매혹으로 여겨진 반면, 남자의 머리카락은 지도력 · 힘 · 강인함 등을 상징했다. 그래서 전사는 머리카락이 굽슬거리는 것 같은 장식이 들어간 투구를 썼고 전쟁에서 승리를 거두면 패자의 머리털을 잘라버렸다고 한다.[1] 또 중세 초기 게르만족이 지배한 사회에선 긴 머리는 주권과 자유를 가지고 있다는 표시인 반면 짧은 머리는 구속과 굴종을 의미했다.[2]

한국에선 부모에게서 물려받은 신체발부身體髮膚를 지키는 건 효의 근본이었으며, 그걸 훼손하는 건 인륜의 파멸과 다를 바 없었다. 그랬으니 1895년 12월 30일(음력 11월 15일) "위생에 이롭고 활동하기 편하다"는 명분과 함께 전격적으로 단행된 단발령斷髮令을, 동시에 이루어진 태양력 도입과 더불어 '500년 조선사 최대의 개혁안'[3] 이라 부르는 것도 무리는 아니다.

단발령을 공포한 그날 고종은 태자와 함께 단발을 했다. 농상공부 대신 정병하가 임금의 머리카락을 자르고 내부대신 유길준은 태자의 머리카락을 잘랐다. 다음 날엔 정부의 관료, 군인, 순검 등 관인들에 대한 단발이 강행되었고, 1896년 1월 1일부터는 일반 백성에 대한 단발이 강요되었다.

당시 유길준과 조희연 등은 일본군을 궁성에 풀어 대포를 재놓고 "머리를 깎지 않는 자는 죽이겠다"고 협박했다고 한다.[4] 그럼에도 머리를 깎는 사람들이 없자 강압적인 방법이 동원되었다. 순검은 가위를 들고 유동 인구가 많은 곳에 배치되어 신분을 막론하고 상투를 틀고 지나가는 사람들에게 가위를 들이댔다. 또 순검들은 마을마다 돌아다니며 상투를 잘랐는데, 이에 대해 이이화는 다음과 같이 말했다.

"머리를 깎이지 않으려고 뻗대는 젊은이는 머리통을 잡아 무릎을 꿇리고 깎았다. 거리마다 골목마다 통곡 소리가 들렸다. 이처럼 단발령으로 인해 온 나라는 가마솥에 물이 펄펄 끓는 형국이었다. 무처럼 서울에 나들이 왔다가 잘린 상투를 싸들고 통곡하며 내려가는 자, 돼지를 몰고 장터에 나왔다가 상투가 잘려 땅을 치며 통곡하는 자, 순검의 칼날 앞에서 눈물을 떨구며 머리를 내미는 자, 아예 문을 걸어 잠그고 벽장에 숨어 있는 자 등 가지각색이었다."[5]

선교사 호러스 언더우드의 부인 L. H. 언더우드는 『상투의 나라』(1904)에서 "그들의 긍지, 자존심과 위엄은 모두 비난받고 발 아래서 짓밟혔다"며 "통곡과 비탄과 울부짖음 소리가 들려왔다"고 기록했다.[6]

한국에서 초상 사진이 일반화된 데에는 단발령이 큰 영향을 미쳤다. 단발하기 이전의 자신의 모습을 보존해야 한다는 위기의식으로 사진관에는 초상 사진을 찍으려는 사람들로 붐볐다.[7] 그렇지만 동시에 격렬한 저항도 일어났다.

송우혜는 "단발령은 즉각 조선 사회를 바닥까지 뒤흔들어 놓았다. 을미사변의 충격이 생생하던 마당에 단발령은 타는 불에 기름을 들이붓는 것 같았다. 곳곳에서 반발이 잇따랐고 고종이 거처하던 궁 앞에는 상소문을 들고온 유생들로 하얀 바다를 이뤘다"고 했다.[8]

면암 최익현은 "내 목을 자를지언정 내 머리카락은 자를 수 없다"고 했으며, 아들이 상투를 자르자 아버지가 자살하는 사건마저 일어났다.[9] 유림 안병찬은 "차라리 단두귀斷頭鬼는 될지언정 상투 자른 사람은 되지 말자"고 외친 뒤 자결했으며, 단발령에 맞서 곳곳에서 몸을 지키자는 이른바 보형保形 의병이 일어났다.[10]

이승만의 자발적 단발

돌이켜보건대, 단발령은 이해하기 어려운 사건이었다. 정치적으로 도무지 '수지타산'이 맞지 않는, 너무도 어리석은 조치였던 것이다. 왜 친일 내각은 단발령에 집착했던 걸까? 송우혜는 "권력 기반이 취약했던 당시 정권은 '개혁 강박증'에 억눌렸다. 빠르고 가시적인 성과를 원했던 그들은 서양식 짧은 머리를 개혁 내지 개화의 모습으로 간주했던 것이다"고 해석했다.[11]

따지고 보면 피차 '상징' 투쟁이었다. 단발령에 저항했던 민중은 친일 내각 이상으로 머리카락에 큰 의미를 부여했기에 충돌은 불가피했다. 송우혜의 말마따나, "과연 머리카락만을 그토록 아껴서 목숨을 걸었겠는가. 전통과 자긍심의 고수, 폭력과 위압과 침략을 거부하는 정신을 '머리카락'이라는 단어로 표상하여 그들은 삶 전부를 걸고 투쟁했던 것이다".[12]

사실 고종도 단발을 몹시 못마땅하게 생각했다. 단발을 한 직후에 의료 선교사 올리버 에이비슨Oliver. R. Avison을 만난 고종은 "보시오. 그들이 우리 모두를 중으로 만들어 놓았소"라고 말했다. 에이비슨도 단발령이 "일본인들이 이미 자행한 여러 가지 일 때문에 야기된 조선인들의 적개심에다 극히 불필요한 모욕감을 더 보태게 했다"고 평가했다.[13]

그러나 매우 드물지만 단발령 이전에 개화의 상징으로 스스로 단발을 한 사람들도 있었다. 조선인 가운데 최초로 상투를 자른 사람은 초기 개화파인 서광범이었다. 신사유람단의 일원으로 요코하마를 방문했다가 세브란스 병원의 설립자인 언더우드의 권유로 양복을 입고 머리를 깎았다. 이후, 김옥균, 박영효, 홍영식, 유길준 등 개화파들도 서슴없이 머리를 잘랐다.[14]

단발령이 떨어지자 흔쾌히 단발에 응한 사람들도 있었는데, 21세 청년 이승만1875~1965도 그런 사람 중의 하나였다. 그는 상투를 "조선이 결별해야 할 낡은 보수적인 과거의 상징"으로 생각하고, 거의 일요일마다 찾아 가서 영어를 연습하고 조선의 장래에 대해 논의했던 제중원 의사 에이비슨과 단발 문제를 상의했다. 훗날 이승만은 다음과 같이 회고했다.

"닥터 에이비슨이 가위로 나의 머리를 잘랐다. 그때에 몇몇 외국 사람들이 동정 어린 눈으로 그것을 지켜보았는데, 머리카락이 잘리고 상투가 내

앞에 떨어질 때에 나는 싸늘한 전율을 느꼈다. 그리고 나는 병원에 딸려 있는 작은 방에서 이틀밤을 지냈다.……내가 나타나자 어머니는 무척 놀라고 자식이 죽기나 한 것처럼 통곡을 하였다. 나의 그 귀중한 상투는 어느 여선교사가 필라델피아 근처의 자기 친구에게 보냈는데, 그 뒤에 행방불명이 되었다." [15]

손세일은 "단발령에 반대한 관료들이 벼슬을 내어 던지고 낙향하는 등 전국이 단발 반대로 들끓고 있는 상황에서 승만이 단발을 결행한 것은 외국인들과 어울려 생활하는 동안에 그가 급진적인 개화파가 되고 있었음을 말해준다"며 다음과 같이 말했다.

"그리고 그것은 그가 일생을 통하여 크고 작은 많은 결단의 고비에서 보여준 과단성의 한 보기이기도 하다. 그러나 불행하게도 이때에 공포된 단발령은 조선의 정황을 파국으로 몰고 가면서 자신들의 상업적 이익을 추구하려는 일본의 강압에 의한 것이라는 사실을 승만은 정확하게 인식하지 못했다." [16]

바리캉과 이발소의 등장

이승만보다 한 살 아래인 김구1876~1949는 단발령 당시 평양에 있었다. 그는 훗날 "평양에 도착하니 관찰사 이하 전부가 단발을 하고 길목을 막고 서서 지나가는 행인들을 붙들고 머리를 깎고 있었다. 단발령을 피하려고 하니 시골로나 산골로 숨어 들어가는 백성들의 원망이 길을 가득 메운 것을 목격하고, 나는 머리끝까지 분기가 가득하였다"고 회고했다. [17]

단발령은 그렇잖아도 명성황후 시해로 들끓고 있던 민심을 크게 자극해 전국적으로 의병이 일어나 일본과 친일정부에 대해 무력으로 항쟁하는 결과를 낳게 만들었다.[18] 단발령으로 사회적 혼란이 고조된 상황을 틈타 러시아는 공사관을 보호한다는 구실로 인천에 정박 중인 러시아 군함에서 수병 120여 명을 서울로 이동시켰으며, 서울 주재 러시아 공사 베베르Veber는 친러파 이범진 등과 공모하여 친위대 병력이 의병을 진압하기 위해 지방에 파견되어 왕궁의 경비가 소홀한 틈을 타 고종을 러시아 공관으로 옮기게 했다. 이게 바로 1896년 2월 11일에 일어난 이른바 아관파천이다.

고종은 아관파천 직후 민심 수습을 위한 조칙을 연이어 발표했다. 2월 18일 단발을 개인 의사에 맡긴다는 조칙이 내려졌다. 단발령은 시행 두 달여 만에 철회되었지만, 강요된 단발이 낳은 효과는 무시못할 것이었다. 개화파의 뒤를 이어 단발의 편리함과 자유로움을 알게 된 일부 조선인들 가운데는 자진해서 머리를 깎는 사람들이 증가하고 있었다. 서울 나들이를 왔던 한 유림은 단발 인구가 급증한 것을 보고 "중놈의 세상"이라고 개탄했다고 한다.[19]

단발은 신분제도의 약화를 보여주는 것이었다. 단발은 그렇게 서서히 이루어지다가 1904년 8월에서 1906년 9월까지 정부개혁과 국정쇄신을 부르짖은 이른바 갑진개화운동이 일어나면서 다시 크게 확산되었다. 갑진개화운동은 동학교단이 갑오농민전쟁 주도세력과 일정한 차별성을 강조하며 3대 교주 손병희1861~1922를 중심으로 국내 조직을 진보회로 정비해, 이를 바탕으로 벌인 근대화개혁 운동이다.[20] 진보회는 신문화운동의 일환으로 수만 회원에게 일제히 단발을 단행하게 했다. 이 신문화운동에 자극받아

이후 단발은 가속적으로 확산되었다.[21]

프랑스인 바리캉 마르Bariquand et Marre가 1871년에 발명한 바리캉이 한반도에 들어온 것도 갑진개화운동이 벌어지던 1905년 전후였다.[22] 이후 왕실도 단발을 장려하고 나섰다. 1907년 왕위에 오른 순종은 황태자 은과 함께 삭발을 하고 즉위식을 치렀다.[23]

일본인들의 상권이었던 진고개를 중심으로 일본인들을 대상으로 한 이발소가 생겨났으며, 조선 사람을 상대로 한 이발소는 1910년대 종로에 처음 생겨났다. 여성의 단발은 1920년대에 이른바 '신여성'의 출현과 함께 등장했으며, 이는 뜨거운 사회적 논란을 불러일으켰다.

신여성의 단발, 신남성의 장발

신여성 가운데 단발을 최초로 결행한 여성은 당시 유행의 창조자 역할을 했던 기생 강향란이었다. 그녀는 1922년 서울 시내 광교에 있는 중국 이발관에서 머리를 깎고 남장을 한 채 남자들이 다니는 강습소에 나가 남성들에게 큰 충격을 주었다. 그러나 배화학교에서는 머리 깎은 여자는 다닐 수 없다고 하여 퇴학당했다. 그녀에게는 '조선 단발 미인의 비조'라는 호칭이 따라붙었다.[24]

강향란 이후, 배우 이월화, 소설가 김명순, 허정숙, 주세죽 등이 머리를 잘랐다. 이들의 단발은 기성 체제에 대한 도전의 의미가 강했다.[25] 당시 신여성을 "모단毛斷(modern의 발음과 유사하다)이라고 표현할 정도로 단발은 당시 여성에게 구시대의 의식을 버리고 새로운 문명을 맞이한다는 것을 의

미했다."[26] 그랬기에 신문에는 심심치 않게 신여성의 단발 소식이 실렸다.

『별건곤』 1926년 12월호에 따르면, 단발한 여성들은 "신식여자하고도 최신식의 단발 미인"으로 통하며 사람들의 시선을 끌었는데 그들이 지나가면 "작난치던 아동배들도 '야 단발미인 간다 이거봐라!' 하고 떠들어대고 가게머리에서 물건 팔던 사람들도 무슨 구경거리나 생긴 듯 멍하니 서서 그들의 가는 양을 유심히 본다"고 했다.[27]

1927년 구미 일주를 떠났던 나혜석은 부산을 떠나 하얼빈에서 6일 머무르는 동안 번거롭기만 하던 머리를 시원하게 잘랐다. 머리 손질이 편하고 양장에 맞춰 모자를 쓰기 위해서 한 행동이었다. 『조선일보』 1927년 11월 9일자는 「나혜석 여사 단발」이라는 기사를 통해 "세계 일주 여행중에 있는 나혜석 여사는 프랑스 파리를 중심으로 하고 미술을 연구하는 터인데 최근에 단발을 하였다는 소식이 있다"고 보도했다.[28]

1920년대 후반 내내 신여성에겐 단발이 유행이었지만, 신남성에겐 오히려 장발이 유행인 재미있는 현상이 나타났다. 이는 그만큼 남성의 단발이 보편화되었다는 걸 의미하는 것이기도 했다. 『별건곤』 1928년 1월호는 일부 신남성의 장발 유행에 대해선 다음과 같이 말했다.

"불란서의 어느 화가가 머리 하나 깎을 처지가 되지 못하여서 그대로 길러둔 것이 일종의 유행이 되어서 화필만 들게 되면 의례히 머리를 길늘 줄 아는 것이 화가들간에 약속이나 한 것처럼 전염되여 있더니 이즈막에 와서는 시인 소설가 음악가 주의자主義者할 것 업시 새로운 경향만 갖게 되는 사람이면 의례히 머리를 길늘 줄 알고 또 길러야만 그러한 경향을 갖게 되는 줄로들 알다싶히 하였고……."[29]

소설가 이광수는 1920년대에 쓴 「문사와 수양」에서 근래 '문사' 라 하면 "학교를 졸업하지 말 것, 붉은술에 탐닉할 것, 반드시 연애를 담할 것, 두발과 의관을 야릇이 할 것, 신경쇠약성 빈혈성 용모를 가질 것, 불규칙 불합리한 생활을 할 것 등의 속성을 가진 인물을 의미하게 되었다" 고 야유조로 개탄했다. 두발을 야릇이 한다는 건 바로 장발을 꼬집은 것이었다.[30]

파마와 하이카라

여성의 단발은 신여성에게만 국한되었기에 1930년대에 이르러서도 보통 여성에게 단발은 감행하기 어려운 모험이었다. 이와 관련, 월간 『동광』 1932년 8월호에 실린 한 기사는 " '어서 단발하시구려' 하고 내가 만약에 어떤 여학생에 권한다면 그는 아마도 얼굴을 붉히고 그의 위신을 상한 듯이 노할는지도 모릅니다. 아직까지도 단발은 진한 '루쥬', '에로', '곁눈질' 등과 함께 '카페' 의 '웨이트레스' 나 서푼짜리 가극의 '댄스 걸' 들의 세계에 속한 수많은 천한 풍속들 중의 하나로만 생각되고 있는 조선에서는 그의 분노도 당연합니다" 라면서 다음과 같이 말했다.

"누구인가 현대를 3S(스포츠, 스피드, 쎈쓰)라고 부른 일이 있었지만 나는 차라리 우리들의 세계의 첫 삼십 년은 단발시대라고 부르렵니다. '보브(단발의 일종)' 는 '노라' 로서 대표되는 여성의 가두 진출과 해방의 최고의 상징입니다. 단발의 여러 모양은 또한 단순과 직선을 사랑하는 근대감각의 세련된 표현이기도 합니다.……지금 당신이 단발했다고 하는 것은 몇천 년 동안 당신이 얽매여 있던 '하렘' 에 아주 작별을 고하고 푸른 하늘 아래 나왔다는 표적입니다. 얌전하게 따서 내린 머리 그것은 얌전한 데는 틀림 없지만 거기는 이 시대에 뒤진 봉건 시대의 꿈이 흐릅니다.……새시대의 제일선에 용감하게 나서는 '미스코리아'는 벌써 모든 노예적 미학에서 자유로울 것이며 그의 활동을 구속하는 굽 높은 구두, '크림'빛 비단 양말, 긴 머리채는 벗고 끊어 팽개칠 것입니다."[31]

1933년 2월 초 서울 종로 화신백화점 안에 '엽주 미용실'이 문을 열었다. 1904년 황해도 사리원 태생으로 일본에서 공부하고 돌아온 오엽주가 차린 미용실이었다. 오엽주는 미용실이 붐비자 1년 후 다시 일본에 가 미용술을 연구하면서 전기 파마를 배워왔다. 그녀는 종로 영보빌딩 4층에 '엽주 미용실'을 새로 내고 도쿄 긴자의 일류 미용실에 필적하는 일류시설을 갖추었다.[32]

오엽주가 선보인 파마는 장안의 화제가 되었는데, 전기로 머리카락을 지진다고 해서 전발電髮이라고도 했다. 월간 『여성』 1936년 10월호 표지엔 파마머리를 한 여성이 등장했다. 김은신은 "오엽주는 미용실을 개업하기 전 쌍꺼풀 수술을 하고, 색깔 있는 안경을 착용했으며, 코르셋으로 몸매를 가꿀 줄 알았고, 굽 높은 구두를 신었던 장안의 유명인이었다. 타고난 미모에 사교술까지 있었던 그녀는 돈을 쓰는 데에도 거침이 없어서 가는 곳마다 화제를 뿌렸다고 한다. 그런 그녀가 파마를 시작하자 내로라하는 여성들이 다투어 찾아와 머리를 맡겼다"며 다음과 같이 말했다.

"배우 · 무용가 · 의사 · 교사 등 이름만 대도 금방 알 수 있는 여성들이었다. 파마 값은 5원 정도였다는데, 이는 금가락지를 사서 낄 수 있을 정도의 높은 금액이었다. 그래도 고객은 계속 늘어났다. 특히 부유층 여성들이 줄을 이었다. 그녀들에게 파마는 가슴이 떨릴 만큼 경이로운 것이기도 했다. 파마를 하고 나면 대부분 미용실 밖을 몇 번씩 두리번거리곤 했던 것이다. 머리를 지지고 볶은 다음 선뜻 미용실 밖으로 나서는 여성은 강심장 중에서도 강심장이었다. 해가 넘어가 어둑해져야 미용실 밖으로 나가는 여인들도 있었다. 그것도 인력거를 부른 다음에."[33]

일제 말기, 총독부는 전시체제의 물자절약 차원에서 여성의 파마와 남성의 장발을 금지했다. 남성에겐 짧은 머리를 강요했다. 당시 유행했던 이른바 '하이카라' 머리는 모두 사라졌고 모두가 짧은 군인 머리를 할 수밖에 없었다.[34]

■ '이발봉사대'와 '이발사 총파업'

광복 이후 파마는 무서운 속도로 유행의 물결을 탔다. 일반 여성들도 그 물결에 가세했다. 전기 파마를 하다가 전기가 귀해지자 불 파마가 등장했다. 불 파마란 어떤 것인가?

"지금의 번개탄과 비슷한 것으로 손가락 크기만 한 연료를 가봉이라 했는데 그 가봉에 불을 붙여 퍼머집게의 양쪽에 두 개씩 네 개를 넣어 은박지를 대고 머리를 말아서 퍼머를 하였던 것이다. 가봉의 재가 옷에 떨어지고 잘못하면 불똥이 옷에 튀어 구멍이 나기도 했다. 머리카락이 타서 끊어지기도 했고 심지어 이마나 귀 주위에 화상을 입기도 했지만 그러한 것들에 개의치 않고 불퍼머를 하였다."[35]

파마가 크게 유행하자 『조선일보』 1947년 1월 21일자는 '괴상한 두발'

이라며 해괴한 망국풍조로 개탄했다.[36] 그런가 하면 대한독립촉성국민회는 미풍양속을 혼탁하게 해 민족의 체면을 팔아먹는 천박한 여성들은 민족적 감시로서 깨끗한 삼천리 강산에서 말소시켜야 한다고 주장하면서, 감시대상 여성에 '괴상한 두발 화장을 하는 여자'를 포함시켰다.[37]

그러나 그런 개탄과 비난이 거센 유행의 물결을 막을 수는 없었다. 장사가 잘된다고 소문이 나자 미용실이 많이 생겨나기 시작했다. 학원 졸업증만 있으면 누구나 미용실을 개업할 수 있었기 때문이다. 과당 경쟁과 미용인의 질적 수준 저하를 우려한 서울시 미용조합연합회 임원들은 일본의 미용사 자격시험 제도를 도입하기로 했다. 그래서 1947년에 미용사 자격시험 준비위원회를 구성했고, 시험관리는 서울시 위생과가 맡기로 했다. 서울시 제1회 미용사 자격시험 합격자 발표와 동시에 최초의 자격증이 발급된 건 1948년 10월 1일이었다.[38]

물론 파마 유행은 경제적으로 비교적 부유했던 사람들의 이야기다. 매우 어려운 경제 여건하에서 보통 사람들의 두발 관리는 그리 쉬운 일은 아니었다. 남성의 두발 관리를 위해 '이발봉사대'가 등장한 것도 그런 사정을 말해준다. 『조선일보』 1946년 5월 14일자는 "서울이발직원조합에서는 일에 바쁜 각 산업기관 기타 직장 근무원의 시간경제를 위하여 직접 직장에 가서 이발하는 봉사대를 조직하였는데 필요한 곳에서는 시내 낙원정 300번지 파고다공원 뒤 동 조합에 연락하여 주면 즉시 대원을 파견하리라 한다"고 보도했다.[39]

'이발봉사대'도 이채롭지만, '이발사 총파업'도 흥미롭다. 『조선일보』 1947년 10월 9일자에 따르면, "지난 1일부터 이발요금 5십 원을 당국의 허가없이 7십 원으로 인상한 이발업주들은 반분제半分制를 일방적으로 무시하고 4, 6제로 임금을 내리었다고 한다. 이에 시내 수개소 이발소 종업원들은 8일부터 업주들의 부당성을 지적하고 파업으로 돌입하였다는데 시내 각 이발소에서도 이에 응할 기세를 보여 그 귀추가 매우 주목되는 바이다".[40]

이발소 위생 문제도 화제였다. 『조선일보』 1947년 11월 29일자에 따르면, "한동안 거리의 말썽꺼리가 되던 리발료금이 70원으로 결정된 후 일부 비양심적인 리발소에서는 비위생적인 리발도구를 사용하야 손님들의 얼골을 찌푸리게 하는 한편 사용하는 비누 타올 그리고 기구 소독 불충분은 물론 리발업자의 지정된 의복이 정결치 못한 등 기타 여러 가지 리발소로서 부적당한 시설과 비위생적인 리발소에 대하여서는 금번 서울시 위생국에서는 이들 부정업자를 전부 적발하는대로 영업정지 또는 영업취소를 하리라 한다".[41]

'ABC포마드'와 '헵번 스타일'

이렇듯 어려운 경제 사정을 반영하듯, 이발료 인상도 당시 신문이 자주 다루던 뉴스였다. 『조선일보』 1948년 7월 29일자에 따르면, "서울 시내의 이발료금이 또 오른다. 서울보건위생국에서는 오는 8월 1일부터 이발요금을 약 2할 인상할 것을 업자에게 인가하였다는데 그 내용을 보면 조발 60원 세발 30원 화장 30원으로 결국 한 번 이발하는데 120원이 되는데 그러지 않어도 물가고에 신음하는 시민에 큰 부담을 주므로 이번 인상에 비난이 자자하다".[42]

당시엔 '공설이발소' 라는 게 있었다. 사설이발소 이발료의 3분의 1 수준으로 서민을 위한 이발소였다. 1940년대 말까지 내내 이발료 인상 문제를 다룬 기사들과 더불어 공설이발소 증설이 필요하다는 기사가 등장했다.[43]

그런 우여곡절을 거치면서 이른바 하이카라 머리가 대세로 자리잡아 가면서 포마드pomade도 다시 유행하기 시작했다. 포마드는 머리털에 바르는 반고체의 진득진득한 기름으로 광택과 방향芳香을 내는데, 머리를 매만져서 다듬기 위해 주로 남자가 사용했다. 태평양화장품의 창업주 서성환은 포마드를 포함한 화장품 공장을 차렸는데, 그는 당시 영어 바람을 이용해 포마드의 이름을 기억하기 쉽도록 ABC포마드로 정했다. 공전의 히트를 기록한 제품이었다.[44]

이승만 정부는 1949년부터 부녀국을 통해 생활개선운동을 전개했는데, 이는 한국전쟁 기간 중에도 왕성하게 이루어졌다. 정부는 1951년 11월 국민의 내핍 생활을 강제하고 과학적인 생활을 추구한다는 목적으로 이른바 '전시생활개선법' 을 제정 공포했다. 전쟁 비용의 충당과 함께 국민들의 일상생활을 통제하기 위한 것이었다. 한국전쟁 발발 이후, 전시생활개선이란 미명으로 한국 사회는 극도의 내핍 생활에 내몰리기 시작했는데, 여성들의 파마 금지도 그 일환 가운데 하나였다. 남성들이 전선에서 목숨을 걸고 싸우고 있는 것에 발맞춰 여성들은 후방에서 이른바 자신들의 '임무' 를 완성하라는 것이었다.[45]

그 와중에서도 한국전쟁으로 인한 유엔군과 미군의 참전은 패션과 헤어스타일에 큰 변화를 가져오게 만들었다. 롱스커트와 웨이브가 강한 파마가 유행하기 시작했으며, 빨간 매니큐어를 칠한 손톱도 여성들 사이에 인기를 구가했다.[46] 1952년에 제작되어 국내에선 1953년에 개봉된 할리우드 영화 〈로마의 휴일〉은 "오드리 헵번처럼 해주세요"라는 말을 유행시켰다.[47] 〈로마의 휴일〉의 여주인공 헵번의 머리 모양을 딴 이른바 '헵번 스타일'이 유행한 것이다.[48]

미용실은 사치와 허영의 온상?

1950년대 중반 미용실에서는 연탄불에 아이론을 얹어 머리를 했는데, 이 때문에 미용사들은 연탄 냄새로 골머리를 앓아야 했다.[49] 그런 열악한 상황을 견뎌내고 있음에도 당시 미용실은 사치와 허영에 빠져 평온한 가정을 한 순간에 내동댕이친 이른바 바람난 아내들을 배양하는 온상 취급을 받았다.

나절로는 『여원』 1956년 4월호에 기고한 「주부 허영의 비극」에서 "실직 운전수의 자살 사건이 있었다. 실직을 하고 나서부터는 생활이 엉망이었던가 보다. 그의 아내되는 임과 상의한 결과 아내로 하여금 직업여성으로 사회에 내보내서 활동시켜 보겠다고 골라잡게 한 것이 미용사라는 것이었다"며 다음과 같이 주장했다.

"여성으로서 허영의 발원지인 미장원이라는 데에 발을 들여놓았다는 그 자체부터가 임으로 하여금 설사 윤락의 구렁에까지는 빠지지 않았다 하더라도 지나친 사치심을 갖게 한 것이며 그 때문에 외출이 잦아서 남편으로 하여금 의처증을 갖게 한 것이라 할 밖에 없는 일이다.……김의 자살은 허영심과 사치심에 들뜬 뭇 여성들에게 한 경종이 되지 않을 수 없을 것이다.……미용사란 직업을 선택한 그 시초부터가 그에게 불행을 예약했던 것이라고 볼 수밖에 없다.……무엇 때문에 남편과 많은 어린 것들을 버리고 오래 집을 나가 있었으며 또 몸이야 깨끗이 가졌거나 않았거나 간에 남편에게 의심을 사서 마침내는 남편으로 하여금 자살이란 막다른 길에까지 이르게 하였나 말하자면 결론은 허영에 사로잡혔던 것이 집을 나간 동기라고 단정하지 않을 수 없다."[50]

1950년대 후반 내내 신문엔 농촌 여성의 미용,[51] '신춘 졸업생의 미용법',[52] '기품 있고 우아하게' 하는 '주부 화장법',[53] '손톱 가꾸기'의 일환으로 '마니큐어' 칠하는 방법[54] 등을 다룬 다양한 기사가 실렸지만, 미용이 보편화되지 않아 기초적인 정보를 제공하는 수준에 머물렀다.

남성 이발도 보통 사람들의 주요 관심은 여전히 요금 문제였다.[55] 1960년 3월 신문에 「집에서 할 수 있는 이발법」과 같은 기사가 실려 '바리캉 사용법'을 알려주는 게 이발요금이 당시 중요 민생 사안이었음을 말해준다.[56] 1961년 5월 정부가 무허가 이발관을 단속하자, 무허가 이발관의 단골인 영세민들이 크게 반발하는 일이 일어나기도 했다.[57]

'빡빡대가리'와 가발 수출

1961년 5·16쿠데타 직후엔 이른바 '빡빡대가리' 논란이 벌어졌다. 군사정권이 6월 1일 대학생의 교복 착용과 중·고등학생의 삭발령을 내렸기 때문이다. 학생들 사이에서 불만의 목소리가 터져나왔다. 조정래의 『한강』의 한 대목이다.

"[아니, 우리가 뭐 군인이냐? 머리를 빡빡대가리로 깎으라고 하게.] [이건 정말 말도 안 돼. 혁명하고 우리 머리하고 무슨 상관이냐.] [그러니까 말야. 너무나 자기들 멋대로야. 스포스가리(스포츠형)도 짧아 더 기르자고 하고 있었는데.] [누가 아니래. 빡빡 중대가리로 창피해서 어떻게 모자를 벗냐.]" [58]

삭발령으로 재미를 본 곳은 이발소였다. 아이들은 이발소 주인에게 삭발령으로 떼돈을 벌게 되었으니 우스갯소리로 장학금을 내놓으라고 말하기도 했다. 이름하여 '빡빡대가리장학금' 이었다.[59]

군사정권은 1962년 통화개혁 실패 이후 수출 주도의 산업화 전략으로 선회했다. 1963년은 '수출의 해' 로 지정되었다. 수출산업 육성에서 한국이 비교우위를 자랑할 수 있는 건 싼 노동력뿐이었다. 값싼 노동력만 있다고 수출산업 육성이 이루어질 수 있는 건 아니었다. 돈이 필요했다. 미국은 무상원조를 받는 나라엔 차관을 줄 수 없다고 버텼고, 일본은 아직 국교 수립이 안된 상태였다. 군사정권은 경제사절단을 서독에 파견해 차관 제공을 요청했다. 4,000만 달러의 상업차관 제공이 결정되었다. 문제는 지급 보증이었다. 이 문제는 서독에 인력 수출을 해 그들의 3년간 급여를 서독은행인 코메르츠방크에 매달 강제 예치하는 담보 방식으로 해결하기로 했다.[60]

인력 수출 직종은 광부와 간호사였다. 광부 5,000명 모집에 4만 명, 간호사는 2,000명 모집에 2만 명이 몰려들었다. 치열한 경쟁률을 뚫고 선발된 광부 1진 243명이 1963년 12월 27일 서독으로 떠났다. 1977년까지 광부와 간호사를 합해 모두 1만 2,000여 명이 파견되었다.[61]

한국은 수출을 통해 번 돈으로 빚을 갚아야 했다. 서독에 빌린 돈을 갚지 못하면 광부와 간호사들이 억류될 수도 있었기 때문에 한국이 수출할 수 있는 품목을 조사해야 했다.

당시 상공부 장관이던 박충훈은 백영훈에게 한국 내에서 가장 유능하다는 세일즈맨 30명을 데리고 영국과 프랑스, 미국의 유명 백화점을 방문해 한국이 수출할 수 있는 품목을 알아보라고 지시했다. 수출할 수 있는 제품을 찾지 못해 실의에 빠져 있던 순간 백영훈의 눈에 이상한 광경이 띄었다.

"하루는 미국 유명 백화점에 흑인들이 길게 줄을 서 있는 게 보였어요. 호기심 어린 눈으로 뭔가를 보고 있더라고. 뭔가 했더니 가발이었어요. 저거면 우리도 만들 수 있겠다 싶었지. 그래서 가발을 수출상품 1호로 선택했어요. 대통령에게 가발을 수출하자고 건의했더니, 대뜸 '우리나라에 머리카락은 많지' 하면서 전국에 단발령을 내렸어요."[62]

가발 산업은 고물상과 엿장수들이 머리카락을 수집하면서 시작되었다. 한국 여성, 특히 처녀의 머리카락은 숱이 많고 질이 좋은 것으로 정평이 나 있어 미국 가발 회사 사장이 머리카락 수집을 위해 한국을 방문하기도 했다.[63]

'머리카락 강도'의 등장

1960년대 후반 수출의 효자 품목은 가발이었다. 1964년에 처음 수출된 가발은 그해에 수출액 1만 4,000달러를 기록했지만, 1965년엔 155만 달러로 거의 100배로 증가했다. 1965년 연말 미국이 중국산 머리카락으로 만든 가발에 대해 수입금지 조치를 취함으로써 미국의 가발 시장을 한국이 독점하게 되는 길이 열렸다. 7~8개에 불과하던 가발업체는 단숨에 40여 개사로 늘어났고, 수출액도 급증했다. 1966년 1,062만 달러, 1967년 1,978만 달러, 1968년 3,055만 달러, 1969년 5,336만 달러를 기록하더니 1970년엔 1억 달러 가까운 9,357만 달러로 총 수출량의 9.3퍼센트를 차지했다. 가발은 단일품목으론 의류와 합판 다음으로 3위였으며, 순 외화 가득률은 단연 1등이었다. 미국으로 이민을 간 사람들이 가발 장사를 해 미국에서 가발하면 '코리안'을 연상했다.[64]

정부는 가발 기능공 양성소를 세우는 등 가발산업을 전폭 지원하고 나섰다.[65] 웃을 수만은 없는, 기가 막힌 일도 많이 일어났다. 이른바 '머리카락 강도'가 등장했다. 소녀들을 유인해 마구 가위질을 해대 머리카락을 빼앗는 신종 강도가 출현한 것이다.[66] 가위를 들고 다니며 어린이들의 머리카락을 잘라 도망치는 강도도 나타났고, 잠자는 처녀의 머리카락을 잘라가는 '머리카락 도둑'도 나타났다.[67]

머리카락 덕분에 가난뱅이 마을에서 부자 마을로 변신한 동네도 생겨났다. 서울시 동대문구 창신 3, 4동 6,000여 가구 3만여 동민들이 바로 그 주인공이었다. 『조선일보』 1966년 8월 14일자는 "3년 전만 해도 이 마을은 서울에서 제일 가난뱅이 마을이었다. 공책값이 없어 자식들을 국민학교도 못보냈고 강냉이죽도 제대로 먹지 못했다"며 다음과 같이 보도했다.

"머리카락 장사 3년에 가마니 움막은 판잣집이 됐고 판잣집은 기와집이 됐다. 집집마다 라디오 전축이 없는 집이 없고 텔레비전 안테나도 삐죽삐죽. 시계 안 찬 사람이 없다. 3년 만에 6억 원을 벌어들인(동민들 주장) 한국 제일의 수출마을이 된 것이다. 마을 사람들은 남녀노소 할 것 없이 전국 방방곡곡 발 안디디어 놓은 곳이 없었다. 전남 여천군 돌산섬 낙지마을, 안동에서 두 번째로 좁다는 쌍거리 골목, 한국에서 제일 남쪽 마을인 한라산 소쩍새 마을까지 가서 해녀들의 탐스런 머리카락을 사왔다. 한 달이면 한 가구당 머리카락 1관, 6천 가구에 6천 관을 거뜬히 모았다. 25인치 머리카락 1관이면 3만 5천 원, 비용을 떨어도 5천 원은 남았다. 전국 머리카락 수출의 3분의 1이 이 마을에서 나왔다고 자랑이다."[68] (1966년 신문 1개월 구독료는 100원이었다.)

그런가 하면 휴가 나온 군인 아들에게 머리카락을 잘라 팔아 쌀밥을 먹여주는 어머니, 노모의 입원비를 마련하고자 머리를 잘라 판 여 교사 등 눈물겨운 미담도 등장했다. 『조선일보』 1966년 12월 22일자는 한국은 '머리카락의 나라'가 되었다며 "한국 여자의 머리의 질이 좋아 이렇게 잘 팔리는 건 좋지만 그것으로 빚어지는 병적인 '삭발削髮'의 사회문제는 외면할 수 없는 심각한 문제로 번져나갈 것이다"고 우려했다.[69]

한 가발업체는 상공부에 전국 여학생들을 대상으로 머리 기르기 운동을 전개하자는 제안을 하기도 했다. 전국의 초중고·대학교 여학생 276만 명에게 머리 기르기 운동을 전개하면 3,000만 달러의 외화를 벌 수 있다는 근거까지 제시했다나.[70] 부산의 3개 가발업체는 각 여학교 교장들을 초청해 공장을 견학시킨 후 수출 증대를 위해 협조해줄 것을 요청해 일부 학교에서는 '앙고라' 소동이 일어났다.[71]

남성의 장발 단속

가발 수출이 최고조에 이른 1970년 여름, 젊은 남성들의 장발 소동이 벌어졌다. 정부가 장발을 '히피의 한국 상륙'으로 보고 일제 단속에 들어간 것이다.[72] 처음엔 장발자들은 대학생보다는 일반인이 많았다. 경찰은 1970년 10월 1일부터 11월 8일까지 장발 단속을 벌여 6만 4,409명을 적발했는데 이 중에 초등학교 이하의 학력이 3만 명, 10대 장발이 3만 명, 대학생은 3,584명뿐이었다.[73]

당시 여론을 정확히 반영한 것인지는 알 수 없지만, 『조선일보』 1970년 12월 8일자는 "장발족 단속은 고위층의 한 분이 TV를 보다 지나치게 긴머리를 뒤흔드는 꼴이 보기 흉하다고 말한 것이 계기가 되어 실시되었다는 헛소문이 나돌기도 했지만 어떻든 시민들의 소리는 거의 찬성의 방향이었다"고 주장했다.[74]

어머니가 아들의 장발을 잘라 달라고 아들을 경찰서로 데려간 이색적인 사건도 있었다.

"이복순(58 · 여) 씨는 성묘 가던 길에 목포경찰서에 들러 '아들의 긴 머리를 잘라달라'고 색다른 호소. 이씨는 남편의 묘소로 가다가 목까지 내려덮인 아들(김춘식 · 25)의 머리를 보고 장발족의 추한 모습을 고인 앞에 내보일 수 없다고 아들을 끌고 경찰서로 찾아든 것. 경찰관이 구내이발사를 불러 김씨의 긴 머리를 잘라버리자 아무말 없이 눈물만 흘렸다."[75]

1971년 7월 5일, 언론인 송건호는 장발이 유행하는 미국과 유럽에서도 건실한 젊은이들은 머리를 기르지 않는다며 장발은 일종의 '건달풍'으로 간주해 장발 단속 그 자체를 나쁘다고 할 수는 없다고 주장했다. 대신 그는 정부의 일관성을 문제삼았다.

"왜 처음부터 일관성 있게 하지 않고 마치 허용이나 할 듯이 내버려두었다가 갑자기 일제 단속을 하는지 알 수가 없다. 처음부터 시종 단속했더라면 새삼스럽게 단속할 필요도 없고, 머리를 깎을 필요도 없고, 그들의 불만을 살 필요도 없지 않은가. 애지중지 기르게 해놓고 어느 날 갑자기 강제 삭발하는 것은 불평불만을 자초하는 것이나 다름없다. 하는 일에 일관성이 없는 것이 탈이다. 투망식이 아니면 즉흥적이다. 좋은 목적을 위해 빈축을 사는 것은 하는 방법이 졸렬하기 때문이다."[76]

1971년 7월 14일, 변호사 문인구는 "텔레비전에는 무슨 큰 죄인이나 다루듯이 청소년들이 트럭에 실려가는 모습이 나타났다. 트럭은 화물을 싣는 차다. 우리의 귀한 청소년을 단지 머리를 길게 길렀다는 이유만으로 짐짝같이 다루지 말라. 그들을 마구 끌어가도 좋다는 법률이 어디 있는가. 그런데 문제를 더욱 심각하게 만드는 것은 경찰관이 판사 행세를 하는 데 있다"며 다음과 같이 주장했다.

"헌법을 끌어올 필요도 없이 재판을 하고 형을 내리는 것은 판사만이 할 수 있는 일인데 장발사건(?)을 다루는 경찰관만이 검사와 판사까지 겸직하게 되었으니 문제가 심각하다고 말하지 않을 수 없다. 머리 몇 센티 이상을 장발로 보는지 몰라도 경찰관은 그의 주관으로 머리가 길다고 생각하면 법안에 없는 장발죄를 적용하여 삭발형을 선고하고 손쓸 사이도 없이 즉석에서 집행한다. 요사이 재판이 지겹게 오래 걸려서 이런 식으로 재판을 하면 간편해서 좋을지 모르지만 오늘날의 재판절차-제도에는 청년이 넘는 인권의 역사가 서려 있다는 것을 알아야 한다. 높은 사람들중에는 자기 눈에 거슬리는 것을 나쁘게만 보는 풍조가 있는 듯한데 그로 인하여 법의 질서까지 파괴하여서는 안 된다."[77]

'10월 유신'으로 강화된 장발 단속

1972년 2월 11일 서울 명동 중심가에 있는 심지다방이 폐쇄당했다. 심지다방은 장발 젊은이들과 히피성 외국인들이 즐겨 찾는 다방으로 대마초의 일종인 해피 스모크 암거래 등으로 인한 마약법 위반, 탈세, 식품 위생법 위반, 특정 외래품 판매금지법 위반, 음란행위 등 청소년 범죄의 아지트로 이용되어오는 등 사회적으로 물의를 일으켜 오다 퇴폐성 다방에 대한 당국의 단속이 시작되자 모델케이스로 적발된 것이었다.[78] 겁먹은 명동 일대의 다방, 음악실, 살롱 등은 스스로 '장발족 출입 금함'이라는 공고문을 입구에 내걸었다.[79]

1972년 포크 듀오 쉐그린이 부른 〈어떤 말씀〉이라는 노래다.

"어머님의 말씀 안 듣고 머리 긴 채로 명동 나갔죠/내 머리가 유난히 멋있었는지 모두들 나만 쳐다봐/바로 그때 이것 참 야단났군요 아저씨(경찰)가 오라고 해요/웬일인가 하여 따라갔더니 이발소에 데려가 내 머리 싹둑."

장발 단속 기준은 '귀가 완전히 나오고 뒷머리가 와이셔츠 깃에 닿는지'였는데,[80] 자유로운 생활과 더불어 자기 일에만 몰두하는 대중 예술인들이 그 기준을 지키긴 어려운 일이었고 그래서 특히 그룹활동을 했던 연주인들이 장발 단속의 대표적인 대상이 되었다.

1972년 5월 9일 그룹사운드협회가 발족하면서 이미지 개선을 시도하겠다는 뜻으로 강조한 것도 바로 장발 문제와 관련된 것이었다. 이에 대해 월간 『대중가요』 1972년 6월호는 다음과 같이 보도했다.

"'장발족은 우리가 아닙니다'라는 캐치프레이즈를 내걸고 '장발족과 퇴폐풍조 단속에는 반드시 Group Sound들을 들추고 있는 것은 진정 분하기 이를 데 없다'에 의견을 같이한 국내 27개 보칼구룹단체의 결속을 굳건히 한 발족회가 지난 5월 9일 싸롱 닐바나에서 열려 주위의 시선을 끌었다.……사실상 이제까지는 정부 당국은 물론, 일반 대중들도 장발족과 퇴폐풍조에는 의례히 이들 구룹싸운드들에게 눈길을 돌려왔다고 해도 과언이 아닐 것이다. 마치 반항아라도 보는 듯한 시선을 느껴왔다는 이들은 국민들의 인식 부족에서 오는 것이지 결코 우리를 퇴폐풍조의 샘플처럼 보는 것은 지독히 못마땅하며 우리 자신은 누구 못지 않은 음악인이며 생활인임을 자부하고 싶다고." [81]

1972년 10월 17일 이른바 '10월 유신'이 선포되면서 장발 단속은 더욱 강화되었다. 단발령 공포부터 77년이 지난 1973년 3월 10일 미니스커트와 장발을 단속하는 개정 경범죄 처벌법이 발효되었다. 물론 이 법이 발효되기 이전부터 미니스커트와 장발 단속이 이루어졌지만, 이제 법적 근거까지 마련한 셈이었다.

장발은 1970년대 내내 거의 매년 한 번씩 집중 단속령이 떨어졌다. 치안국은 1973년 9월 14일, 1974년 3월, 1974년 6월 6일, 1975년 4월 14일 등 연례행사식으로 장발족 일제 단속령을 시달했고, 박정희가 텔레비전을 시청하다가 장발에 대해 한마디 툭 던지면 또 그것이 일제 단속령으로 둔갑했다. 이에 대해 기성세대의 반대는 드물었다. 다음과 같은 주장들이 다치지 않을 수 있는 반대의 상한선으로 볼 수 있겠다.

1974년 3월 영화감독 신상옥은 "이 젊은이들이 앞으로 군대에 가야 하거나 또는 제대한 젊은이들이라고 보면 젊은 한때를 자유스럽게 하고 다니게 해도 무방하지 않을까? 그들에게 왜 숨통을 막아놓고 불평만 하게 만드는지 모르겠다"며 다음과 같이 주장했다.

"미주나 구라파에서 단발을 하고 다니는 외교관은 설명할 필요조차 없이 북괴나 중공 관리들일 것이다. 그다음에는 우리나라 외교관이기 마련이다. 하기야 외국에서는 장관급들이 머리를 기르니까 단발한 모습은 어딘지 모르게 어색하다. 장발은 일종의 유행이다. 유행이란 언제나 일시적인 것이다."[82]

1974년 4월 성균관대학교 무역대학원 교수 박창식은 "국가적 차원에서 이런 행위가 꼭 제한되어야 한다면 강압책을 쓸 것이 아니라 학교와 사회의 양측에서 선도와 계몽으로써 다스려야 할 것이다"며 다음과 같이 주장했다.

"장발과 고고춤이 좋고 나쁘고는 보는 각도에 따라 다르다. 가치관의 차이 때문이다. 기성세대의 비위에 거슬린다고 해서 모두 머리를 짧게 깎게 하고 고고춤을 백안시한다면 곱게 자라나야 할 우리나라 젊은이의 마음에 어떤 구김살을 남기지 않을까 염려된다. 문제는 장발을 한다거나 고고음악을 즐긴다는 것에 있는 것이 아니고 각자의 마음가짐에 달려 있을 것이다."[83]

장발이 초래한 이발소의 불행

장발은 '저속한 외래풍조'와 '퇴폐 풍조'의 상징적이자 대표적인 주범으로 꼽혔기 때문에 방송도 늘 '장발과의 전쟁'을 해야만 했다. 10월 유신에

따르는 방송사 자율규제 속에도 '장발자의 출연 등을 극력 피할 것'이 들어 있었다.[84]

그러나 방송의 '장발과의 전쟁'이 완벽했던 것 같지는 않다. 1974년 4월 건국대학교 법학과 교수 박동희는 「TV의 치외법권」이라는 칼럼에서 "당국이 장발족을 단속하고 있다고 TV 뉴스는 시청자들에게 알리면서 장발족은 퇴폐풍조라고 주석까지 단다. 그런데 그날 저녁 TV 화면에 나타난 가수-배우들의 장발 모습은 단속령에 굴복하지 않고 있음을 과시하고 있다"고 주장했다.[85]

꼭 이런 지적 때문만은 아니었겠지만, 1974년 6월 6일에 내려진 일제 장발 단속령은 특히 연예인과 공무원을 중점 단속 대상으로 삼았다.[86] 화가 정찬승(1942년생)은 『조선일보』 1974년 6월 23일자에 기고한 칼럼에서 자신의 장발을 자르기로 결심했다고 밝히면서 사실상 장발 단속에 강도 높은 비판을 퍼부었다. 그는 "그동안 나는 장발로 네 번 걸려서 모두 12일 구류를 산 경험이 있다. 나는 아무런 죄도 저지르지 않았으나 12일 동안 구치소에서 살았다"며 다음과 같이 주장했다.

"나는 머리를 깎는다. 어차피 머리는 또 자라니까. 국토가 양단되어 있는, 반공反共에 정진하여야 할 청소년들이 머리를 기르다니……? 국토 양분兩分과 장발이 어떤 관계가 있을까. 명동 한복판에 시커먼 차를 대놓고 잠바 차림의 아저씨들이 한 아이씩 머리가 길다는 이유로 중죄인 다루듯 잡아 처넣는 광경을 보면 섬뜩한 마음이 든다. 머리를 자르면 반공의식이 저절로 고취되나. 그래서 머리를 깎는 것은 아니다. 이런 경우를 생각한다. 만일 어떤 깡패가 나에게 총을 들이대고 너 잘못했지, 항복 안 하면 죽인다는 상황이 되었을 때 나는 어떤 행동을 취할까. 나는 깡패의 손에 개죽음을 당하긴 싫으니까. 그래 내가 잘못했다고 말할 것이다. 나는 내 몸을 보호해야 하니까. 나는 사랑하는 아내와 딸년이 있고 8월쯤이면 장남이 태어날 책임 있는 몸이니까."[87]

사실 장발 때문에 가장 큰 피해를 본 곳은 이발소였다. 서울에 이발소가 가장 많았던 해는 1973년으로 5,234개소였는데, 이는 5년 전인 1968년(2,799개소)에 비해 두 곱이나 늘어난 숫자였다. 그랬던 것이 장발족에 대한 경찰의 단속이 조금 느슨해진 1974년 여름을 고비로 하나둘 문을 닫기 시작해 1975년 3월 말 현재 4,515개소로 12퍼센트가 줄어들었다. 이때부터 이발소는 이른바 '칸막이 영업'으로 서서히 전환하면서 '퇴폐' 서비스 경쟁을 하기 시작했다.[88]

유흥업소에 대한 단속도 거들었다. 국내 최초 여성이발사 이덕훈(1953년 시작)은 훗날 "박정희 대통령 때 유흥업 단속이 심해지자 이발소에서 그곳의 아가씨들을 고용하기 시작했죠. 결국 이발소는 '퇴폐적'이라는 이미지를 쓰게 됐고 지금에 이르렀습니다"라고 회고했다.[89]

그러다가 1975년 5월 13일 긴급조치 9호가 선포되면서 사회가 얼어붙는 동시에 장발 단속도 다시 강화되었다. 이에 호응해 한국이용사회중앙회는 1975년 6월 1일부터 장발족에게는 협정 요금의 3배를 받도록 각 시도 지부에 지시하는 만용(?)을 부렸다. 중앙회는 이 지시에서 ①앞머리가 눈두덩을 내려덮고 ②옆머리는 귀를 덮으며 ③뒷머리는 와이셔츠 깃을 덮고 있는 사람을 장발족으로 규정했다.[90]

농촌 노인들도 가세했다. 『조선일보』 1975년 10월 19일자에 따르면, "9월

들어 농촌에도 장발을 단속해달라는 진정서가 장일훈 치안본부장 앞으로 네 통이나 날아들어 치안본부는 18일 이에 대한 대책을 세우도록 농촌지서장 앞으로 발송. 이 진정서는 농촌에 장발자가 늘어나고 있으니 도시에서만 단속을 하지 말고 농촌에서도 해달라는 것으로 대개 노인들이 붓글씨로 정중히 써보낸 것들. 그러나 농촌의 장발 단속은 도시와 달라 경찰관들이 일일이 논밭에서 일하고 있는 청년들을 찾아다닐 수도 없고 산간벽지까지 갈 수도 없어 고민거리라고".[91]

장발자는 '인간 상록수'?

긴급조치 9호의 위력은 방송에도 미쳤다. 이해에만도 두 차례에 걸쳐 방송사에 장발자를 브라운관에서 제거하라는 지시가 내려갔다. 그래서 심지어 텔레비전 외화에 나오는 외국인 장발 출연자까지 머리를 잘라야만 했다.[92]

박정희 치하의 한국은 '눈덩이 사태'가 자주 일어나는 사회였다. 박정희가 한마디만 하면 그것이 밑으로 전달되면서 '눈덩이 효과'가 일어나 어이 없는 과잉으로 치닫는 일이 자주 발생했다는 말이다. 국민학교 학생들까지 단속 대상으로 삼는 일이 벌어지기까지 했다.

『동아일보』 1976년 6월 16일자는 "오전 10시 서울 광화문 네거리. 장발 단속 첫날인 16일 전국 경찰은 가두 삭발 등 대대적인 강제 단속을 펴는 대신 계몽과 권유 위주의 조용한 '장발추방운동'을 벌였다. 치안본부는 단속에 앞서 15일 무리한 단속을 지양하고 적발된 장발자 가운데 공무원, 직장인, 학생 등 신분이 뚜렷한 사람에 대해서는 소속 기관장에게 통보, 조발토록 종용하고 다만 무직자, 청소년, 부랑아 등 히피성 장발족에 한해 조발을 권유, 조발 후 훈방하는 한편 이에 불응할 때만 즉심에 넘기도록 재차 지시했고 서울시경의 경우 16일 정오 현재까지는 한 건의 장발 단속 보고도 들어오지 않았다"며 다음과 같이 보도했다.

"명동, 충정로 등 유흥업소가 많은 중부경찰서의 경우는 관내 이발소와 학교, 각 기업체 등에 전 직원과 종업원들을 솔선 조발시키도록 권장하는 전단 8천 장을 찍어 돌렸고 접객업소마다 '장발자는 출입할 수 없습니다'는 푯말을 문 앞에 걸어놓도록 요망했다.……한편 단속에 앞서 많은 사람들은 머리가 별로 길지 않은데도 혹시 길 가다 걸려 망신 당하기 싫다면서 머리를 짧게 깎기도 했다. 이날 치안본부의 한 관계자는 이처럼 단속을 완화한 것은 장발 추방령이 내려진 지난 한 달 동안의 계몽 기간 중 장발 풍조가 크게 개선됐기 때문이라고 밝혔다. 한편 문교부는 16일 국민학교 어린이들에 대한 장발 단속을 중지하도록 각 시도교위에 긴급 지시했다. 문교부의 이 같은 지시는 일부 국민학교에서 어린이들의 머리를 지나치게 짧게 깎도록 하는 등 과잉 단속에 따른 부작용이 많기 때문에 내려진 것이다."[93]

박정희는 1970년대 내내 자주 장발자의 TV 출연을 금지하라는 친필 메모를 내려보냈다. 그러면 방송사에 한바탕 소동이 일었다. 심지어 이런 일까지 있었다. 1978년 5월 23일 문화방송 이사회는 장발자의 방송 출연의 책임을 물어 상무 견책, TV 제작국장 · 심의실장 3개월 감봉 등의 징계를 내리고 전 직원에게 조발령까지 내린데다 각 부서 출입문마다 '장발자 출입금지'라는 표지까지 부착했다. 방송윤리위원회는 아예 6월 1일부터 장발자를 출연시킨 방송사와 장발자를 처벌하겠다고 경고했다.[94]

박정희의 장발에 대한 혐오감이 오직 미적美的이거나 문화적인 이유 때문이었을까? 아무래도 그런 것 같지는 않다. 박정희는 장발이 시사하는 자유와 관련된 의미에도 적잖은 반감을 갖고 있었다고 보아야 할 것이다. 정치적 의미도 없지 않았다는 것이다.

이와 관련, 윤재걸은 "과거 봉두난발을 연상시키는 장발을 통해 젊은이들은 무한한 자유를 만끽했다. 장발은 가식없는 자아의 발현과 규제 없는 자기표현을 뜻했다. 장발자들을 가리켜 인간 상록수라고도 불렀다. 자연으로 회귀하려는 본능과 있는 그대로의 자기를 실현하려는 이러한 장발 풍조는 어느새 저항의 상징으로 반항의 도도한 흐름을 형성, 정치적 억압에 도전하기 시작했다"며 "반정부세력의 주류를 형성하고 있는 학생운동권의 주체들이 대부분 장발족이었다는 사실과 정부의 단속을 무관하지 않게 보는 시각도 그 때문이었다"고 말했다.[95]

1970년대 이루어진 장발 단속 건수에 대한 정확한 통계는 없다. 다만 1976년 1월부터 4월까지 4개월 동안에만 55만 9,887명이 적발되어 이 중 2만 4,998명이 즉심에 넘겨진 걸 기준으로 추산하면 총 적발 건수는 수백만 건에 이르렀다고 볼 수 있겠다.[96]

1982년 중고생의 두발 자유화

1980년대 들어서도 장발 단속은 한동안 계속되었지만, 젊은이들 사이에서 서서히 장발 유행이 퇴조 기미를 보이기 시작했다.[97] 1980년 9월 6일 내무부 장관 서정화는 장발 단속을 일체 중지하라고 지시했다.[98] 광주 학살의

원죄를 희석하려는 신군부의 '생활 민주화' 조치는 1982년 1월 4일 중고교의 교육·두발 자유화 발표로 이어졌다. 이에 따라 두발은 1982년 새 학기부터, 교복은 신입생부터 자율화되었다.

오랫동안 억눌려왔다가 갑자기 터진 탓이었을까? 두발 자유화가 시작된 지 석 달도 안 돼 중고생들 사이에 장발이 늘어났다. 남학생은 뒷머리만 길게 기른 '제비꼬리형 머리', 여학생은 '디스코 파마'가 유행했다. 일부에 국한된 것이긴 하지만, 망사 스타킹에 굽 높은 샌들, 무릎까지 올라오는 디스코 바지 등. 당시로서는 비싼 2~3만 원짜리 외제 운동화로 멋내기 경쟁이 벌어지기도 했다.[99]

두발 자율화는 완전 자율화는 아니어서 파마·염색·장발 등은 금지되었다. 학교 주변 미용실들은 '여고생 반액 할인' 공세를 폈다. 여학생들은 파마와 염색으로, 남학생들은 장발로 학교 당국을 괴롭혔다. 일부 학교에서는 장발 단속에 항의하는 학생들이 수업을 거부하고 학교 밖으로 뛰쳐나가는 일도 벌어졌다.[100] 안창현은 자신의 경험을 이렇게 회고했다.

"1980년대 교복 자율화 시절 필자가 다니던 서울 ㅅ고등학교에서는 '머리를 기르게 해달라'며 일군의 학생들이 교실 유리창을 한꺼번에 깨뜨리는 시위를 벌인 적이 있다. 시위를 주도한 몇 학생이 처벌받는 것으로 마무리됐지만, 다른 학교에서도 이런 일이 심심찮게 일어났던 것으로 알고 있다."[101]

두발 자유화가 실시된 1982년 범죄를 저지른 학생 수는 3만 5,907명으로 전년도의 2만 6,595명에 비해 35퍼센트 급증한 것으로 나타났다.[102]

각 고등학교의 장발 단속기준은 "머리카락이 옷깃과 귀를 덮지 않아야 한다"는 것이었다. 일부 학생들은 이 단속 기준을 우회하기 위해 파마를 했다. 한동안 남학생 파마는 고교생들 사이에 유행이 되었다.[103]

남학생 파마가 미용실은 여성만의 공간이라는 오랜 금기를 깨나가면서 단순한 조발을 위해 미용실을 찾는 남성들도 늘어갔다. 이는 이발소와 미용실 사이에 갈등을 초래해, 1982년 6월엔 다음과 같은 해프닝이 벌어지기도 했다.

"장발의 남자 손님을 같은 건물 내에 있는 미용실에 빼앗겨 불만을 품어오던 이발소 주인이 미용실 주인을 찾아가 행패를 부리다 9일 즉심에 넘겨졌다.……천씨는 경찰에서 '이발소에서 3천 원씩 받는 손님을 1천4백 원씩에 다 빼돌려가 화가 나서 참을 수 없었다' 고 진술."[104]

'퇴폐 이발소'의 번성

장발과 더불어 미용실로 인해 이중고를 앓게 된 이발소가 점점 하향 추세를 겪으면서 이른바 '퇴폐 이발소' 도 크게 늘기 시작했다. 경찰도 본격 단속에 나섰다. 1982년 11월 서울시경은 칸막이를 하고 실내 조명을 어둡게 한 후 여자 면도사로 하여금 손님에게 퇴폐 행위를 하게 한 이발소 186곳을 적발하고 130명을 입건했다.[105] 이후 한동안 '퇴폐 영업' 이 이발소 관련 주요 뉴스를 차지했다. 1983년 2월 보사부는 이-미용업소의 퇴폐-음란 행위를 뿌리뽑기 위해 이-미용사법 시행규칙에 처벌 규정을 신설해 시행키로 했다.[106]

1984년 3월 보사부는 건물 내의 폐쇄된 장소나 내부가 들여다보이지 않는 지하실 등의 장소에는 이발소 개설을 불허하고 지하나 폐쇄된 장소의 기존 업소에 대해서는 일정 기간을 주어 영업 장소를 옮기거나 밖에서 내부를 들여다볼 수 있도록 시설을 고치도록 했다. 또 보사부는 이발요금을 조발, 삭발, 면도, 세발 등으로 구분해 손님 주문에 따라 요금을 받게끔 함으로써 이른바 '주문 이발제'라는 신조어까지 생겨났다.[107]

1984년 9월 보사부는 이발소에서 여 종업원이 해주는 안마도 퇴폐 행위로 간주해 이를 1985년부터 금지하겠다고 발표했다. 또 도시 지역의 미장원에서 번지고 있는 남자 안마사의 고용도 같이 금지하기로 했다.[108]

1986년 3월 한 달 동안 보사부가 실시한 이용업소 특별단속에서 전국 1만 8,400개업소의 7.7퍼센트에 해당하는 1,420개소가 적발되어 이 중 24개업소가 폐쇄 조치, 178개업소 영업 정지, 1,194개업소 시설 개수 명령 등의 처분을 받았다.[109]

1986년 11월 소설가 조성기는 "일전에 이발소에서 이발을 하다가 이발기구를 내동댕이치며 나 자신과 사회풍속에 대한 분노로 고함을 지른 적이 있다. 그때 나는 이 사회가 갈데까지 갔구나 하는 것을 느꼈다"며 다음과 같이 말했다.

"사실 지금 한국 사회는 정치적인 위기보다 윤리적인 위기가 더 심각하다고 볼 수 있다. 금강산 댐의 붕괴보다도 더 무서운 윤리적 댐의 거대한 붕괴가 이미 오래전에 일어나 수백만, 수천만이 수몰되고 있는 실정이다."[110]

그러한 '수몰'은 멈추지 않고 계속 진행되었다. 『조선일보』 1987년 5월 2일자는 "서울시는 요즘 지속적인 단속에도 퇴폐 이발소가 근절되지 않자 군사작전을 방불케 하는 단속방법을 동원하기로 했다. 서울시는 작년까지만 해도 구청별로 문제업소 중심의 단속을 펴고 업주가 구속될 정도로 강경책을 써왔으나 이발소의 퇴폐 행위는 줄어들지 않고 있는 것"이라며 다음과 같이 말했다.

"이에 올 들어서는 주택가와 학교 주변만이라도 '퇴폐'를 뿌리뽑겠다며 단속기밀이 누설될 것을 우려, 해당지역 구청직원을 단속반에서 제외시키기까지 했으나 이발소간의 '비상연락망' 때문에 별 성과를 보지 못했다고. 이 때문에 앞으로는 저인망으로 훑어버리듯 6천8백 개소에 이르는 서울 시내 전체 이발소를 동시에 기습하는 방안을 마련, 구체적인 기습 날짜와 시간을 극비리에 의논 중이라는 것."[111]

문제업소는 컴퓨터에 수록하는 등 퇴폐 이발소를 '추적 관리'하는 방법까지 동원되었지만,[112] 서울시는 1989년 4월 이발소를 이용계층에 따라 청소년과 성인용으로 이원화하고, 여자 면도사(보조원)에 대한 자격제를 실시하는 것을 골자로 한 환경위생법개선안을 마련하는 등 현실을 어느 정도 인정하지 않을 수 없었다.[113]

두발의 패션화

1990년대 들어 두발은 패션의 상징으로 본격 변모하기 시작했다. 일본 문화의 유입이 미친 영향도 컸다. 『동아일보』 1991년 8월 12일자는 "서울갤러리아백화점 건너편 속칭 '로데오' 거리의 한 옷가게. 상호도 일본말로 된 이 옷가게는 부드러운 음색의 일본 가수 노래가 울려 퍼지고 있는 가운데 옷을 고르는 10대 청소년들로 붐볐다"며 다음과 같이 말했다.

"이들 중에는 여자의 경우 스트레이트 펑크파마 커트머리 끈 달린 납작한 구두 색스타킹 헐렁하고 긴 외투차림, 남자는 짧은 옆머리에 가운데만 볼록 세운 머리 풍성한 검은색 바지나 반바지에 흰색 운동화 차림이 많았다. 요사이 젊은층에서 인기를 끌고 있는 일본풍 의류전문점에서 흔히 볼 수 있는 모습들이다.……이화여대 입구 반달미용실 권근영 씨(23)는 '대학생들이 일본패션잡지를 들고와 잡지의 모델대로 헤어스타일을 만들어달라고 요구하기도 한다' 고 말했다." [114]

두발의 패션화가 진행되면서 미용실을 찾는 남성 고객의 수도 크게 늘었다. 1992년 3월 서울대학교 학생회관 지하에 나란히 있는 이발소와 미용실 사이에 남학생 손님들을 놓고 자존심을 건 '기술전쟁' 이 벌어졌는데, 미용실을 찾는 하루 50~60명의 고객 중 절반이 남학생인 것으로 밝혀졌다. [115]

1993년 3월 16일 사단법인 한국이발사회 사무총장 함정환(67)의 양심선언은 이발소의 딱한 현실을 잘 말해주었다. 그는 경제정의실천시민연합(경실련) 강당에서 양심선언을 통해 "전국 3만여 이발소 중 60퍼센트에 가까운 1만 7천여 곳이 1인당 3만~5만 원씩 받고 퇴폐영업을 하고 있으며 시·군·구청 관계공무원들이 단속에 나서면 최소 20만 원씩 주어 무마시켜왔다" 고 주장했다. [116]

1993년 9월 경실련이 서울의 일반직장인 216명을 대상으로 「퇴폐 이발소 이용 실태에 관한 설문조사」를 실시한 결과 44퍼센트가 퇴폐 이발소에 가본 적이 있으며, 이들 중 5.1퍼센트는 퇴폐 이발소에 갈 때마다 먼저 음란서비스를 요구한다고 답변했다. 또 설문대상자의 60퍼센트 이상이 집근처 이발소를 이용한다고 말해 아직도 퇴폐 이발소가 주택가 주변에서 성업 중인 것으로 분석되었다. 경실련 사무국 간사 인창혁은 "퇴폐 이발소를 뿌리뽑기 위해서는 이들 업소에 공공연히 출입하는 일부 사람들의 의식변화가 시급하다"며 "건전한 생활의식 형성을 위한 캠페인을 범사회적으로 벌일 방침"이라고 밝혔다.[117]

이발소가 '퇴폐' 딱지에 신음하는 반면 미용실은 세계 최첨단을 향해 나아가고 있었다. 1993년 11월 프랑스 파리에 본점을 두고 세계 13개국에 450여 개 체인점을 갖고 있는 뷰티살롱 '자크 데상주'가 신촌 이대 앞에 문을 열었으며, 이어 1994년 2월과 4월에는 미국의 '팬터스틱 샘스'와 프랑스의 '모즈 헤어살롱'이 은평구 증산동, 이대 앞에 각각 체인점을 내고 영업을 시작했다. 이에 국내 미용실들도 경쟁력 확보를 위한 자구 노력의 하나로 체인화에 가세했다. 1993년 12월 '조앤리 헤어클럽'은 서울 압구정동과 포항, 이천 등 7군데에 체인점을 만들어 영업을 시작했다. '챨리 정' 미용실도 1994년 5월 상계동 체인점을 시작으로 전국 체인망을 추진했다. 이밖에 '박승철 헤어스튜디오', '세종미용실', '새리미용실' 등도 체인점 개설에 뛰어들었다.[118] 1995년 미용시장의 전면 개방을 앞두고 "헤어스타일을 예술의 경지까지 끌어올린다"는 말까지 나왔다.[119]

디자인의 대상이 된 두발

정말 알다가도 모를 게 예술이요 유행이었다. 1994년 연예계엔 남녀를 불문하고 삭발이 유행했다. 『경향신문』 1994년 9월 12일자는 "현재 삭발을 하거나 삭발에 가까운 쇼트 커트로 TV에 등장하는 연예인은 그룹 '더 쿨'의 여자가수 유채영, 모델 이기린과 김선영, '서태지와 아이들'의 이주노, 그룹 '에다호'의 나세원, 가수 마훈, 개그 듀엣 '블랙 커피'의 김정희 등이다"며 다음과 같이 말했다.

"이렇듯 삭발 연예인이 급증하고 있는 이유는 남이야 뭐라고 하든 하고 싶은 대로 하는 신세대들의 특성에서 비롯된 것으로 풀이되고 있다. 하루에도 수십 명씩 쏟아져나오는 수많은 신인들 속에서 자신을 나타내려면 뭔가 파격적인 것을 시도해야 한다는 신세대 연예인 나름의 판단도 삭발 유행을 부추기고 있다."[120]

이제 두발은 디자인의 대상이 되어갔고, 영국 출신의 세계적인 헤어 디자이너라는 비달 사순의 이름이 나돌기 시작했다. 『서울신문』 1995년 2월 27일자 기사에 따르면, 이런 내용이었다.

"비달 사순 씨(67)는 최근 영국 런던에서 '95 봄·여름 헤어컬렉션'을 열고 '배드 걸 글래머'를 주제로 한 유행 스타일을 발표했다. 그가 제시한 스타일은 다양한 색상과 굴곡, 과감한 커팅, 헝클어진 듯한 자유분방함 등으로 도시 여성의 활동미를 강조한 것이 특징. 특히 여성 패션에서 크게 부각될 광택 소재와 어울리는 윤기가 흐르는 머리결이 강조되고 있다."[121]

그게 남의 나라 이야기만은 아니었다. 1995년 프랑스 '모즈헤어'의 국내 체인점들이 생겨나면서 파리의 헤어스타일을 국내에 전파시켰다. 모즈헤어 압구정점을 운영하는 조은란(39)은 "항상 새로운 유행을 신속히 받아들이고 한국인의 얼굴형에 맞게 스타일을 재창조해 국내 유행을 주도하는 게 중요하다"고 역설했다.[122]

헤어 디자인 개념은 디자이너들만의 것은 아니었다. 일부 신세대는 자기만의 디자인을 스스로 개발해내기도 했다. 『경향신문』 1997년 8월 14일자는 "요즘 신세대들은 헤어스타일에서도 한 가지 유행을 따르지 않는다. '최진실 머리', '멕 라이언 머리', '이승연 머리' 등 한동안 유행했던 '연예인 따라하기'는 이미 시들해졌다. 누구의 눈치도 보지 않고 나만의 헤어스타일을 만들어나가는 추세"라며 다음과 같이 말했다.

"가장 눈에 띄는 스타일은 머리핀, 손수건 등 다양한 헤어액세서리로 장식하는 복고풍의 까만 생머리스타일. 머리핀의 디자인도 무척 다양하다. 가느다란 실핀, 꽃핀, 집게핀, 인기사극 〈용의 눈물〉에 등장하는 여인들의 머리장식을 흉내낸 크고 화려한 궁중핀 등등…… 남자들의 경우에도 지난 봄 유행했던 '안재욱스타일'은 이미 한물갔다. 무스를 발라 앞머리를 뒤로 시원하게 빗어 넘기거나 전체적으로 짧게 잘라 터프한 분위기를 연출하는 것이 유행 중. 머리를 밀어버린 '스킨헤드'스타일의 남성들도 점차 늘어나고 있다. 파란색 물을 들인 단발머리, 이마에 머리띠를 둘러 야성미를 강조한 스타일, '화살표'를 그려넣은 머리 등 남성들이 여성들보다 더욱 다채롭고 화려한 머리스타일을 하고 있다."[123]

염색머리와 가발의 유행

1997년 말 'IMF 사태' 시엔 이른바 'IMF 헤어스타일'이 유행했다. 자주 손질을 할 필요가 없어 미장원 갈 비용을 절약할 수 있는 헤어스타일을 의미하는 것이었다. 앞머리와 옆·뒷머리 길이가 비슷한 단발 커트는 손이

많이 가지 않으면서도 세련되어 보이는 IMF 헤어스타일로 꼽혔다.[124]

1998년 가을엔 헤어스타일이 아닌, 염색머리가 큰 화제가 되었다. 이른바 'H.O.T 모자 씌우기' 사건 때문이었다. 각종 가요순위에서 1, 2위를 달리고 있는 신세대 그룹 H.O.T는 붉은색으로 화려하게 염색한 헤어스타일을 선보였다. 그런데 KBS가 1997년 7월 12일 발표한 '출연자 복장규제' 조항은 염색과 레게파마를 한 단정하지 못한 헤어스타일, 남자귀고리와 문신, 속살이 드러나는 배꼽티 상표가 부착된 모자와 의류 등을 한 연예인의 출연을 금지했다. H.O.T는 1998년 11월 17일 저녁 KBS 2TV 가요프로그램 〈뮤직뱅크〉에 출연했는데, 규제 조항을 피해가기 위해 염색머리를 감추기 위해 모자를 써야만 했다. 이에 팬들의 항의가 쏟아졌다. PC통신 천리안의 한 이용자LKB0916는 "(KBS가) 모자를 씌운다고 에쵸티 오빠들이 머리 염색한 사실을 감출 수가 있느냐"고 했고, 다른 이용자(디바스)는 "왜 가수에게만 복장과 헤어스타일을 규제하느냐"고 따졌다.[125] 젊은이들 사이에선 이미 머리 염색이 유행하고 있었는데, KBS가 그 추세를 따라가지 못한 데서 빚어진 해프닝이었다.

염색과 더불어 가발도 유행이었다. 『국민일보』 1998년 11월 26일자는 "두 달에 한 번 정도 미장원에 가 헤어스타일을 바꾸는 것은 느슨한 얘기다. 헤어스타일도 스피드시대. 하루에도 몇 번씩 색깔은 물론 길이도 마음내키는 대로 바꾼다. 짧은머리에서 긴머리로, 파마머리에서 생머리로 헤어스타일을 자유자재로 바꾸는데는 가발이 좋다"며 다음과 같이 보도했다.

"알뜰파들이 몰리는 서울 강남고속버스터미널 지하상가에 자리한 가발·액세서리 전문점 '스칼렛'. 시중보다 싸면서 가발 종류가 많고, 액세서리도 갖춰져 있어 젊은이들에게 인기 '짱' 이다. 매장에는 긴 생머리, 곱슬곱슬 긴 파마머리, 들쭉날쭉 자른 거지커트, 애교머리가 간드러지는 단발, 까만머리, 노란머리, 갈색머리, 초록색머리 등 모양과 스타일이 다른 1백여 개의 전체 가발이 줄줄이 걸려 있다. 또 올린머리 부분이나 뒷머리 등 부분적으로 붙여주는 부분가발도 여러 가지다. 그중 '똑딱이 가발' 이 특히 눈길을 끈다. 몇 가닥을 튀는 색상으로 바꾸는 브리지 스타일로 핀 꼽듯 살짝 꼽아주면 된다. 매장 점원 이광숙 씨는 '엄정화의 단발머리가 요즘 인기 최고며, 뒤쪽은 커트 파마머리, 앞쪽은 생머리를 살짝 늘어뜨린 복고풍의 박소연 머리도 꾸준히 나가고 있다' 고 말한다. 사람의 진짜 머리카락으로 만든 인모가발은 값은 비싸지만 변신에 능한 것이 장점. 커트 파마 염색 등을 해서 원하는 스타일로 바꿀 수 있다. 인조가발은 값이 싸 초보 이용자들이 마음놓고 써볼 수 있는 대신 스타일에 변화를 주기는 어렵다. 인모는 8만~30만 원선, 인조는 1만 5천~4만 원선." [126]

1999년엔 파마한 것 같기도 하고 안 한 것 같기도 한 '바람머리' 선풍이 불었다. 『동아일보』 1999년 10월 11일자에 따르면, "지난 여름부터 탤런트 김지호, 김원희를 비롯해 CF에서 한창 주가를 올리고 있는 임은경, 김민희, 배두나 등 인기연예인이 연출하면서 유행하기 시작했다. 그룹 '컨츄리 꼬꼬' 의 탁재훈이 바람머리 유행에 일조해 이젠 남녀 모두 즐겨하는 헤어스타일로 자리 잡았다". [127]

학생들의 두발규제 반대운동

2000년대가 열리면서 두발계의 최대 이슈로 떠오른 건 1990년대 내내 간헐적으로 지속되었던 고교생들의 두발규제 반대운동이었다. "학생에게도 인권이 있다"는 구호로 시작된 두발규제 반대운동 또는 '노컷no-cut 운동'은 전국적인 서명 운동과 텔레비전 토론을 거치며 큰 사회문제로 떠올랐다.

2000년 9월 중고생 전용 사이트 '틴플라자닷컴teenplaza.com'이 서울 시내 남녀 중고생 430명을 대상으로 조사한 결과 한국인으로 다시 태어나고 싶다는 학생은 22.1퍼센트에 불과했으며, 교육부 장관이 된다면 가장 하고 싶은 일로는 '두발 자유화'(36.3퍼센트)를 꼽았고 그다음으로는 '남녀공학'(17퍼센트), '내신평가제 폐지'(14.7퍼센트), '학교선택의 자유'(12.1퍼센트) 등을 들었다.[128]

2000년 10월 4일 교육인적자원부는 "학생·학부모·교사들의 의견을 수렴해 학교별로 새로운 규정을 만들라"고 했다. 이는 학생들이 인터넷을 중심으로 벌인 반대운동의 성과이기도 했다. '사이버 유스', '채널텐', '아이두' 등 안티 스쿨 사이트가 뭉친 청소년 연대 '위드With'는 2000년 5월 '두발제한반대서명운동사이트www.idoo.net/nocut'를 개설해 10월 4일 교육부의 두발 규제 완화 발표 때까지 9만 8,900여 명에게서 지지서명을 받아냈다.

'인권과 교육개혁을 위한 전국중고등학생연합'은 홈페이지http://get.to/students를 통해 '두발규제는 학생 인권 침해'라는 주장을 펴는 한편 가상공간을 박차고 나와 3차례에 걸쳐 서울 명동과 대학로에서 시위를 벌였다. 또 '아이 헤이트 스쿨www.ihateschool.co.kr', '하늘천사www.skyangel.co.kr', '엔시팔n18.corea.to' 등 안티 스쿨 사이트의 게시판에는 연일 '귀밑 3센티미터의 규정

으로 우리의 정신을 억압하지 마라', '두발규제는 일제시대의 잔재' 등의 글이 줄기차게 올라왔다.[129]

학생들은 교육부의 방침에 따라 학칙개정운동을 전개했다. 전국중고등학생연합과 인권운동사랑방은 2001년 5월까지 '인권을 찾자, 교칙을 찾자' 라는 이름의 캠페인을 벌이고 반인권적인 학칙을 분석한 뒤 공청회 등을 거쳐 '민주교칙' 을 만들어 일선 학교에 권장하겠다고 밝혔다.

청소년 웹 연대 위드의 대표 박준표는 "두발규제 반대운동은 단순히 머리카락을 길게 기르고 염색을 허용하라는 것이 아니다" 며 "학생 · 교사 · 학부모 등이 대화를 통해 머리카락 길이 기준을 정하고 이를 지키는 민주적 훈련을 하자는 것이다. 일시적인 부작용이 있더라도 학생들의 판단력과 책임에 맡겨 자율적으로 해결해야 한다" 고 주장했다.[130]

학생들이 '노컷운동' 에 몰두하는 동안, 성인들 사이에선 '최지우컷' 과 '배용준컷' 이 유행했다. 홈페이지 접속 건수 1,000만 건을 돌파하는 등 폭발적 인기에 힘입어 20대 시청자들 사이에서 '유행의 샘' 이 된 KBS-2 드라마 〈겨울연가〉 때문이었다. 이 드라마의 주인공 최지우와 배용준의 패션 따라잡기 중 가장 유행한 것이 최지우와 배용준의 헤어스타일이었다. 서울 이화여대 앞 J미용실 미용사 조유진은 "남녀 합쳐 하루 20명은 최지우와 배용준의 머리 모양을 주문한다" 며 "예전에는 드라마가 인기를 끌면 여성이 주로 여주인공의 헤어스타일을 따라했지만 이제는 남성도 예외가 아니다" 고 말했다.[131]

인터넷은 노컷운동뿐만 아니라 일반 성인들의 헤어스타일에도 큰 영향을 미치기 시작했다. 비영리로 운영된 '두발자유www.dubaljayu.com' 는 '헤어전문'을 표방하는 사이트로 한국과 일본의 최신 유행 스타일에서부터 머리를 관리하는 법, 연출하는 법까지 폭넓은 정보를 제공했다. 1996년 11월 문을 연 두발자유는 네티즌들의 호응을 얻어 2003년 12월 현재 회원수가 11만 4,000여 명, 하루 방문자가 4,000여 명을 넘었다. 운영자 고용주는 "가족들의 반대로 이루지 못한 헤어디자이너의 꿈을 사이버공간에서라도 이루고 싶었다"고 말했다.[132]

'머리카락은 인권이다'

2005년 초 터진 학생폭력서클 '일진회' 파문으로 학교의 보수화가 진행되면서 다시 두발규제 철폐가 두발계의 최대 화두로 등장했다. 인권운동사랑방 활동가 배경내는 "세계인권선언이나 유엔 아동권리협약, '인간은 신체의 자유를 가진다'는 헌법 조문을 되뇌는 것도 이젠 지쳤다"고 말했다.

2005년 4월 13일 교육부는 전국 시도 교육청에 "강제 이발이나 학생과 학부모의 의견 수렴 없이 강제로 생활지도 규정을 적용하지 말라"는 공문을 내려보냈다. 그렇지만 제도와 관습은 완강해 일부 학교에선 학부모들이 두발규제를 찬성하고 나섰다. 교사들의 인식도 문제였다. 국가인권위원회가 2002년 12월 전국 초중고등학교 교사 876명을 대상으로 조사한 '교사의 인권의식 조사 연구'를 보면, 학생이 사생활을 보호받을 권리에 대해 "매우 중요하다"고 답한 교사는 10.3퍼센트에 불과했다. 두발·복장의 자유에 대해 같은 의견을 밝힌 교사는 전체의 5.7퍼센트였다.[133]

2005년 5월 학생들은 두발 자유화를 요구하며 촛불시위를 벌이고 전국적인 서명운동도 시작했다. 관련 인터넷 사이트에는 "머리에 고속도로를 내는 것은 정말 싫어요"라는 외침과 함께 머리카락이 뭉텅 잘려나간 학생들의 모습이 올라왔다. 가위질과 더불어 매질을 한다는 고발 글도 하루 수십 건씩 올라왔다.[134]

2005년 7월 4일 국가인권위원회(위원장 조영황)는 "학생의 두발자유는 자기결정권·사생활의 자유 등 헌법에 보장하고 있는 기본적 권리로 인정되어야 한다"며 "학생들의 의견이 반영되지 않은 규제는 헌법 및 아동의 권리에 관한 협약에 부합되지 않으며 특히 강제로 머리를 자르는 것은 인격권에 대한 심각한 침해"라고 밝혔다. 그러나 이 견해는 학교에 즉각 반영되진 않았다.

2006년 4월 19일 서울 목동의 모 중학교 학생 200여 명은 점심시간을 이용, "학생도 사람이다", "두발 자유", "체벌 반대" 등이 적힌 A4 용지 30여 장을 들고 교내 집회를 가졌다. 집회가 10여 분 진행되자 교사들이 운동장에 나와 학생들을 해산시켰다. 학생들은 "이 과정에서 학생 일부가 교사들에게 정강이를 발로 차이고 뺨을 맞았다"고 말했다. 학생들은 이날 집회가 그동안 교사들이 두발 단속에 걸린 학생들에게 가위로 상대방의 머리카락을 자르도록 강요하거나, 머리채를 붙잡고 끌고 가는 등 비인격적 대우를 해온 것에 대해 누적된 불만이 표출된 것이라고 주장했다.[135]

2006년 5월 14일 두발 자유화를 주장하는 중·고생들의 거리 축제가 청소년 단체 '아수나로'와 인권운동사랑방, 문화연대, 민주노동당 청소년위원회 주최로 서울 광화문 한국통신 앞에서 열렸다. '청소년 두발자유 거리 축제'에 참여한 300여 명의 학생들은 교육 당국에 "두발 규제를 폐지하

라" 고 목소리를 높였다.[136]

전국교직원노동조합 서울지부가 2006년 4월 초부터 5월 말까지 서울지역 중·고생 779명과 교사 202명, 학부모 179명을 대상으로 학생인권 의식 실태 조사를 벌인 결과, 절반 이상(54.1퍼센트)이 학교에서 학생인권이 잘 보호되지 않고 있으며, 학교 측의 두발과 용의복장 규정을 가장 큰 인권침해로 생각한다고 답했다.[137]

학생들의 두발 문제를 둘러싼 논란은 2007년 신학기에도 계속되었다. 서울의 한 중학교에서는 두발 단속에 나선 교사가 긴 머리 학생을 카메라로 찍어 인터넷 홈페이지에 게시했고, 다른 한 고교에서는 강제로 가위를 들이대 싹둑 자른 사례도 나타났다.[138]

이후로도 논란과 갈등이 지속되자, 다시 국가인권위원회가 나섰다. 2010년 2월 4일 국가인권위원회(위원장 현병철)는 "두발 단속 과정에서 교사가 강제로 학생들의 머리를 깎는 것은 인격권을 침해하는 행위" 라며, 인천의 ㅈ중학교 교장에게 재발방지 대책을 마련할 것을 권고했다. 이 학교 2학년생 8명은 2009년 12월 "학생부장 교사가 '앞머리는 5센티미터' 라는 규정에 따라 두발 단속에 걸린 학생들의 머리카락을 마구 자르고 있다" 며 인권위에 진정을 냈다. 이에 대해 학교 쪽은 "적발된 학생 가운데 일부가 교사의 시정 지시에 응하지 않아 불가피하게 학생의 머리카락을 잘랐다" 고 맞섰다.

인권위 관계자는 "해당 교사는 두발 단속의 교육적 필요성을 주장하지만, 강제로 학생들의 머리를 자르는 것은 명백한 인권침해임을 알아야 한다" 고 말했다. 청소년 교육공동체 '나다' 의 전누리(23) 활동가는 "청소년 두발 문제는 10년째 해결되지 않은 인권 이슈"라며 "언제까지 이런 논쟁을 계속해야 하느냐"라고 답답함을 토로했다.[139]

2011년 12월 19일 복장·자유 등 '개성을 실현할 권리'를 담은 서울학생인권조례 주민발의안 수정동의안이 서울시의회 교육위원회를 찬성 8표 대 반대 6표로 통과되었지만,[140] 이후로도 크게 달라진 건 없었다. 2012년 10월 30일 서울시교육청이 서울 시내 1,292개 초·중·고교의 학칙 개정현황을 조사한 결과에 따르면 중학교 87.8퍼센트(333개교), 고등학교 89.9퍼센트(285개교)가 두발제한 규정을 두고 있었다. 초등학교는 12.2퍼센트(73개교)만이 두발제한을 정하고 있었다. 총 691개 초·중·고교가 두발을 제한한 내용을 살펴보면 대부분 학교들이 염색 등 색깔 제한(680개교)과 파마 등 모양 제한(619개교)을 했고, 길이를 제한(316개교)하는 규정도 있었다.[141]

머리카락은 의미 투쟁의 장場

단발령 사태가 벌어진 지 117년이 지난 지금도 머리카락을 둘러싸고 열띤 논란이 벌어지고 있다는 게 흥미롭다. 117년 후의 우리가 단발령 사태에 대해 어이없어 하듯이, 117년이나 갈 것도 없이 수십 년 후의 사람들은 지금의 논란을 비슷한 시각으로 바라볼지도 모르겠다.

어느 나라에든 머리카락을 둘러싼 논란은 있었겠지만, 한국처럼 그 논란이 뜨거웠던 나라는 많지 않을 것 같다. 개화기의 조선을 다녀간 서양인들이 발간한 조선 관련 저서에는 조선인들이 머리카락과 모자를 중요하게 생각하는 것에 대한 그들의 놀라움이 자주 등장한다.[142] 앞서 거론한 바와 같이, 선교사 언더우드의 부인 L. H. 언더우드가 낸 책의 제목도 『상투의 나라』(1904)가 아니던가.

한국인은 개성을 표현하고 유행을 따르기 위한 '생활예술'의 차원에서만 머리카락에 집착한 건 아니었다. 단발령 시대부터 머리카락은 전통과 개화가 충돌하는 지점이었다. 머리카락은 통제와 자율의 충돌 지점이었고, 억압과 저항이 동시에 표출되는 마당이자 상징이었다. 개인적인 심경과 결단의 표현 매체이기도 했다.

오명철은 "한국인처럼 헤어스타일을 통해 많은 것을 보여주고자 하는 국민도 드물다. 새로운 출발을 암시하기 위해 머리를 깨끗이 다듬고, 분노와 항의의 표시로 삭발을 하기도 한다. 삭발은 각종 시위현장이나 유세장에서 가장 상징적인 퍼포먼스가 된 지 오래다. 영화배우와 감독이 스크린쿼터 축소 반대를 외치며 머리를 밀고, 운동선수들은 연패에 대한 죄책감과 필승에 대한 다짐으로 삭발을 결행한다. 스님들도 수시로 삭발을 통해 출가 당시의 초심初心으로 돌아가곤 한다"며 다음과 같이 말했다.

"남자만 그런 것은 아니다. 여자가 머리를 짧게 자르거나 파마를 하면 뭔가 심경의 변화가 있다는 암시다. 아내의 헤어스타일 변화를 알아채지 못하는 남편은 사랑받기를 포기한 남자나 다름없다. 인기 작가 C씨의 일화다. 아내가 몇 번이나 '머리를 짧게 자르는 것이 어떻겠느냐'고 물어 대답을 하지 않았더니 어느 날 덜컥 미장원에 가서 머리를 자르고 왔다. 아내는 다시 '아무래도 이상하지요'라며 남편을 귀찮게 하기 시작했다. '감수성의 작가'도 미처 눈치채지 못한 '여인의 마음'이다."[143]

의미 투쟁의 장場으로서의 머리카락은 우리의 일상을 지배한다고 해도 좋을 정도로 우리에게서 많은 시간과 노력을 차출해간다. 영국 여성은 머리 손질을 위해 평생 2년 6개월의 시간과 3만 7,000파운드(약 6,800만 원)를 투자하는 것으로 나타났다는 2006년 조사 결과를 근거로 추정하자면,[144] 한국 여성은 적어도 3년 이상의 시간을 투자한다고 보아야 하지 않을까? 8만 개가 넘는 미용실 수가 그걸 말해주는 건 아닐까?(2004년 6월 말 현재 전국 이발소는 2만 8,847개소인 반면 미장원은 8만 2,427개소다).[145]

남성의 머리카락 관리도 맹렬한 속도로 여성의 뒤를 쫓고 있기에, 이젠 '여인의 마음'뿐만 아니라 '사나이의 마음'도 헤어스타일과 무관치 않은 시대가 되었다. 우리는 헤어스타일로 커뮤니케이션을 하고, 그 커뮤니케이션은 역으로 우리의 마음과 자세를 지배할 수 있다. 머리를 상하로 흔드느냐 좌우로 흔드느냐 하는 동작에 따라 실제로 생각이 바뀌기도 하더라는 실험 결과가 타당한 것이라면,[146] 헤어스타일에 의해 형성되는 개인의 이미지가 다른 사람들에 투영되고 되돌아와 생각과 행동마저 바꿀 수 있다는 가설도 가능하리라.

머리카락은 과거와 추억도 지배한다. 117년 전 목숨을 걸고 단발령에 저항했던 선조들의 모습을 떠올려보는 건 쉽지 않겠지만, 누구에게나 머리카락과 관련된 자신만의 추억은 있기 마련이다. 1980년에 발표된 조용필의 〈단발머리〉를 흥얼거리면서 '머리카락의 성애학'에 잠시 빠져보는 것도 좋으리라.

"그 언젠가 나를 위해/꽃다발을 전해주던 그 소녀/오늘 따라 왜 이렇게/그 소녀가 보고 싶을까/비에 젖은 풀잎처럼/단발머리 곱게 빗은 그 소녀/반짝이는 눈망울이/내 마음에 되살아나네/내 마음 외로워질 때면/그날을 생각하고/그날이 그리워질 때면/꿈길을 헤매는데/우우우 못잊을/그리움 남기고/그 소녀 데려간/세월이 미워라/우우우우우우우우."

1 다니엘라 마이어 · 클라우스 마이어, 김희상 옮김, 『털: 수염과 머리카락을 중심으로 본 체모의 문화사』(작가정신, 2004), 192~195쪽.

2 다니엘라 마이어 · 클라우스 마이어, 김희상 옮김, 『털: 수염과 머리카락을 중심으로 본 체모의 문화사』(작가정신, 2004), 197쪽.

3 송우혜, 「고종의 친위쿠데타 실패하자 일본은 회심의 미소: 을미사변의 후폭풍… '춘생문 사건' 과 단발령, 을미의병」, 『조선일보』, 2004년 8월 4일, A18면.

4 이이화, 『오백년 왕국의 종말: 한국사 이야기 19』(한길사, 2003), 60~61쪽.

5 이이화, 『오백년 왕국의 종말: 한국사 이야기 19』(한길사, 2003), 64쪽.

6 L. H. 언더우드, 신복룡 · 최수근 역주, 『상투의 나라』(집문당, 1999), 203쪽.

7 주형일, 「사진매체의 수용을 통해 본 19세기 말 한국사회의 시각문화에 대한 연구」, 『한국언론학보』, 제47권 6호(2003년 12월), 369~370쪽.

8송우혜, 「고종의 친위쿠데타 실패하자 일본은 회심의 미소: 을미사변의 후폭풍… '춘생문 사건' 과 단발령, 을미의병」, 『조선일보』, 2004년 8월 4일, A18면.

9 박정규, 「전통언론매체와 사회변화」, 박정규 외, 『한국근대사회의 변화와 언론』(한국정신문화연구원, 1995), 31쪽.

10 이이화, 『오백년 왕국의 종말: 한국사 이야기 19』(한길사, 2003), 65쪽.

11 송우혜, 「고종의 친위쿠데타 실패하자 일본은 회심의 미소: 을미사변의 후폭풍… '춘생문 사건' 과 단발령, 을미의병」, 『조선일보』, 2004년 8월 4일, A18면.

12 송우혜, 「고종의 친위쿠데타 실패하자 일본은 회심의 미소: 을미사변의 후폭풍… '춘생문 사건' 과 단발령, 을미의병」, 『조선일보』, 2004년 8월 4일, A18면.

13 손세일, 「[연재] 손세일의 비교 전기/한국 민족주의의 두 유형: 이승만과 김구」, 『월간조선』, 2001년 11월호.

14 이이화, [빼앗긴 들에 부는 근대화 바람: 한국사 이야기 22』(한길사, 2004), 196쪽.

15 손세일, 「[연재] 손세일의 비교 전기/한국 민족주의의 두 유형: 이승만과 김구」, 『월간조선』, 2001년 11월호.

16 손세일, 「[연재] 손세일의 비교 전기/한국 민족주의의 두 유형: 이승만과 김구」, 『월간조선』, 2001년 11월호.

17 김구, 도진순 주해, 『백범일지: 백범 김구 자서전』(돌베개, 2002), 90쪽.

18 김도훈, 「의관에서 패션으로」, 한국역사연구회, 『우리는 지난 100년 동안 어떻게 살았을까 1』(역사비평사, 1998), 158~159쪽.

19 이이화, 『오백년 왕국의 종말: 한국사 이야기 19』(한길사, 2003), 295쪽.

20 송민섭, 「친일에 가린 갑진개화운동 "민중 의식개혁 혁명이었다": 발발 100주년…동학학회서 재조명」, 『세계일보』, 2004년 9월 6일, 33면.

21 김도훈, 「의관에서 패션으로」, 한국역사연구회, 『우리는 지난 100년 동안 어떻게 살았을까 1』(역사비평사, 1998), 158~159쪽.

22 김태수, 『꽃가치 피어 매혹케 하라: 신문광고로 본 근대의 풍경』(황소자리, 2005), 330쪽.

23 이이화, 『오백년 왕국의 종말: 한국사 이야기 19』(한길사, 2003), 296쪽.

24 신현규, 『꽃을 잡고: 파란만장한 일제 강점기 기생인물 · 생활사』(경덕출판사, 2005), 108쪽.

25 이임하, 『계집은 어떻게 여성이 되었나』(서해문집, 2004), 66~67쪽.

26 이임하, 『계집은 어떻게 여성이 되었나』(서해문집, 2004), 66~67쪽.
27 김진송, 『현대성의 형성: 서울에 딴스홀을 허(許)하라』(현실문화연구, 1999), 179쪽에서 재인용.
28 이상경, 『인간으로 살고 싶다: 영원한 신여성 나혜석』(한길사, 2000), 309쪽.
29 김진송, 『현대성의 형성: 서울에 딴스홀을 허(許)하라』(현실문화연구, 1999), 172쪽에서 재인용.
30 김병익, 「「3 · 1절」 이 아침에… 김병익 문학평론가(세계시평)」, 『세계일보』, 1992년 3월 1일, 9면.
31 이임하, 『계집은 어떻게 여성이 되었나』(서해문집, 2004), 67~68쪽에서 재인용.
32 「한국 여성계 파이오니아/최초의 미용사 오엽주 여사: 많은 후진을 양성」, 『조선일보』, 1962년 9월 19일, 조간 8면; 조연흥, 「개화기 최초의 미용사: 40여 년 전 종로에 미용실 차린 오엽주 여사」, 『조선일보』, 1972년 4월 20일, 7면; 김은신, 『한국 최초 101 장면』(가람기획, 1998), 21쪽.
33 김은신, 『한국 최초 101 장면』(가람기획, 1998), 282~284쪽.
34 신인섭, 『광고로 보는 한국 화장의 문화사』(김영사, 2002), 27쪽.
35 민봉기, 「헤어 스타일」, 전완길 외, 『한국생활문화 100년』(장원, 1995), 95~96쪽.
36 『조선일보』, 1947년 1월 21일자; 박영수, 『운명의 순간들: 다큐멘터리 한국근현대사』(바다출판사, 1998), 218~219쪽에서 재인용.
37 우성흠 엮음, 『1947년생』(윤컴, 1998), 28~29쪽.
38 민봉기, 「헤어 스타일」, 전완길 외, 『한국생활문화 100년』(장원, 1995), 98쪽.
39 「이발봉사대: 연락 즉시 대원 파견」, 『조선일보』, 1946년 5월 14일, 조간 2면.
40 「이발종업원 총파업 단행」, 『조선일보』, 1947년 10월 9일, 조간 2면.
41 「악덕 이발업자를 단속: 소독 불비 등 적발되면 영업 취소」, 『조선일보』, 1947년 11월 29일, 조간 2면.
42 「이발료 인상 비난이 자자」, 『조선일보』, 1948년 7월 29일, 조간 2면.
43 「공설이발소 증설」, 『조선일보』, 1949년 5월 23일, 조간 2면; 「이발료 190원으로: 내월 10일부터 실시키로」, 『조선일보』, 1949년 10월 29일, 조간 2면; 「"이발료 인상은 유감"」, 『조선일보』, 1949년 11월 3일, 조간 2면.
44 신인섭, 『광고로 보는 한국 화장의 문화사』(김영사, 2002), 26~28쪽.
45 이임하, 『계집은 어떻게 여성이 되었나』(서해문집, 2004), 50쪽.
46 전완길 외, 『한국생활문화 100년: 1894~1994』(장원, 1995), 99쪽.
47 김옥진, 「파마는 특수층의 전유물」, 문제안 외, 『8 · 15의 기억: 해방공간의 풍경, 40인의 역사체험』(한길사, 2005), 292쪽.
48 전완길 외, 『한국생활문화 100년: 1894~1994』(장원, 1995), 99쪽.
49 전완길 외, 『한국생활문화 100년: 1894~1994』(장원, 1995), 100쪽.
50 이임하, 『계집은 어떻게 여성이 되었나』,(서해문집, 2004), 86~87쪽에서 재인용.
51 전숙이, 「농촌 여성의 미용」, 『조선일보』, 1956년 8월 13일, 석간 4면.
52 임형선, 「신춘 졸업생의 미용법」, 『조선일보』, 1958년 3월 6일, 석간 4면.
53 정학선, 「주부 화장: 기품 있고 우아하게」, 『조선일보』, 1959년 2월 6일, 조간 2면.
54 「미용/손톱 가꾸기」, 『조선일보』, 1959년 12월 16일, 조간 4면.
55 「"이발료는 7천원": 시당국에 연이은 인상 신청」, 『조선일보』, 1952년 12월 11일, 조간 2면; 「이발료가 또 껑충: 당국선 처벌하겠다고 경고」, 『조선일보』, 1954년 1월 5일, 조간 2면; 「실행 안 된 당국의 지시: 반액한다던 이발료엔 실망뿐」, 『조선일보』, 1954년 5월 7일, 조간 2면; 「이발요금을 제멋대로 인상: 서울업자들」, 『조선일보』, 1955년 12월 27일, 조간 3면; 「이발관 다시 일제 단속: 요금 올려받는 곳은 모두 정리」, 『조선일보』, 1956년 1월 29일, 조간 3면; 「머리 위로… 이발료도 껑충: 내일부터 7백 환 받기로」, 『조선일보』, 1961년 1월 31일, 조간 3면.
56 「집에서 할 수 있는 이발법」, 『조선일보』, 1960년 3월 25일, 조간 4면.
57 「"값싼 이발관 마련하라": '무허가' 3백여개 폐쇄에 단골인 영세민들이 반발」, 『조선일보』, 1961년 5월 5일, 조간 3면.
58 조정래, 『한강 2』(해냄, 2001), 249쪽.
59 조정래, 『한강 2』(해냄, 2001), 250쪽.

60 중앙일보 특별취재팀, 『실록 박정희』(중앙 M&B, 1998), 136쪽; 박용근, 「플래시백–뒤돌아본 한국경제: 1963년 서독에 광원 · 간호사 파견」, 『조선일보』, 2003년 9월 9일, B2면.

61 이기홍, 『경제근대화의 숨은 이야기: 국가 장기 경제개발 입안자의 회고록』(보이스사, 1999), 319~320쪽.

62 박성원, 「백영훈 한국산업개발연구원장에게 듣는 개발연대 비화: "광부, 간호사 몸값 갚으려 머리카락 자르고 쥐도 잡았죠"」, 『신동아』, 2006년 6월호, 355쪽.

63 「한국 처녀 머리털 시세가 좋아/"숱 많고 질 좋고"/미(美) 가발회사 사장, 수집 위해 내한」, 『조선일보』, 1964년 7월 8일, 7면.

64 오원철, 『한국형 경제건설 2』(기아경제연구소, 1996), 117~118쪽.

65 김수미, 「시대별 한국 대표 수출품 살펴보니」, 『세계일보』, 2006년 7월 27일, 14면.

66 「'가발붐' 탄 머리털 강도 소녀들 꾀어 마구 가위질」, 『조선일보』, 1966년 2월 16일, 3면.

67 「잠자는 처녀 머리털 잘라」, 『조선일보』, 1966년 2월 19일, 3면; 「삭발…가발…'머리카락의 나라'」, 『조선일보』, 1966년 12월 22일, 5면.

68 「창신 3, 4동 6천여 가구 3년 동안 6억 원 벌어: 무주구천동 처녀머리까지 수집」, 『조선일보』, 1966년 8월 14일, 7면.

69 「삭발…가발…'머리카락의 나라'」, 『조선일보』, 1966년 12월 22일, 5면.

70 「머리 기르기 권고 가발로 한몫 본 탓」, 『조선일보』, 1966년 4월 24일, 4면.

71 「여학생의 머리털까지 탐낸 가발 수출 붐: 동난 국내 머리털」, 『조선일보』, 1968년 9월 15일, 4면.

72 「단발(斷髮) 소동: 히피의 한국 상륙과 그 생태」, 『조선일보』, 1970년 9월 1일, 8면.

73 『주간여성』, 1970년 11월 24일자; 김형찬, 「'장발과 미니스커트 단속': 국가가 길이를 지배하다」, 『월간 말』, 2005년 3월호, 188~191쪽에서 재인용.

74 「장발족 단속: '기습'에 걸린 '젊음'들 수난」, 『조선일보』, 1970년 12월 8일, 7면.

75 「성묘길 "아들 장발 잘라달라"」, 『조선일보』, 1971년 10월 5일, 7면.

76 송건호, 『송건호 전집 17: 현실과 이상』(한길사, 2002), 189쪽.

77 문인구, 「일사일언/장발재판」, 『조선일보』, 1971년 7월 14일, 5면.

78 「퇴폐성 다방 일제 단속」,『중앙일보』, 1972년 2월 13일, 7면.

79 「심지다방 폐쇄 후 '명동의 이변' "장발은 사절합니다"」, 『조선일보』, 1972년 2월 16일, 7면.

80 노재명, 『신중현과 아름다운 강산』(새길, 1994), 117쪽.

81 노재명, 『신중현과 아름다운 강산』(새길, 1994), 117~118쪽에서 재인용.

82 신상옥, 「일사일언/장발과 단발」, 『조선일보』, 1974년 3월 22일, 5면.

83 박창식, 「"강압보다 계몽으로 다스려야": 장발–고고춤 이렇게 본다」, 『조선일보』, 1974년 4월 16일, 5면.

84 문화방송, 『문화방송사사(1961~1982)』(문화방송, 1982), 170쪽.

85 박동희, 「TV의 치외법권」, 『조선일보』, 1974년 4월 16일, 5면.

86 「장발 일제 단속령: 전국 연예인–공무원 등 중점」, 『조선일보』, 1974년 6월 7일, 7면.

87 정찬승, 「장발과 단식」, 『조선일보』, 1974년 6월 23일, 4면.

88 정운성, 「장발 풍조 따라 이발소가 달라졌다」, 『조선일보』, 1975년 4월 27일, 7면.

89 나길회, 「이 사람/국내 최초 여성이발사 이덕훈씨」, 『서울신문』, 2004년 6월 30일, 17면.

90 「장발족 이발엔 요금 3배씩」, 『조선일보』, 1975년 5월 31일, 7면.

91 「농촌에도 장발 단속」, 『조선일보』, 1975년 10월 19일, 6면.

92 문화방송, 『문화방송 30년사』(문화방송, 1992), 741~742쪽.

93 이승호, 『옛날 신문을 읽었다 1950~2002』(다우, 2002), 29~30쪽에서 재인용.

94 조항제, 「1970년대 한국 텔레비전의 구조적 성격에 관한 연구: 국가정책과 텔레비전 자본 간의 관계를 중심으로」, 서울대학교 대학원 신문학과 박사학위논문, 1994년 2월, 118쪽.

95 윤재걸, 「광복 50년의 말, 말, 말」, 『월간중앙』, 1995년 1월호, 177쪽.

96 임백, 「한국…1970년대 무엇을 계승하고 무엇을 버릴 것인가: 장발족」, 『조선일보』, 1981년 8월 29일, 9면.

97 김효재, 「장발 사라져간다」, 『조선일보』, 1980년 7월 16일, 4면.

98 「장발 단속 중지: 서 내무 지시」, 『조선일보』, 1980년 9월 7일, 7면.

99 이준호, 「야간통금 해제」, 『조선일보』, 1999년 9월 8일, 23면.

100 오태진, 「중-고생 머리 자율화의 고민: 기준 혼선…적극 지도 못해/"방종" 단속하면 대들기까지」, 『조선일보』, 1982년 5월 28일, 11면.

101 안창현, 「3cm의 사회학」, 『창작과비평』, 2001년 봄호, 301쪽.

102 「학생 범죄 급증-포악화: 강지원 서울보호관찰소장 자료 발표」, 『조선일보』, 1990년 6월 8일, 18면.

103 우종창, 「남학생 '퍼머 머리' 유행: "자율화" 고교에 이색 현상」, 『조선일보』, 1983년 5월 22일, 11면.

104 「"장발 남자 손님 뺏어간다" 이발소 주인 미용실서 행패」, 『조선일보』, 1982년 6월 10일, 11면.

105 「퇴폐 이발 186곳 적발: 시경 업주-여 면도사 1백30명 입건」, 『조선일보』, 1982년 11월 3일, 11면.

106 「이발소 간막이 없애: 퇴폐 행위는 10개월 정업」, 『조선일보』, 1983년 2월 6일, 10면.

107 「지하 이발소 폐쇄: 퇴폐 막게 내부 들여다보아야 허가」, 『조선일보』, 1984년 3월 9일, 10면.

108 「업태 위반 체형 강화 면도사 등 등록제로」, 『조선일보』, 1984년 9월 20일, 11면.

109 「퇴폐 이발소 24곳 폐쇄: 보사부, 천4백 곳 적발」, 『조선일보』, 1986년 4월 3일, 10면.

110 조성기, 「일사일언/이발소에서」, 『조선일보』, 1986년 11월 15일, 7면.

111 「"최후의 대책 세운다"」, 『조선일보』, 1987년 5월 2일, 10면.

112 「퇴폐 이발소 "추적관리": 문제업소는 컴퓨터 수록」, 『조선일보』, 1987년 5월 2일, 10면.

113 「이발업소 2원화: 성인용 허가제…청소년용엔 여 면도사 금지」, 『조선일보』, 1989년 4월 20일, 13면.

114 김진경, 「8 · 15 46돌 다시 부는 일본 바람: 1」, 『동아일보』, 1991년 8월 12일, 3면.

115 이용연, 「고객 중 절반 20~30명… 이웃 이발소와 경쟁」, 『조선일보』, 1992년 3월 13일, 31면.

116 「"전국이발소 60퍼센트 퇴폐 영업" 양심선언/이발사회 사무총장(표주박)」, 『한국일보』, 1993년 3월 17일, 22면.

117 「퇴폐 이발소 주택가 성업/직장인 44% "이용 경험"(여울목)」, 『국민일보』, 1993년 10월 28일, 19면.

118 「미용업계도 체인화시대/외국업체 공략에 국내미용실도 가세」, 『한국일보』, 1994년 6월 27일, 16면.

119 윤순환, 「미용업/불 · 미 등 10여 개 업체 이미 체인망 구축작업(UR와 생활)」, 『한국일보』, 1994년 3월 14일, 12면.

120 박신연, 「연예인 남녀불문 삭발 유행/개성파 신세대, 눈길끌기 작전」, 『경향신문』, 1994년 9월 12일, 16면.

121 김수정, 「과감한 컷팅/다양한 굴곡/자유분방형/'글래머 룩' 헤어스타일 유행」, 『서울신문』, 1995년 2월 27일, 12면.

122 서사봉, 「모즈헤어」 압구정점(체인점)」, 『한국일보』, 1995년 8월 21일, 17면.

123 김윤덕, 「내멋대로 꾸민다 따라하지 마!/신세대 헤어스타일」, 『경향신문』, 1997년 8월 14일, 27면.

124 박신연, 「IMF 헤어스타일/층없는 단발 · 긴 생머리 'OK'」, 『경향신문』, 1998년 1월 15일, 15면.

125 김판영, 「"H.O.T 모자 씌우기" 시끌/KBS에 염색머리 감추고 출연」, 『한국일보』, 1998년 11월 19일, 21면.

126 김혜림, 「가발전문점 '스칼렛'(영마켓)」, 『국민일보』, 1998년 11월 26일, 25면.

127 이준희, 「설문조사…중고생 78% "한국이 싫다"」, 『국민일보』, 2000년 9월 14일, 25면.

129 이진영, 「사이버 '안티 스쿨' 운동…중고생 자유 토론 활발」, 『동아일보』, 2000년 10월 6일, 29면.

130 안창현, 「3cm의 사회학」, 『창작과비평』, 2001년 봄호, 305쪽에서 재인용.

131 김수경, 「'겨울연가' 신드롬… "최지우 헤어스타일로 잘라 주세요"」, 『동아일보』, 2002년 2월 7일, 46면.

132 유지혜, 「[화제의 사이트] www.dubaljayu.com」, 『서울신문』, 2003년 12월 18일, 21면.

133 길윤형, 「살아 있는 바리깡 반인권 교육!」, 『한겨레 21』, 2005년 4월 26일, 44~46면.

134 「"머리에 고속도로 내지 말아요"(사설)」, 『경향신문』, 2005년 5월 11일, 31면; 「머리칼 자유화, 진지한 접근을(사설)」, 『한겨레』, 2005년 6월 16일, 27면.

135 조현철 · 임지선, 「"두발 자유를 달라" 중학생들의 반란」, 『경향신문』, 2006년 4월 22일, 6면.

136 백민정, 「우리 머리 자르지 마세요 … 중고생 두발 자유화 거리축제」, 『국민일보』, 2006년 5월 14일.

137 백민정, 「중고생 절반 "학교에서 인권보호 못 받는다" … 전교조 조사결과」, 『국민일보』, 2006년 7월 14일.

138 「청소년 두발자유를 참지 못하는 군사문화(사설)」, 『경향신문』, 2007년 3월 12일, 31면.

139 길윤형, 「청소년들 강제 두발단속 언제까지… 간 큰 선생님」, 『한겨레』, 2010년 2월 5일.

140 강민경, 「서울학생인권조례, 시의회 교육위 통과」, 『한겨레』, 2011년 12월 19일.

141 권영은, 「학생인권조례 있으나 마나… 서울 중 · 고 89% 두발 제한」, 『한국일보』, 2012년 10월 30일.

142 G. W. 길모어, 신복룡 역주, 『서울풍물지』(집문당, 1999), 104~106쪽; W. E. 그리피스, 신복룡 역주, 『은자의 나라 한국』(집문당, 1999), 352~355쪽.

143 오명철, 「[횡설수설] 헤어스타일」, 『동아일보』, 2004년 5월 22일, 6면.

144 강병철, 「영국 여성들 평생 머리 손질 2년 6개월」, 『중앙일보』, 2006년 9월 1일, 16면.

145 김성회 · 노원명, 「이발소 '내 영역 넘보지마' 미장원」, 『매일경제』, 2004년 12월 20일, A17면.

146 맬컴 글래드웰, 임옥희 옮김, 『티핑 포인트: 베스트셀러는 어떻게 뜨게 되는가?』(이끌리오, 2000), 100~101쪽.

유혜지
통계정보과학과 2009학번

수신 이념의 진화인가?

자기계발서의 역사

자기계발서 열풍

날이 갈수록 생존경쟁이 치열해지기 때문일까? 때는 바야흐로 자기계발의 시대다. 2012년 9월 취업 포털사이트 '잡코리아'가 남녀 직장인을 대상으로 '자기계발 현황'에 대해 조사한 결과, 52.1퍼센트가 '현재 정기적으로 시간을 투자해 자기계발을 하고 있다'고 답했다. 이들은 하루 평균 1~2시간 정도(54.1퍼센트)를 자기계발을 위해 사용하고 있고, 한 달 평균 투자하는 비용은 5만 원 이상~10만 원 미만(40퍼센트), 10만 원 이상~20만 원 미만(36.9퍼센트)인 것으로 나타났다.[1]

한편 2013년 1월 온라인 교육 전문기업 휴넷이 성인 남녀 1,200명을 대상으로 조사한 것에 따르면, 70퍼센트가 '올해 자기계발을 위한 교육비 지출을 이전보다 늘릴 계획' 이라고 답했다. 학습을 위해 교육비 지출을 늘리겠다고 계획한 경우, 그 목적이 '교양과 힐링' 이라고 답한 응답자가 54퍼센트에 달했다.[2]

우리나라 국민은 '책 안 읽는 국민' 으로 유명하지만,[3] 자기계발서만큼은 잘 팔려 나가는 이유도 바로 여기에 있다. 예컨대, 2010년 12월 출간된 김난도 교수의 『아프니까 청춘이다』는 2013년 1월 현재 판매량 300만 부를 향하고 있다.[4] 심지어 2013년 초 베스트셀러 20위 목록에서도 발견된다. 책을 읽지 않았던 사람들도 한 번씩은 들어보았을 제목이다.

내 경험을 돌이켜 보더라도, 책에 관련된 대화를 나눌 때 이 책은 꼭 빠지지 않았다. '워낙 유명하길래 궁금해서' 읽고 있다는 친구부터 친척이나 부모님 또는 지인에게 선물을 받은 경우도 적지 않았다. 사람들은 『아프니까 청춘이다』를 자녀와 조카, 친구 혹은 자기 자신을 위해 구입하는 것으로 위로와 응원을 대체하는 듯했다.

자기계발서란 사회적으로나 내면적으로, 보다 나은 삶을 영위하기 위한 지침을 일러주는 책이라고 정의할 수 있지만, 내용의 특성상 다른 장르와의 구분이 명확하지 않다. 자전 에세이나 재테크 관련 도서도 넓은 범주의 자기계발서로 볼 수 있어서 인문사회, 경제경영을 아우르는 장르라고 할 수 있다. 대한출판문화협회는 한국 십진 분류법Korean Decimal Classification : KDC에 따라 자기계발 도서를 사회과학으로 분류해 집계하고 있다.

출판 시장에 자기계발서라는 꼬리표를 달고 출판되는 책 중에는 단지 마케팅 과정에서 자기계발서로 규정되거나 대중들의 필요에 따라 자기계발서로 읽히는 경우가 많다. 자기계발서 열풍을 의식한 마케팅에 대해 출판사 위즈덤하우스의 분사장 이부연은 "그 책이 어떤 구조로 쓰였든 간에, 개인의 '계발' 에 대한 메시지를 조금이라도 포함하면 자기계발서로 시장에 내놓는 게 최근 출판의 흐름" 이라고 말했다. "법정 스님의 『무소유』도 출간 당시(1976년)엔 수필집(에세이)으로 분류했지만 지금 다시 출간한다면 집착과 소유에 대해 쓴 지적 통찰의 글을 자기계발로 분류해 팔 수 있다" 는 것이다. 영국 작가 새뮤얼 스마일스Samuel Smiles, 1812~1904가 쓴 『자조론Selp-help』 역시 1980년대 삼성출판사가 고전古典 시리즈 중 하나로 번역한 인문서였으나 최근 재출간되면서 자기계발서로 재분류되었다고 한다.[5]

이렇듯 자기계발서를 찾는 독자층을 공략하기 위해 출판사가 책의 장르를 바꿔 출판하는 마케팅 전략이 성행하고 있다. 이는 역으로 마케팅에 영향을 미칠 만큼 자기계발서를 찾는 독자층이 두텁다는 것을 증명하며, 독자의 필요와 선택에 따라 자기계발서로 분류되는 책의 범주가 넓다는 것을 의미한다.

'자기수양' 과 '입신출세' 의 만남

자기계발서의 구분이 모호한 만큼 '최초' 를 말하는 것도 다소 어려움이 있지만, 벤저민 프랭클린Benjamin Franklin, 1706~1790의 『프랭클린 자서전The Autobiography of Benjamin Franklin』과 19세기 영국 저널리스트인 새뮤얼 스마일스의 『자조론』이 자기계발서의 효시로 불린다.[6] 『프랭클린 자서전』과 『자조론』을 비롯한 초기의 자기계발 서적들은 청교도적 가치를 배경으로 한다.

『프랭클린 자서전』은 아들에게 자신의 삶을 들려주는 형식으로 기록되었다. 이 책에는 절제, 규율, 결단, 검약, 근면, 진실, 정의, 중용, 청결, 침착, 순결, 겸양 등 13가지의 덕목이 쓰여 있다. 이는 현대를 살아가는 사람들이 지침으로 삼아도 좋을 만큼 유익해서 최근까지도 인기를 얻고 있다. 『프랭클린 자서전』이 국내에 처음 소개된 것은 1909년 『소년』을 통해서다. 13가지의 덕목 등과 함께 프랭클린을 소개했는데, 당시 프랭클린은 자수성가형 인물의 모범적인 사례로 학교의 교과서나 청년들을 위한 잡지에 소개되었다.[7]

김성연은 '독립과 건국의 영웅을 숭배'하는 데에서 '입신 출세 위인을 향한 수양'으로 방향 전환을 한 청년들에게 프랭클린의 책은 교과서가 보장해주지 못하는 '사회적 성공'의 '지침서'였고, 프랭클린은 가진 것이 없어도 일상적 지침만으로 누구나 성공에 도달할 수 있다는 희망을 주는 인물이라고 분석했다.[8] 이후 1920년대에는 『프랭클린 자서전』 간행과 동시에 일부 내용이 『매일신보』에 25회 이상 연재되었다.[9]

이때 자기계발서들은 일본에서 'Self-help'가 '자조自助'로 번역되어 국내에 유입되는데 그 중심에는 새뮤얼 스마일스의 『자조론』이 있다. 『자조론』은 새뮤얼 스마일스가 야학 모임에서 강연한 내용을 정리해 펴낸 책으로, "하늘은 스스로 돕는 자를 돕는다"라는 유명한 문장으로 시작한다. 이 책에는 고대 그리스부터 근대까지 학자, 사업가 등 100여 명의 성공 스토리가 담겨 있다. 이들은 성실하고 강한 의지를 가지고 있으며, 스스로 인생의 주체가 되어 노력한다는 공통점을 가진다. 즉, 『자조론』은 사회적 환경과는 별개로 개인의 의지와 자질에 따라 성공 여부가 결정된다고 역설한다.

『자조론』은 19세기 후반 일본에서 번역되어 큰 인기를 얻었다. 우리나라에는 1906년에 『조양보』 창간호에서 부분 번역되어 처음 소개되었고, 이후 『대한매일신보』, 『소년』 등을 통해 번역 · 연재되었다. 『서우』의 1907년 11월호 논설에는 『자조론』의 주된 목적이 "청년을 고무하여 바른 사업에 근면케 하여 노력과 고통을 피하지 않고 극기와 자제에 힘써 타인의 도움이나 비호를 의지하지 않고 오로지 자기의 노력에 의지함에 있다"고 쓰여 있다.[10] 이후 1918년 최남선에 의해 일부가 발췌된 번역본이 출간되었으며, 『청춘』은 특집 기사로 다루기도 했다.

우리나라에서 '자조론'은 정신을 가다듬는 것뿐만 아니라 학문에 정진하는 자세에 이르기까지 수양修養의 개념으로 받아들여졌고,[11] 나아가 개인의 성품과 품행에 대한 논의, 즉 유교의 '수신修身' 차원으로 이해되었다.[12] 국권을 상실한 1910년대는 입신출세立身出世가 어려운 시대로, 실패를 경험한 엘리트층이 입신출세주의를 내면화한 시대이기도 하다.[13] 학문에 정진해 학력을 쌓음으로써 성공할 수 있다는 입신출세 담론은 성실히 학업에 임해야 한다는 수양론과 더불어 내면화되기 시작했다.

서양에서 자기계발서의 성격은 1920~1930년대에 세계 대공황을 겪으면서 변화하는데, 사회적 변화에 맞추어 자기계발서는 소위 '살아남기 위한 방법'을 논하게 된다. 청교도적 생활양식과 대조적으로 입신출세를 위한 방법, 부를 쌓기 위한 삶의 태도, 사회가 요구하는 사람이 되기 위한 비결 등을 다루고 있다.

국권 상실 이후 일제 강점 하에 있던 우리나라에서도 근대적 처세 수양 서적이 큰 비중을 차지했다. 더불어 '입신출세'를 지향하며 수양뿐만 아니라 실행에 옮기는 것을 중요하게 여겼다. 천정환은 "자기계발 이데올로기와 그 사회적 '수행'은 식민지 조선의 근대인에게 주요한 과제였기 때문이다, '근대'는 모든 개인들에게 '입신'과 '출세'를 과제로 삼게 했다"고 말한다.[14] 그는 또한 "1920~1930년대 자기계발의 담론이 발전하고 있던 조선 자본주의의 요구에 의한 것임과 동시에, '식민지' 상황에 근거한 정치적 주체화의 담론이었다는 점에 주목해야 한다"고 했다.[15] 이 시기에는 그간 강조해온 수양 노력에 사회적 성공에 대한 열망이 더해지면서 본격적으로 '자기계발'을 다룬 도서가 자리잡기 시작했다고 볼 수 있다.

성공을 향한 미국식 실용서의 정착

대공황으로 고통받던 1930년대 미국에선 나폴레온 힐Napoleon Hill, 1883~1970과 데일 카네기Dale Carnegie, 1888~1955의 자기계발서가 큰 인기를 누리고 있었다. 나폴레온 힐은 1908년부터 1928년까지 20년에 걸쳐서 500여 명의 성공한 유명인들과 인터뷰를 진행해 그들의 성공 이유를 정리했다. 이런 과정을 통해 성공학의 명저라 불리는 『성공의 법칙Law of Success』(1928)과 『생각하라! 그러면 부자가 되리라Think and Grow Rich』(1937)가 완성되었으며, 5,000만 부 이상이 팔렸다.[16]

1936년 출간된 『데일 카네기의 인간관계론How To Win Friends And Influence People』은 데일 카네기의 대표적인 저서로 꼽힌다. 한기호는 『우리가 사랑한 300권의 책 이야기: 베스트셀러 30년』에서 다음과 같이 서술했다. "미국에서는 데일 카네기의 『친구를 얻고, 사람에게 영향력을 행사할 수 있는 방법』이 그야말로 방방 떴다. 홀로 살아남는 독단적인 생존방법보다는 주위와 더불어 행복하게 자기 길을 개척할 수 있는 공식을 제시해 당시 대중을 휘어잡았다."

『꿈꾸는 다락방』, 『리딩으로 리드하라』의 이지성 작가는 데일 카네기가 말하는 인간관계는 친구이자 고객을 일컫는다고 분석했다.[17] 관계를 유지하려는 노력에는 상대방에게 얻을 수 있는 이익에 대한 기대감이 전제된다는 것이다. 물론 카네기는 진정성 있는 인간관계를 강조하고 있지만, 현실에서 비즈니스적인 인간관계를 형성·유지하기 위해 『데일 카네기의 인간관계론』을 읽는 독자가 많다는 사실은 분명하다. 이 시기의 자기계발서는 대체로 '성공 내러티브'를 담고 있으며, 이런 유형의 자기계발서는 미국 내에서 정착되고 시장을 지배하며 현대에 이르렀다.

국내에서는 1950년대에 데일 카네기의 저서가 『우도』, 『사람을 통솔하는 법』 등의 이름으로 번역되기 시작했다. 이에 천정환은 "쏟아져나온 데일 카네기의 책들은 아직 처세 수양서를 써낼 한국의 필자가 없음을 보여주는 한편, 식민지 시대에 연원을 둔 일본식 수양서를 미국식 '실용'서가 대체하기 시작했음을 나타낸다"고 분석했다.[18]

1950년대 중반부터는 행복에 관한 책이 눈에 띈다. 천정환이 정리한 자기계발서 목록을 보면 1950년대 중반에 『행복과 성공』(김강현, 1955), 『행복의 발견』(안동민, 1955), 『행복의 개척』(이강록, 1955), 『행복의 길』(유봉구, 1956) 등이 발간되었는데, 이렇듯 제목에 '행복'이라는 단어가 직접적으로 쓰인 책만 해도 여러 권이었다. 행복론의 고전이라고 할 수 있는 버트런드 러셀Bertrand Russell의 『행복의 정복The Conquest of Happiness』(1930)과 에밀 오귀스트 샤르티에Émile Auguste Chartier, 필명 Alain의 『행복론Propos sur le bonheur』(1928)도 1950년대에 번역 발간되었다.

1960년에는 『현대수양전집現代修養全集』이 출간되었다. 각각 '위인전기 편', '금언명구 편', '훈화설교 편' 등 총 10권으로 구성된 이 책은 1963년에 완간完刊되었다. 당시 언론으로부터 현대인이 갖추어야 할 조건들을 구체적으로 제시·분석했다는 평을 받았다.[19]

1960년대 후반엔 『채근담菜根譚』을 비롯한 수양서가 적지 않은 판매량을 기록했다. 『채근담』은 중국 명나라 말기에 문인 홍자성이 집필한 책으로 유교, 도교, 불교의 사상을 아우른다. 경구적인 어록들로 이루어졌는데, 인생의 지혜와 처세 등을 담고 있다.

『채근담』과 더불어 '어떻게 돈을 벌 것인가'에 관한 책들, 그리고 중국 고대의 병법서인 『손자병법』 역시 기업 경영과 결부시켜 광고한 덕에 판매량이 높았다. 이에 대해 『경향신문』(1969년 8월 2일)은 "전문서적 대신 생활지식에 보탬이 되는 가이드물이 판을 친다"고 지적했다.[20] 이외에도 1960년대에 출간된 책으로는 『백만장자가 되기까지』, 『인생론』, 『대학생의 인생설계』, 『40세까지 성공하는 법』, 『아름다운 배덕』 등이 있다.[21]

자전 수필의 성공

1970년대에는 우리나라에도 '수양'이나 '처세술'이 아닌 '자기계발'이라는 용어가 쓰이면서 개인의 능력 배양에 대해 관심을 갖는 분위기가 형성되었다. 1976년 『매일경제』는 "자기계발自己啓發, 불과 수 년 사이에 보편화된 단어 중의 하나이다. 주위의 여건도 하루가 새로울 정도로 변화되며 기

업 내부의 사정도 샐러리맨에게 전문화를 요구하고 있다"고 분석했다.[22]

1970년대 중반에는 법정 스님의 『무소유』가 주목받았다. 이임자는 이 책이 수필집의 상업적 가능성을 처음으로 입증했다고 평가했다. 무소유의 성공으로 수많은 승려의 수필이 출간되었는데, 그중에는 출판으로 돈을 벌자 속세로 귀환한 사람들도 있었다고 한다.[23]

1984년에는 『손자병법』과 『삼국지』가 발매 4개월 만에 10만 권 이상 팔리는 등, 중국 고대소설이 베스트셀러에 등극했다. 이에 대해 교보문고 이승우 부장은 "『손자병법』이나 『삼국지』 모두 영원한 고전이지만, 특히 1980년대 들어 일어난 인간관계, 특히 처세술 책의 붐과 관련이 있는 것 같다"고 말했다.[24] 즉, 처세술에 대한 관심이 높아지면서 독자들이 고전을 통해 이를 배우려고 한다는 것이다.

『경향신문』(1986년 6월 11일)은 "서점가에 인간성 개발과 처세술을 주축으로 한 이른바 『성공학』 시리즈가 꾸준히 독자를 끌어들이고 있다"며 "'현대인의 성공적 삶'을 캐치프레이즈로 걸고 기획 출간된 성공학 서적물은 『빅맨』 전집을 비롯, 『내성적인 사람이 강하다』, 『행복한 여성을 위하여』 등 10여 권"이라고 전했다. 또한 기사에 따르면 "『빅맨』 전집은 이미 주문판매를 통해 1천 질帙 2만 권이 팔려나갔고, 이시형 박사의 『내성적인 사람이 강하다』 역시 출간 한 달 만에 베스트셀러 비소설 부문 3위까지 랭크"되었다.[25]

『빅맨』(1986)은 총 20권으로 구성되었는데 피터센의 『남성다운 삶』, 웬저의 『사고력 증진법』, 카네기의 『사람을 움직여라』 등 성공학과 관련된 고전을 한 질로 묶은 것이다. 당시 전집 가격이 10만 원이었지만 1,000질

이상 판매되었으니 성공과 자기계발에 대한 대중의 관심이 높았다는 걸 알 수 있겠다.[26]

이시형의 『내성적인 사람이 강하다』는 제목처럼 내성적인 사람들의 성공적인 삶을 제시했다. 기존의 자기계발서들이 성공하기 위한 방법을 논하는 과정에서 외향적인 성격을 중시했던 것과 대조적이다. 반대로 생각해보면 성공의 한 요인이나 사회생활에 필요한 것으로 외향적인 성격을 강조하던 사회에서 내성적인 성격을 옹호하고 대변한 책이라 할 수 있다.

이런 출판 경향에 대해 『경향신문』은 이전의 성공학 서적과는 판이하게 다른 도서들이 출판되고 있다고 분석했다. 그간 처세술을 다룬 책들이 『아이디어를 훔쳐라』, 『허영심을 잃지 마라』, 『저축을 하지 마라』 등 권모술수를 강조하는 반사회적인 내용이었다면, 1980년대 중반의 책들은 근본적인 자기계발을 통해 긍정적인 미래를 만들 수 있다는 시각을 담고 있다는 것이다.[27]

1989년에는 대우그룹 김우중 회장의 『세계는 넓고 할 일은 많다』가 베스트셀러 1위에 올랐으며, 발간 다음 해인 1990년에도 베스트셀러 1위를 기록했다. 출판평론가이자 한국출판마케팅연구소 소장인 한기호는 "초판 2만 부가 이틀 만에 다 팔리고 서점에서 처음으로 독자를 줄 세워놓고 판매할 정도로 대단한 인기를 끌었다. 한국 출판 역사상 6개월도 되지 않아 100만 부를 돌파하기는 처음이었다"고 회상했다.[28] 이임자는 『세계는 넓고 할 일은 많다』의 사회문화적 의미에 대해 다음과 같이 말한다.

"1980년대의 한국 사회는 외형적인 부의 팽창으로 안락을 추구하는 경향이 심한 한편 분단의 지속으로 이념의 갈등을 겪는 두 얼굴이 투영되는 상황이었다. 따라서 일상의 교훈이나 처세, 경제 관련 책이 인기가 높았고, 김우중 회장의 수필집은 이 모든 요인을 충족시키기에 부족함이 없었다." [29]

IMF 외환위기 이후 자기계발서

1994년 4월에는 스티븐 코비Stephen Covey, 1932~2012의 『성공한 사람들의 7가지 습관The 7 Habits of Highly Effective People』이 번역 출간되었다. 미국에서 1989년에 출간된 이 책은 전 세계에서 100여 개 국어로 번역되어 1,500만 부 이상 판매되었다. 국내에서는 출간과 동시에 베스트셀러가 되어 1년 반 남짓 만에 70만 부의 판매를 기록했다.[30]

제목에서 알 수 있듯이 이 책은 개인이나 집단이 어떻게 성공할 수 있는지에 대해 그 방법을 목록화하여 '성공하는 7가지 습관' 이라고 정의했다. 스티븐 코비는 제시한 습관들이 왜 유용하고 필요한지에 대해 설명하고, 그 습관들을 실천하는 방법에 대해서도 서술했다.

이때 7가지 습관이란 '①자신의 삶에 주도적으로 임하라, ②최종 목표를 확립하고 행동하라, ③급한 것보다 중요한 것을 우선시 해라, ④상호 이익이 되는 해결책을 추구하라, ⑤먼저 경청한 뒤에 이해시켜라, ⑥시너지 효과를 활용하라, ⑦끊임없이 심신을 단련하라' 다. 스티븐 코비에 따르면, 성공은 단지 부의 축적만을 의미하는 것이 아니라, '하고자 하는 뜻을 이루는 것' 을 말한다. 자기 관리를 통해 품성을 바르게 하고 목표를 이룰 능력을 준비한 뒤 다른 사람에게 인정받을 수 있도록 실천하는 것이 성공의 길이자 리더십의 요체라는 것이다.[31]

당시의 출판계 흐름에 대해 『매일경제』(1994년 8월 17일)는 이렇게 말했다. "가벼운 흥미를 동반한 에세이류나 처세술, 경제 경영인으로서의 자기계발서 등이 인기를 모으고 있다.……『성공하는 사람들의 7가지 습관』, 『한국인 트렌드』, 『경리 노트』 등 경제인으로서의 자기계발서 등 비교적 가벼운 관련서가 독자의 관심을 끌고 있다."[32]

1997년 IMF 외환위기 이후 자기계발서의 출판이 더욱 활발해졌다. 청년 실업의 심각성은 날로 더해졌고, 직장인들은 평생직장이 사라진 사회에서 언제든 낙오될 수 있다는 불안감에 떨었다. 특히 1990년 후반 국내 기업들의 연봉제 도입으로 직장인들이 능력과 업적으로 평가되기 시작하면서 자기계발의 중요성은 더욱 커졌다. 직장인들은 평생 직장이라는 개념이 사라진 무한경쟁의 사회에서 『아침형 인간』, 『프리젠테이션 잘 하는 법』, 『상사와 대화하는 법』 등을 선택했다.

1998년 9월 『동아일보』는 "선후배나 입사 동기란 말이 무의미해지고 직원들이 급속히 개인화되고 있다.……직장인들은 누가 시키지 않아도 실적을 올리기 위해 고객과 저녁 약속을 잡기도 하고, 공부를 하느라 바쁘다"고 보도했다.[33] 『한겨레』 역시 "종신고용 개념이 없어지고 능력주의 인사고과 체계가 도입되면서 나를 다시 돌아보게 된다, 그래서 뭔가를 해야 한다는 강박에 사로잡힐 때가 많다"는 직장인의 인터뷰를 실으며 소위 '몸값 올리기'를 위한 자기계발 열풍을 보도했다.[34]

직장인들의 불안을 위로해주는 자기계발서도 높은 인기를 누렸다. 1998년에 법정 스님의 『산에는 꽃이 피네』가 베스트셀러 1위를 차지한 것을 비롯해 법정 스님의 『무소유』, 원성 스님의 『풍경』, 현각 스님의 『만행,

하버드에서 화계사까지』 등 스님들의 저서가 대중의 마음을 위무하며 상승세를 탔다.[35]

이 시기에 한국의 자기계발서 시장을 주도한 대표적인 저자는 구본형이다. 그는 자기계발서 분야에서 국내 저자가 두드러지지 않았던 시기에 『익숙한 것과의 결별』(1998)을 펴냄으로써 국내 자기계발서 붐의 원조로 손꼽힌다. 『익숙한 것과의 결별』은 구본형이 40대 직장인인 자신의 고민과 경험을 배경으로, 스스로 변화함으로써 사회의 변화에 대응할 수 있다고 역설한 책이다.

구본형은 이어서 『그대, 스스로를 고용하라』, 『오늘 눈부신 하루를 위하여』, 『사람에게서 구하라』 등을 발간하고 흥행에 성공하면서 국내 자기계발서 분야의 대표적인 저자로 자리 잡았다. 그는 2000년에 '구본형 변화경영연구소'를 세우고 현대인의 자아 경영, 기업체의 변화 경영 등을 주제로 한 특강 프로그램을 운영하면서 인문학과 경영학을 접목한 '직장인 멘토', '스타 강사'로 이름을 높이기도 했다.[36]

부자되기 열풍과 자기계발서

2000년대에 접어들면서 치열한 사회를 살아가는 독자들은 여전히 실용적인 경제경영서와 자기계발서를 찾게 된다. 교보문고가 발표한 베스트셀러에 따르면 2000년 4위에 로버트 기요사키Robert Toru Kiyosaki의 『부자 아빠 가난한 아빠』가, 2003년 6위에 한상복의 『한국의 부자들』이 기록되는 등 독자들이 부에 대해 적극적으로 관심을 보였음을 알 수 있다.

2002년 "부~자 되세요"라는 광고 카피가 유행할 정도로 2000년대 초반에는 사회 전반에 부자 되기 열풍이 강하게 불었다. 『조선일보』는 "IMF 이후 『누가 내 치즈를 옮겼을까』(스펜서 존슨), 『익숙한 것과의 결별』(구본형)이 명예퇴직을 요구하는 세태와 맞물리면서 시장에 불이 붙었다"고 분석했다.[37]

『누가 내 치즈를 옮겼을까』는 2000년에 7위, 2001년에 1위, 2002년에 13위를 기록해 3년 간이나 베스트셀러에 올랐다. 『누가 내 치즈를 옮겼을까』는 치즈로 가득 찼던 창고가 텅 비어버린 상황에서 생쥐 두 마리와 꼬마 아이 둘의 대응을 다룬다. 일부는 변화를 받아들이고 새로운 치즈 창고를 찾아 긍정적인 모험을 떠나고, 일부는 '누가 내 치즈를 옮겼을까?' 하는 의심을 갖고 치즈가 돌아오기를 기다린다.

이 책은 새로운 치즈 공장을 찾아가는 과정을 통해 교훈을 전한다. 이런 '자발적인 힘으로 새로운 길을 개척하고, 선택하는 인생을 살아야 한다'는 교훈이 빠른 사회 변화에 불안해하던 사람들에게 통했던 것 같다. 이런 식의 우화형 자기계발서는 2000년대 들어 크게 증가한다. 교보문고는 『누가 내 치즈를 옮겼을까』가 흥행한 요인 중 하나로 '노동 시장의 유연화를 기대한 기업 경영자들이 책을 대량 구매해 직원들에게 읽도록 한 것'을 제시했다.[38]

2003년에도 대구 지하철 방화 사건, 이라크 전쟁 발발, 새 정권의 출범, 태풍 매미, 카드 대란 등 어지러운 환경 속에서 자기계발서를 찾는 독자가 많았다. 교보문고가 2003년 1월부터 12월 9일까지 집계한 바에 따르면 베스트셀러 50위권 중 자기계발서는 11권에 달했다.[39] 2004년에는 『아침형 인간』(사이쇼 히로시, 2003), 『설득의 심리학Robert Cialdini』(2002), 『나를 변화시키는 좋은 습관』(한창욱, 2004), 『메모의 기술』(사카토 겐지, 2003) 등과 같이 직설적인 제목의 책들이 베스트셀러 20위 내에 올랐다.

자기계발서의 최대 호황기

2005~2008년 초는 자기계발서의 최대 호황기였다. 우화식 자기계발서의 인기가 여전한 가운데, '성공' 뿐만 아니라 개인의 '행복' 을 추구했고 그것을 위한 '긍정적인 생각' 을 모토로 한다는 점이 변화된 양상이었다.

2005년의 유일한 밀리언셀러이자 교보문고가 집계한 베스트셀러 1위는 2004년 말에 출간된 탄줘잉의 『살아 있는 동안 꼭 해야 할 49가지』다. 출간 1년 만에 판매부수 100만 부를 돌파한 이 책은 '첫 번째 할 일: 사랑에 송두리째 걸어보기', '두 번째 할 일: 소중한 친구 만들기' 등 제목처럼 49가지의 이야기를 소개하고 있다. 각각의 이야기는 어머니의 발을 정성스럽게 닦아드리며 부모님의 은혜를 깨닫는 청년, 환한 인사를 전하는 버스 운전기사, 자녀가 준 선물을 뜯지 못하고 소중히 간직하는 부모 등에 관한 것으로 우화를 통해 부드럽고 따뜻하게 지혜를 전하는 방식을 취했다.[40]

2004년 여름 출판된 남인숙의 『여자의 모든 인생은 20대에 결정된다』는 본격적인 여성용 자기계발서의 물꼬를 텄다. 그 밖에 인문사회 분야에서 심리학 관련 도서가 부상하면서, 자기계발과 심리학이 접목된 책도 출간되었다. 『설득의 심리학』은 2005년 베스트셀러 10위에 올라 스테디셀러로 입지를 굳혔다. 『한국출판연감』(2006)은 "심리학 관련서의 부상은 2005년

인문사회 출판의 인상적인 풍경이었다. 경제경영 분야의 『설득의 심리학』을 필두로 인문 분야로까지 확산된 심리학 붐은……처세와 상식을 버무린 읽을거리로 독자들을 흡인했다" 고 분석했다.

2006년에는 푸에르토리코 출신의 동기 유발 강사 호아킴 데 포사다 Joachim de Posada가 엘런 싱어Ellen Singer와 같이 쓴 『마시멜로 이야기Don't Eat The Marshmallow Yet!: The Secret to Sweet Success in Work and Life』가 350만 부 이상의 판매고를 올리며 베스트셀러에 올라, 우화식 자기계발서의 강세를 이어갔다.

그 밖에 한국형 우화식 자기계발서로 평가받는 한상복의 『배려』와 스튜어트 에이버리 골드Stuart Avery Gold의 『핑Ping』도 흥행하면서 감성코드를 더한 우화식 자기계발서가 하나의 트렌드로 자리 잡았다. 여성용 자기계발서로는 『여자생활백서』(안은영, 2006), 『여자의 모든 인생은 20대에 결정된다』가 베스트셀러 20위권에 속했다.

우화식 자기계발서는 2007년에 '셀픽션selfiction' 으로 진화했다. 셀픽션은 자기계발서Selp-Help와 소설Fiction의 합성어로, 소설적인 구성으로 메시지를 전하는 방식을 취하고 있다. 스토리에 감정을 이입하기가 쉽고, 그 메시지를 이해하기 쉬워서 독자들은 부담없이 셀픽션을 읽을 수 있었다. 당시 기사에 따르면 인터파크도서가 매주 발표한 주간 종합 베스트셀러 순위에서 2007년 1월 1주부터 3월 1주까지 종합 20위 내에 평균 5~6권의 셀픽션 도서가 포함되었다.[41]

2007년 베스트셀러 1위는 『시크릿』이 차지했다. 론다 번Rhonda Byrne의 『시크릿』은 일명 '끌어당김의 법칙' 을 내세워, 부를 쌓는 데에 성공한 사람들은 그들의 마음이 '부' 에 대한 생각으로 지배되어 있기 때문이라고 주장한다. 쉽게 말해 우리가 집중하면 생각하는 대로 현실을 바꿀 수 있다는 것이다. 이런 논리 때문에 『시크릿』은 사이비 과학, 사이비 종교의 이론이라는 비판도 받았다.

이와 관련해 이지성 작가는 생각이 아닌 노력과 실천을 강조하며 『시크릿』에 대한 반론으로 『노 시크릿』(2008)을 출간하기도 했다. 그렇지만 긍정의 힘과 정서적 위안이 필요한 독자들에게서 큰 사랑을 받아, 교보문고가 2000년부터 2010년까지 11년간 누적 도서 판매량을 집계한 결과 『시크릿』이 1위로 꼽혔다.[42]

그 밖에 『이기는 습관』(전옥표, 2007), 『회사가 당신에게 알려주지 않는 50가지 비밀』(신시아 샤피로, 2007) 등이 인기를 얻으면서 직장인들에게 유익한 처세술을 다룬 책이 쏟아져나왔다. 특히 전문직에 종사하면서 자기 분야에 대한 자기계발서를 쓰는 경우가 많았다. 『대한민국 20대, 재테크에 미쳐라』의 정철진, 『이기는 습관』의 전옥표, 『배려』와 『한국의 부자들』의 한상복 등이 그 예인데, 이들을 두고 직장인salaryman과 작가writer의 합성어인 '샐러라이터salawriter' 라는 말도 생겨났다.

여성들의 사회 진출이 점차적으로 증가하고, 도서 구매 고객의 절반 이상이 여성으로 조사되면서 위미노믹스womenomics: Women+Economic 시장을 겨냥한 자기계발서의 인기도 뜨거웠다. 『여자라면 힐러리처럼』(이지성, 2007), 『스타벅스 커피를 마시는 여자 스타벅스 주식을 사는 여자』(김희정, 2007), 『한국의 여자부자들』(한정, 2007) 등이 출간되었다.

또 기존에 흥행에 성공한 『마시멜로 이야기』, 『배려』 등을 어린이용으로 고쳐 펴낸 책들이 인기를 끌었다. 『한국출판연감』(2008)에 따르면 『어린이를 위한 마시멜로 이야기』와 『어린이를 위한 배려』가 2007년 교보문고 아동 분야의 1, 2위를 차지했다.

인터파크도서는 2007년도 한 해 동안 도서 판매량을 분석한 결과 『시크릿』(1위), 『이기는 습관』(2위)을 비롯한 자기계발서가 가장 많이 팔렸다고 발표했다. 또한 『한국출판연감』(2008)에 따르면 YES24의 연간 판매량을 기준으로 했을 때, 2007년 베스트셀러 100위 이내에 '자기관리' 분야의 책이 16권으로 '국내 문학'(17권) 다음으로 가장 많았다.[43]

자기계발서에 지친 독자들

『시크릿』의 인기는 2008년까지 지속되어 베스트셀러 1위를 유지했다. 이로써 4년 연속 자기계발서가 1위에 올랐다. 그러나 2008년 하반기부터는 미국에서 촉발된 글로벌 금융위기로 전세가 역전되었다. 『조선일보』는 "끊임없이 목표를 향해 뛰라고 채근하는 자기계발서에 독자들은 지치기 시작했다. 게다가 책이 시키는 대로 경쟁했는데 2008년 말 글로벌 금융위기를 맞았다. 2009년 『엄마를 부탁해』(신경숙)가 소설로서는 5년 만에 1위를 탈환한 그해, 자기계발서의 상위 20위 판매량은 전년의 절반(23만 5,613권) 가까이 뚝 떨어졌다"고 보도했다.[44]

우화식 자기계발서와 '긍정의 힘'을 논하는 책들도 하락세를 면치 못했다. 수많은 자기계발서가 저마다 비결과 관리 요령을 내놓는 와중에 독자들은 혼란과 진부함을 느꼈고, 자기계발서가 희망적인 미래를 보장하지 않는다는 현실적인 반성도 이어졌다. 그나마 샐러던트saladent[45]와 샐러라이터

salawriter에 의해 원론적이고 전문적인 지식을 담은 책은 지속적인 관심을 받았다.

한국출판마케팅연구소가 『기획회의』를 통해 2008년 출판계 키워드 중 하나로 '어린이용 자기계발서'를 꼽은 것으로 보아, 2007년에 이어 어린이용 자기계발서도 꾸준히 주목받았음을 알 수 있다.[46] 한편 『설득의 심리학』, 김혜남의 『서른 살이 심리학에 묻다』 등 심리학을 비롯 인문학을 배경으로 한 자기계발서에 다시 눈길을 돌린 독자들도 있었다.

그런 흐름에 따라 다음 해인 2009년에는 심리학을 접목시킴으로써 단순한 우화나 행동강령을 나열한 방식에서 벗어난 자기계발서가 독자의 관심을 받았는데, 2008년에 출간된 『서른 살이 심리학에 묻다』에 이어 『심리학이 서른 살에게 답하다』(김해남, 2009), 『심리학 초콜릿』(김진세, 2008), 『괴짜 심리학』(리처드 와이즈먼, 2008) 등이 대표적이다.[47]

어린이용 자기계발서도 연달아 출간되었다. 살림출판사는 2006년 살림어린이 브랜드를 만들었고 2009년에 『어린이를 위한 시크릿』(전3권)을 출간했다. 국일미디어는 어린이 브랜드 국일아이에서 『어린이를 위한 꿈꾸는 다락방』(이지성)을 출간했고, 위즈덤하우스에서는 『어린이를 위한 청소부 밥』(토드 홉킨스 · 레이 힐버트)을 출간했다.[48]

그러나 이전의 기세에 비하면 자기계발서의 부진은 여전했다. 『한국출판연감』(2011)은 "IMF 경제위기 이후 자기계발서가 출판시장을 좌지우지했지만, 2008년 미국발 금융위기로 다시 한 번 위기를 맞으며 대중은 자기계발만으로 넘을 수 없는 한계를 경험했기 때문이다"라고 자기계발서 부진의 원인을 분석했다.

2010년에도 하향세는 여전했다. 교보문고에 따르면 2010년 상반기 베스트셀러 100위 안에 포함된 자기계발서는 12종으로, 2008년 21종, 2009년 17종에 이어 하향 곡선을 그렸다. YES24에서도 자기계발을 포함한 실용 분야의 도서가 2009년 상반기 베스트셀러 100위 안에 17종이 포함되었던 것과 대조적으로 2010년에는 8종에 그쳐 뚜렷한 감소를 보였다.[49] 이에 '자기계발서의 인기가 한풀 꺾였다, 거품이 꺼지고 있다' 등의 기사가 연달아 나왔다.

멘토가 전하는 위로형 에세이

2010년 12월 김난도 교수의 『아프니까 청춘이다』는 다시 한 번 자기계발서의 붐을 일으켰다. 교보문고를 통한 자기계발서 상위 20위 판매량은 2010년 25만 7,300권에서 2011년 46만 6,300권으로 급증했다.[50] 이듬해인 2011년에는 『아프니까 청춘이다』, 박경철의 『자기혁명』, 이해인 수녀의 『꽃이 지고 나면 잎이 보이듯이』, 고도원의 『사랑합니다, 감사합니다』 등 희망과 위로를 전하는 에세이가 두드러져 일명 '위로형 수필 열풍'이 불었다.[51]

이런 책들은 경쟁과 출세를 위한 처세술을 가르치던 기존의 자기계발서를 대신하면서 독자들을 다독였다. 독자들도 경쟁 상대를 이기기 위한 수단을 찾는 대신에 에세이를 통해 자신을 되돌아보며 자기계발을 도모했다. 이에 에세이는 일종의 자기계발서로 읽혔고, 청춘을 향한 에세이의 출판이 증가했다.

'위로' 외에 '멘토'라는 키워드도 주목받았다. 2011년은 방송된 20개가 넘는 오디션 프로그램이 보여주듯이, 사회 전반에 멘토 열풍이 불었던 시기다.[52] 자기계발과 관련된 특강이 잦아지면서 '멘토'는 '스타 강사'가 되기도 했다. 『우리가 사랑한 300권의 책 이야기: 베스트셀러 30년』을 펴낸 한기호 한국출판마케팅연구소 소장은 "기존의 정치권이 신뢰를 잃고 사람들이 글로벌 경쟁 사회에 대해 극심한 피로를 느끼는 상황에서 이들 '멘토'의 등장이 출판계의 흐름을 바꿔놓았다"며 "2011년 출판계를 주름잡은 키워드는 바로 '멘토'"라고 말했다.[53]

유명 멘토들은 자신이 성공할 수 있었던 이유를 나열하며 '~해야 한다'라고 일러주는 대신에 독자들을 위로하고 '~하지 않아도 괜찮다'라며 힘을 실어주었다. 먼저 인생을 걸어간 멘토들의 응원과 위로가 20대와 30대로 하여금 다시 자기계발서를 손에 들게 한 것이다.

2012년에도 위로와 멘토는 자기계발서의 핵심이었다. 인터넷서점 알라딘이 2012년 출판계 키워드로 '힐링 · 멘토링'을 선정한 것도 같은 맥락이다.[54] 청춘들의 마음을 다독이고 응원하는 힐링, 혹은 멘토링 에세이들의 출간 열풍이 끊이지 않았다.

특히 과거 IMF 외환위기 이후 출판 시장의 흐름을 반복하듯 스님들의 활약 역시 돋보였는데, 2012년 가장 높은 판매고를 기록한 혜민 스님의 『멈추면, 비로소 보이는 것들』은 30주 연속 베스트셀러 1위를 기록했다. 이 책은 출간 후 7개월 만에 100만 부를 달성했고, 13개월 만에 200만 부를 돌파했다. 법륜 스님의 청춘을 향한 멘토링 『방황해도 괜찮아』도 큰 인기를 얻었다. 한편 김난도 교수의 두 번째 에세이인 『천 번을 흔들려야 어른이 된다』가 베스트셀러 20위에 올라 『아프니까 청춘이다』와 함께 인기를

얻었다.[55]

40대를 겨냥한 『아플 수도 없는 마흔이다』(이의수, 2012), 『마흔의 서재』(장석주, 2012), 『흔들리지 않고 피어나는 마흔은 없다』(김병수, 2012) 등의 책들도 출간되었다. 이에 대해 『독서신문』은 "앞만 보고 달리다 문득 지난 삶을 돌아보게 된 세대의 마음을 치유하는 책부터, 다시 한 번 도약을 응원하는 책까지 다양한 도서들이 출간되었다"며 "베이비부머를 뛰어넘어 최다 인구가 포진되어 있는 40대 역시 올 한해 출판 시장의 핫 이슈였다"고 평가했다.[56]

2013년에도 계속되는 멘토링&힐링

2013년 1~3월의 베스트셀러를 교보문고와 인터파크도서, YES24에서 조회해보니 힐링과 멘토링을 중심으로 하는 자기계발서의 강세는 이어지고 있다. 『멈추면, 비로소 보이는 것들』, 『김미경의 드림 온』(김미경, 2013), 『습관의 힘』(찰스 두히그, 2012), 『흔들리는 30대를 위한 언니의 독설』(김미경, 2011), 『천 번을 흔들려야 어른이 된다』(김난도, 2012)가 공통적으로 10위 내에 있었다.

혜민 스님의 『멈추면, 비로소 보이는 것들』은 YES24가 2013년 1월 1일부터 6월 14일까지 판매 부수를 집계한 결과 베스트셀러 1위로 꼽혔고, 교보문고의 2013년 상반기 집계에서도 종합 1위를 차지했다. 그 밖에도 교보문고가 공고한 2013년 상반기 '가장 많이 팔린 책'에는 『습관의 힘』(찰스 두히그)이 3위, 『김미경의 드림 온』이 4위, 『흔들리는 30대를 위한 언니의 독설』이 7위, 『적을 만들지 않는 대화법』(샘 혼)이 8위에 올랐다. 이에 대해 『국민일보』는 다음과 같이 보도했다.

"인터파크는 지난달 자기계발 서적 매출이 전월 대비 12퍼센트 증가했다. 한국출판인회의에 따르면 최근 몇 주간 베스트셀러 순위 1위부터 5위까지를 모두 자기계발 서적이 차지했다. 스타강사 김미경 씨의 『언니의 독설』과 『김미경의 드림 온』, 김난도 교수의 『천 번을 흔들려야 어른이 된다』, 찰스 두히그의 『습관의 힘』 등이다. 이 외에도 수십 종류의 자기계발서들이 각 서점에 비치돼 있다."[57]

40대 이상 독자의 점유율도 여전히 높았다. YES24는 "20대 이하 독자의 도서 구매 비중은 매년 하락세를 보인 반면, 40대 이상 독자의 점유율은 꾸준하게 상승하고 있다"고 말했다. 2011년 18.4퍼센트였던 20대 독자의 도서 구매 비율은 2012년 16.4퍼센트, 2013년 상반기 16.3퍼센트로 내려앉은 반면 40대 독자의 도서 구매 비율은 2011년 31.3퍼센트, 2012년 35.4퍼센트, 2013년 상반기 36.2퍼센트로 높아지고 있다는 것이다.

개그맨 김병만은 '어린이용 자기계발서'인 『김병만 아저씨의 꿈의 법칙』을 선보였다. 자전 에세이 『꿈이 있는 거북이는 지치지 않습니다』(2011)를 출간한 바 있는 김병만은 이를 바탕으로 어린이의 눈높이에 맞춰 책을 썼다고 밝혔다.

2013년 상반기 이슈로 떠오른 베스트셀러 저자이자 스타강사인 김미경은 '힐링'이 아닌 '독설'로 이름을 얻어, 멘토 트렌드를 바꾸었다는 평가를 얻기도 했다. 그녀는 독자들을 다독이고 쉬어가라고 권하는 대신에 현실적이고 직설적인 충고를 전하는 것이다. 그러나 힐링이 대세로 자리 잡은 시기에 꾸짖는 듯한 어조의 강연으로 이목이 집중되었을 뿐, 개인이 스스로 노력하고 행동해야 한다고 강조하는 것은 기존의 자기계발서와 다르지 않다. 오히려 성공과 개인의 철저한 수양을 강조했던 과거의 자기계발서와 닮아 있다. 그렇지만 김미경은 새로운 트렌드를 이끄는 인물로 평가받으며 인기를 끌었다.

멘토와 힐링은 독서 문화에만 국한되지 않은 대중문화의 키워드로, 때로는 유행 혹은 아이돌을 향한 팬덤 문화처럼 보일 때가 있다. 크게 다르지 않은 내용이지만 유명 멘토의 새로운 신간은 쉽게 베스트셀러에 오르고, 그들이 강연에서 전한 말들은 SNS를 통해 퍼진다. 아이돌 가수를 향한 팬덤의 지지를 보는 것 같다. 그렇기에 대중이 '새로운' 유형의 멘토에 관심을 갖고, 그들의 메시지를 소비한 것이라고 할 수 있다.

한편 김미경은 지난 2007년에 작성된 석사학위논문이 타 대학 논문을 표절했다는 의혹이 불거지면서 〈tvN 김미경 쇼〉를 하차하는 등 활동을 중단해야 했다. 책의 판매량도 크게 감소했다. 기사에 따르면 YES24 집계 결과 2013년 1월 출간된 『김미경의 드림 온』은 표절 논란 이후 판매량이 5월 첫 주까지 80퍼센트 감소했고, 『흔들리는 30대를 위한 언니의 독설』은 75퍼센트나 줄었다.[58]

자신의 인생을 바탕으로 메시지를 전하는 '멘토'의 특성 때문에 저자들은 독자에게 신뢰감을 주지만, 역으로 이번처럼 논란이 일었을 때는 독자들의 차가운 시선을 면치 못하게 된다. 이에 '멘토는 아이돌이 아니다, 멘토를 갈아타는 경향이 심하다' 등의 비판도 따라붙는다.

시대의 자화상

지금까지 자기계발서의 흐름을 살펴보았다. 대중들은 수양과 자기계발을 게을리하지 않도록 지침을 일러주는 책을 원한다. 하지만 책을 읽는 것으로 현실이 나아지지 않음을 깨달았을 때는 지치고 피곤한 일상을 위로해줄 따뜻한 글을 찾게 된다. 그리고 시간이 지나면 위로나 힐링이 자칫 무력감이나 게으름으로 이어질 수 있다는 생각에, 충고해줄 멘토를 찾아 다시금 치열한 사회로 뛰어들 준비를 한다.

자기계발서뿐만 아니라 독서 문화는 사회의 변화와 대중의 수요에 따라 변화한다. 그리고 이런 독자들의 변화에 맞춰 새로운 이론과 스토리텔링 형식으로 쓰인 책들이 출간된다. 힐링에 이어 독설이 트렌드가 되었다는 이야기도 역시 그런 흐름의 일부분일 것이다.

책은 시대의 자화상을 보여준다. 발간되는 책의 장르, 출판사가 마케팅의 대상으로 꼽는 주요 독자층, 베스트셀러로 부상하는 책들은 당시 사회 배경과 밀접한 관련을 맺고 있다. 특히 자기계발서는 독자들이 무엇을 얻기 위해 책을 구입하고 읽는지 그 메시지가 뚜렷히 드러난다는 점에서 더욱 그러하다.

그동안 자기계발서를 통해 대중은 부와 성공을 위한 지침, 마음과 행실을 바로잡는 수신修身의 방법, 위로와 격려의 메시지를 읽어왔다. 이러한 큰 흐름은 변하지 않겠지만 최근 인문학, 심리학 등과 접목된 형태의 책들이 증가하는 것으로 보아 자기계발서의 범주는 더욱 넓어질 것으로 보인다.

사실 모든 책이 자기계발서라고 해도 과언이 아니다. 자기계발서가 짧은 시간에 빠르게 습득할 수 있는 비책 모음집이 아닌, 수신修身 이념의 진화된 형식으로 내면적인 가치와 자신에 대해 생각하도록 도와주는 책이 되고 또 그런 이유로 사랑받기를 바랄 뿐이다.

1 이정민, 「직장인 절반 "나는 자기계발 中"」, 『아시아경제』, 2012년 9월 21일.

2 박혜정, 「직장인 70퍼센트 "자기계발 위한 교육비 지출 늘릴 것"」, 『아시아경제』, 2013년 2월 4일.

3 지난 2012년 문화체육관광부가 발행한 '2011년 국민 독서 실태 조사'에 따르면 만 18세 이상 성인 2,000명을 대상으로 조사한 결과, 연 평균 독서량은 9.9권으로 2010년도 10.8권과 비교했을 때 약 1권 감소한 것으로 나타났다. 조사 시점을 기준으로 지난 1년(2010년 11월~2011년 10월) 동안 '한 권 이상의 책을 읽었다'고 응답한 18세 이상 성인은 66.8퍼센트였다. 10명 중 약 3명의 응답자는 단 한 권도 읽지 않았다는 것이다.

4 노형석 · 한승동, 「베스트셀러 제조 '쌤파 신드롬'…새 성공 모델? 출판 다양성 훼손?」, 『한겨레』, 2013년 1월 25일.

5 김경은, 「법정 스님 '무소유'도 지금 나오면 자기계발서?」, 『조선일보』, 2012년 12월 26일.

6 『프랭클린 자서전』은 프랭클린 사후에 출간되었는데, 1791년 프랑스어판으로 먼저 출간되었고, 영어판은 1793년에 출간되었다.

7 하상복 · 김남이, 「근대 초 프랭클린 자서전 번역의 문화적 의미」, 『코기토』, 제70호, 부산대학교 인문학연구소, 2011년, 45쪽.

8 김성연, 「근대 초기 청년 지식인의 성공 신화와 자기 계발서로서의 번역 전기물」, 『현대문학의 연구』, 제42집, 한국문학연구학회, 2012년.

9 김성연, 「근대 초기 청년 지식인의 성공 신화와 자기 계발서로서의 번역 전기물」, 『현대문학의 연구』, 제42집, 한국문학연구학회, 2012년.

10 정선태, 「'말씀'에 취해 현실을 잊으렴!」, 『한겨레21』, 2003년 8월 6일.

11 소영현, 「근대 인쇄 매체와 수양론 · 교양론 · 입신출세주의」, 『상어학보』, 제18집, 상어학회, 2006년, 203쪽.

12 최희정, 「한국 근대 지식인과 '自助論'」, 서강대학교 박사학위논문, 2004년, 43쪽; 위의 논문에서 재인용.

13 소영현, 「근대 인쇄 매체와 수양론 · 교양론 · 입신출세주의」, 『상어학보』, 제18집, 상어학회, 2006년, 211쪽.

14 천정환, 「개발/계발과 문학: 처세, 교양, 실존-1960년대의 "자기계발"과 문학문화」, 『민족문학사연구』, 제40권, 민족문학사연구소, 2009년, 93쪽.

15 위의 글, 96쪽.

16 「나폴레온 힐」, 『위키백과』.

17 CBS 라디오 〈시사자키 정관용입니다〉 2011년 12월 26일 방송분.

18 천정환, 「개발/계발과 문학: 처세, 교양, 실존-1960년대의 "자기계발"과 문학문화」, 『민족문학사연구』, 제40권, 민족문학사연구소, 2009년.

19 「現代修養全集(현대수양전집) 全(전) 10卷(권)을 完結(완결)」, 『경향신문』, 1963년 5월 2일.

20 「요즈음 잘 팔리는 책」, 『경향신문』, 1969년 8월 2일.

21 천정환, 「개발/계발과 문학: 처세, 교양, 실존-1960년대의 "자기계발"과 문학문화」, 『민족문학사연구』, 제40권, 민족문학사연구소, 2009년.

22 「職場人(직장인)의 能力啓發(능력개발)」, 『매일경제』, 1976년 12월 8일.

23 이임자, 『한국 출판과 베스트셀러』(경인문화사, 1998), 40쪽.

24 임연철, 「'孫子兵法(손자병법)', '三國志(삼국지)' 등 中國古代(중국고대) 소설 여름 베스트셀러로」, 『동아일보』, 1984년 7월 23일.

25 정철수, 「출판계 '成功學(성공학) 시리즈 붐」, 『경향신문』, 1986년 6월 11일.
26 「職場人(직장인) 위한 교양全集(전집) '빅맨' 20권 출간」, 『경향신문』, 1986년 4월 23일.
27 정철수, 「출판계 '成功學(성공학) 시리즈 붐」, 『경향신문』, 1986년 6월 11일.
28 「1989년 베스트셀러」, 『네이버캐스트』.
29 이임자, 『한국 출판과 베스트셀러』(경인문화사, 1998), 306쪽.
30 이임자, 『한국 출판과 베스트셀러』(경인문화사, 1998), 213쪽.
31 원호연, 「죽은 스티브 코비가 한국 사회를 구한다?…돋보이는 그의 리더십論」, 『헤럴드경제』, 2012년 7월 18일.
32 한탁, 「경영이론서 "풍요 속 빈곤"」, 『매일경제』, 1994년 8월 17일.
33 이명재 · 송평인, 「"믿을 건 실력뿐" 자기계발 열성 달라지는 직장 풍속도」, 『동아일보』, 1998년 9월 23일.
34 박종생, 「"오늘 자기계발이 내일 몸값"」, 『한겨레』, 1997년 2월 26일.
35 한기호, 「스님 책은 우울증 치료제?」, 『한겨레21』, 2012년 11월 12일.
36 이형섭, 「자기계발 전문가 구본형씨 별세」, 『한겨레』, 2013년 4월 15일.
37 김경은, 「법정 스님 '무소유' 도 지금 나오면 자기계발서?」, 『조선일보』, 2012년 12월 26일.
38 앞서 언급한 인터넷교보문고 탄생 15주년을 맞아 '15년 간(1997년~2012년)의 베스트셀러' 를 분석한 자료.
39 신동섭, 「출발 2004, 자기계발서 출판과 성공시대」, 『출판저널』(338권), 대한출판문화협회, 2004년.
40 고두현, 「'살아 있는 동안 꼭 해야 할 49가지' 출간 1년 100만 부 팔려」, 『한국경제』, 2005년 11월 20일.
41 조정진, 「출판계, 자기계발+소설 접목한 '셀픽션' 이 뜬다」, 『세계일보』, 2007년 3월 5일
42 정승욱, 「2000년대 최고 베스트셀러 자기계발서 '시크릿'」, 『세계일보』, 2010년 12월 14일.
43 정병묵, 「2007년 '자기계발서' 열풍…인터파크도서 결산」, 『아이뉴스24』, 2007년 12월 18일; 대한출판문화협회가 발간한 『2012 한국출판연감』에 따르면 인터파크 INT는 2008~2011년 주요 인터넷 서점의 매출 규모 2위의 업체이며, YES24는 2008~2011년 온 · 오프라인 서점의 매출 규모 3위, 2008~2011년 주요 인터넷 서점의 매출 규모 1위의 업체다.
44 김경은, 「법정 스님 '무소유' 도 지금 나오면 자기계발서?」, 『조선일보』, 2012년 12월 26일.
45 '봉급생활자(salary man)' 와 '학생(student)' 이 합쳐져서 만들어진 말이다. 직장에 몸담고 있으면서 새로운 분야를 공부하거나 현재 자신이 종사하고 있는 분야에 대한 전문성을 더욱 높이기 위해 지속적으로 공부하는 사람들을 가리킨다(「샐러던트」, 『네이버 지식백과』).
46 김진우, 「'자 · 기 · 치 · 유' 올해 출판계 대표 키워드 선정」, 『경향신문』, 2008년 11월 9일.
47 『한국출판연감』(대한출판문화협회, 2010).
48 이윤주, 「출판계 블루오션, 아동도서 시장」, 『주간한국』, 2009년 1월 11일.
49 황윤정, 「자기계발서에 질린 독자, 인문학책 택하다」, 『연합뉴스』, 2010년 6월 20일.
50 이사야, 「엇비슷한 내용으로 팍팍한 청춘들 현혹 … 자기계발 않는 자기계발서」, 『국민일보』, 2013년 2월 6일.
51 김난도 외, 『트렌드 코리아 2012』(미래의 창, 2011).
52 MBC의 〈나는 가수다〉, 〈신입사원〉, KBS의 〈불후의 명곡〉, 〈Top밴드〉, tvN의 〈오페라스타 · 코리아 갓 탤런트〉, SBS의 〈김연아의 키스&크라이〉, 〈기적의 오디션〉, 〈K팝스타〉, MBC의 〈댄싱위드더스타 · 위대한 탄생〉, Mnet의 〈슈퍼스타K3〉 등.
53 성정은, 「2011 베스트셀러는 '멘토' 였다」, 『아시아경제』, 2011년 11월 29일.
54 대한출판문화협회가 발간한 『2012 한국출판연감』에 따르면 알라딘은 2008~2011년 온 · 오프라인 서점의 매출 규모 4위, 2008~2011년 주요 인터넷 서점의 매출 규모 4위의 업체다.
55 윤빛나, 「2012년 출판계 10개 키워드 '힐링 · 멘토링 안철수, 웹툰 …'」, 『독서신문』, 2012년 12월 11일.
56 윤빛나, 「2012년 출판계 10개 키워드 '힐링 · 멘토링 안철수, 웹툰 …'」, 『독서신문』, 2012년 12월 11일.
57 이사야, 「엇비슷한 내용으로 팍팍한 청춘들 현혹 … 자기계발 않는 자기계발서」, 『국민일보』, 2013년 2월 6일.
58 채지은, 「잘나가던 '청년들의 멘토들' 도덕적 결함 논란 일자 책 판매량도 뚝」, 『한국일보』, 2013년 5월 10일.

행정학과 2009학번

왜 발 없는 말이 천 리를 갈까?

보부상과 행상의 역사

빠른 발의 사나이

역사 속에서 보부상의 존재는 큰 주목을 받지 못한다. 학창시절에 배웠던 한국사나 근현대사를 찬찬히 살펴보면 겨우 몇 번 언급되는 정도다. 그러나 이런 보부상이 스포트라이트를 받는 대목이 나오는데, 바로 '독립협회 해산'에 가담한 사건이다. 대한제국기에 서재필의 주도 아래 자유민권, 자주국권 등을 주장하며 활발한 활동을 전개한 단체인 독립협회가 있었다. 만민공동회와 헌의 6조를 통해 정부의 정책을 비판하는 독립협회를 해산시키기 위해, 정부는 '황국협회'를 조직해 독립협회와 충돌시켰다. 황국협회는 정부의 고위관료와 보부상 단체가 연합한 단체였다. 황국협회는 만민공동회에 참여한 사람들을 공격했고, 결국 정부는 황국협회와 군대를 동원해 독립협회를 해산시켰다.

여기서 한 가지 의문이 생긴다. 먹고 살기만으로도 바쁜 상인들이 왜 정부가 하는 일에 가담했을까? 권력과는 거리가 먼 상인 집단인 보부상 단체가 왜 독립협회를 해산시키는 일에 가담한 것일까? 당시 보부상은 정부의 신임을 얻고 있었다. 언뜻 보면 별로 관련이 없을 것 같이 보이는 이 둘은 생각보다 끈끈한 관계를 맺고 있었다. 정부가 보부상을 믿고 이용하게 된 계기를 보여주는 에피소드를 하나 소개하자면 다음과 같다.

때는 대한제국 시기. 명성황후의 친조카인 민영익이 하루는 명성황후에게 이런 말을 했다. 함경도 출신 이용익이라는 자가 전라도 전주에서 하루 만에 한성에 올라왔더라. 고종이 그 이야기를 전해 듣고 이를 매우 신기하게 여겨 직접 시험을 해보기로 했다. 전주 감사에게 부채 1,000개를 만들어 올리라는 봉서를 내리고 보낸 시간을 적은 답서를 이용익을 통해 전달하라고 지시했다. 전주에서 한성까지는 500리 길(약 200킬로미터). 이용익은 500리 길을 오직 두 다리로만 걸어서 11시간 만에 임무를 완수했다.[1]

함경북도 명천에서 태어난 북청 물장수 출신 이용익은 이 사건을 계기로 그의 튼튼한 두 다리와 빠른 걸음을 인정받았고, 고종의 신임을 얻어 일개 보부상에서 정부의 관리가 되었다. 1904년 러일전쟁 즈음에는 탁지부대신 겸 육군참장의 자리까지 오르는 인생 역전의 쾌거를 이루었다. 물론 이용익은 '특별 케이스'였다. 모든 보부상이 관리의 자리를 차지할 수 있는 것은 아니었지만 아무튼, 정부는 보부상의 가장 큰 장점인 '무쇠 같은 두 다리'를 신뢰했다.

정부의 신임을 받는 보부상들은 충忠의 정신으로 전국을 누비며 왕에게 방방곡곡의 소식들을 전달했다. 보부상이 정부의 소식만 전달한 것은 아니었다. 그 무쇠 같은 두 다리로 전국 각지를 순회하며 사람들 간의 소식을 전달하기도 했고 물물교환도 가능케 했으며, 여기저기 들은 소식들을 가지고 장터에 모여서 대화의 장을 펼치기도 했다.

보부상의 등장과 개념

보부상은 언제 처음 등장했을까? 이에 대해 정확히 기록된 것은 없지만 통일신라시대의 고대 가요인 〈정읍사〉를 통해서 추측해볼 수 있다. 〈정읍사〉는 정읍에서 행상을 하는 남편을 둔 아내가 행상을 떠나 돌아오지 않는 남편을 기다리다가 망부석이 되었다는 내용의 백제 지역 가요다. 가사를 살펴보면 '아으 다롱디리 져재 녀러신고요' 라는 부분이 있는데 여기서 '져재' 를 해석하면 저자, 즉 지금의 시장을 의미한다.[2] 그러므로 통일신라시대에도 시장을 돌아다니며 물건을 파는 행상, 보부상이 존재했다고 해석할 수 있다.

보부상이 본격적으로 등장한 것은 시장경제가 발달하고 자본주의가 싹트기 시작한 19세기 조선 후기부터였다. 조선 후기에 상품화폐경제가 발전하면서 상업이 발달하고 그에 따라 상민 계층의 수도 급증했다. 특히 개성은 최고의 상업 도시가 되었다. 이 시기에 개성상인, 경강상인京江商人(한강을 중심으로 정부가 거둔 세금을 수송하는 일에 종사한 상인) 같은 막대한 자본력을 가진 상인 세력이 등장했고 지방에서 그냥저냥 먹고 살았던 소상인들은 이들과의 경쟁에서 살아남기 위한 대책이 필요했다. 그 대책으로 등장한 것이 자신들을 보호하기 위한 조직 체계였다. 초기엔 보상과 부상이 별개의 조직으로 나뉘어 있다가 1883년 혜상공국이 설치되었고 1885년에는 상리국으로 명칭이 바뀌었다. 1897년 황국중앙총상회에서 황국협회로 이속된 후 1899년에는 상무사로 이속되어 부상을 좌사, 보상을 우사로 개칭했다.[3]

보부상이라는 개념은 '행상'에서부터 출발한다. 행상은 정해진 점포 없이 전국을 돌아다니면서 물건을 파는 장사꾼이다. 행상은 삼한시대 이전부터 등장했고, 그들은 통일신라, 고려, 조선시대까지 물건들을 등에 이고 어깨에 지고 다니면서 방방곡곡 전국을 누비며 물품을 팔았다. 흔히 보부상 하면 하나의 개념으로 생각하는데 보부상은 보상과 부상이라는 단어가 결합한 것으로 보상과 부상은 엄연히 다르다. 보상과 부상은 한자의 뜻을 파헤쳐 보면 금방 알 수 있다. 보상褓商의 '보'는 포대기라는 뜻이다. 보상은 보자기에 싸서 들고 다녔던 행상이었으며 '봇짐장사'라고 불렸다. 부상負商의 '부'는 '지다'라는 뜻으로, 지게를 얹어 판매할 물품들을 등에 지고 다녔던 행상은 '등짐장사'라고 불렸다.

이 둘은 조선 후기에 전국적으로 발달한 시장인 장시와 포구를 돌아다니면서 물건을 팔았는데 취급하는 물품도 서로 달랐다. 보따리에 물건을 넣어 다녔던 보상은 상대적으로 부피가 작고 가벼우며 값진 물품인 비단, 견직물, 종이류, 금은, 수달가죽, 면화 등 직물, 귀금속류, 잡화류를 취급했다. 반면 부상의 물품은 주로 생필품이었다. 비교적 무겁고 값이 싼 소금, 어물, 질그릇, 토기, 삼베, 기름, 수공품 등을 짊어지고 다녔다.[4]

이들을 단순한 상인 집단으로 치부하기엔 특이한 점이 있다. 앞서 말했듯이 보부상은 황국협회를 조직해 독립협회를 해산시키는 일에 가담하는 등 정부와 긴밀한 관계를 맺고 있었다. 조선시대 봉건 체제 하에서 보부상 집단은 어용 단체였다.

보부상이 되는 사람들은 주로 남의 집에서 머슴을 살았던 사람들이나 하루하루 먹고 살길이 막막한 이들이었다. 가난했던 그들은 생계유지를 위해 상업에 뛰어들었다. 그들은 배움과도 거리가 멀었다. 그들은 돈이 되는 일이라면 뭐든지 할 수밖에 없었다. 물론 나라에 대한 충성심도 있었지만 잇속에 밝은 상인들에게는 돈을 버는 것이 더 중요한 관심사였다. 그들에겐 생계유지가 전부였고 거기다가 정부가 지원까지 해주니 권력에 붙어 있을 수밖에 없었을 것이다. 당시 상인들은 사농공상의 신분계급 중에서 가장 천대를 받았다. '장사치' 라는 말도 상인을 낮잡아보고 무시하는 데서 생겨난 말이다. 이러한 굴욕에서 벗어나기 위해서라도 상인들은 지배층의 권력에 기생할 수밖에 없었다.

보부상은 정부의 하수인이나 다름없었다. 정부는 보부상을 필요에 따라 불러 이용했다. 보부상은 작게는 문서를 전달하는 일부터 크게는 전쟁에 참여하는 군사적인 일까지 도맡았다. 그들은 장사를 하다가도 국가에 위험이 생기면 군사적 조직으로 변신했다. 태조 이성계의 조선 건국을 도왔고 임진왜란과 병자호란에서도 앞장서서 싸웠다. 그들은 가난하고 배운 것 없는 천민과 농민 출신들이었지만, 나라에 대한 충군애국의 정신은 갖고 있었다. 이러한 모습들로 인해 정부는 점차 이들에게 적극적인 관심을 갖게 되었다. 위급한 상황에도 가만히 앉아 있는 점잖은 유생들보다 손에 무기를 들고 직접 목숨 바쳐 싸우는 보부상들이 정부의 신뢰를 받는 것은 당연했다.

사회에서 무시 받던 상민 계층인 보부상들은 그 어떤 단체들보다 결속력이 강했다. 엄격한 규율을 통해 내부 결속력을 다지고 조직을 운영해나갔다. 상업이 더욱 발달하면서 보부상 세력이 점점 불어나자 정부는 보부상에 대한 통제의 필요성을 느꼈다. 보부상 단체는 보수적이었고 나라에 대한 충성심도 있었기 때문에 정부의 입맛에 맞춰 움직이도록 하기에 안성맞춤이었다. 정부는 보부상 세력을 장악하기 위해 보부상들에게 신분증명서인 '채장'을 주어 그들의 신분을 보장해주었고, 일반 상인과 수공업자의 세금을 징수하는 권력까지 주는 등 나름의 특권을 제공하며 그들을 비호했다. 이런 배경으로 보부상은 권력의 보호를 받고 정부는 필요할 때 보부상을 이용하는 관계가 형성된 것이다.

보부상의 가장 큰 특징은 전국을 돌아다닌다는 것이다. 보부상은 마을마다 열리는 5일장을 떠돌아다녔는데 이 때문에 장돌뱅이, 장돌림, 돌림장수, 장꾼으로 불렸다.[5] 그 당시 보부상만큼 전국 각지 구석을 아는 사람도 없었을 것이다. 직접 발로 뛰기 힘든 부분을 해결하고 지방 곳곳의 소식을 알기 위해 정부는 이들을 활용했다. 정부에 보부상 단체는 '말 잘 듣는 심부름꾼'인 셈이었다. 그리하여 보부상은 때로는 방방곡곡을 관찰하고 감시하는 정부의 눈이 되었고, 때로는 대중들의 소리를 듣기 위한 귀가 되었으며, 때로는 정부를 대신하여 전국에 소식을 전달하는 입이 되었다.

보부상의 흥망성쇠

보부상의 특징을 일찍부터 눈여겨온 흥선대원군은 1866년 병인양요 때 프랑스군이 쳐들어오자 프랑스군을 물리치는 데 이들을 동원했다. 흥선대원군은 기존의 부상 자치조직을 공식적으로 인정해주었고, 전투과정에서 보부상은 주로 양곡 수송을 담당해 큰 공헌을 했다.[6] 이것을 계기로 흥선대원군은 그들의 세력을 인정했고 보부상은 정부의 어용 단체로서의 성격을 지니게 되었다.

1882년 신식 군대와 구식 군대의 차별로 인해 구식 군인들이 반란을 일으킨 사건인 임오군란이 일어났다. 명성황후와 그 측근 세력들에 대한 분노를 품고 있던 구식 군인들은 명성황후를 잡으러 궁으로 쳐들어갔고 명성황후는 이들을 피해 지금의 경기도 이천인 장호원으로 피신했다. 이때 '빠른 스피드의 사나이' 이용익이 등장한다. 고종은 중전의 안위가 걱정되어 중전에게 보내는 안부편지와 답신을 이용익을 통해 전달했는데, 어느 날은 하루 동안 왕복한 적도 있었다고 한다.[7]

임오군란 이후 청의 내정간섭이 심화되었고 조청상민수륙무역장정이 체결되어 청나라 상인들에게 내지통상권을 내어주게 되었다. 일본과도 조일수호조규속약이 체결되어 일본 상인들의 내지 활동 영역이 넓어졌고, 이후 외국 상인들의 내륙 시장 침투가 시작되었다. 그전까지는 거류지 무역으로 수입이 쏠쏠했던 중개 상인들인 객주나 여각, 보부상들까지 큰 타격을 입게 되어 국내 상인들은 점차 쇠퇴의 길을 걷게 되었다. 엎친 데 덮친 격으로 불평등 조약인 강화도조약까지 체결되어 3개 항구가 개항되면서 보부상들의 상권이 흔들리게 되었다. 이에 따라 보부상의 상권을 보호하는 '혜상공국'이 설치되었다.

1880년대 초 보부상은 왕실의 비호를 받으며 특권을 누렸다. 이들은 이러한 특권을 바탕으로 시장을 독점하며 조세를 수탈하는 등의 문제를 일으켰다. 1884년에 갑신정변이 발발했고 갑신정변의 주도 세력인 급진개화파는 자유로운 시장경제의 발전을 저해하는 혜상공국을 없애기 위해 14개조 정강에서 혜상공국의 혁파를 주장했다.[8] 갑신정변이 3일천하로 끝난 이후 혜상공국은 1885년에 상리국으로 명칭이 바뀌었다.

개항 이후 서구 열강과 일본의 경제적 침탈에 의해 농민의 삶은 점차 피폐해져갔다. 농민들의 반외세, 반봉건 의식이 커지면서 농민 봉기가 곳곳에서 일어났고 1894년 고부 군수 조병갑의 횡포를 계기로 동학혁명이 일어났다. 황토현 전투에서 승리한 동학농민군이 전주성을 점령하자, 정부의 요청으로 청일 양국 군대가 들어오게 되었다. 일본이 경복궁을 점령한 후 청일전쟁을 일으키자 동학농민군은 반외세를 외치며 공주 우금치에서 다시 한 번 격전을 펼쳤다. 정부와 친밀한 관계를 유지했던 보부상 단체는 "상업의 길을 편하게 하고 나라를 위해 해를 제거한다"는 이유로 관군들과 함께 동학농민군을 토벌하는 데 앞장섰다.[9] 여기저기 돌아다니며 장사를 해온 보부상들은 지리에 밝았기 때문에 농민군을 진압하는 데 큰 역할을 했다.

보부상들에겐 고유한 연락 방식인 '사발통문'이라는 것이 있었다.[10] 사발통문이라 하면 동학농민군을 먼저 떠올릴지 모르나 원래는 보부상들이 썼던 방식이다. 사발통문은 주모자가 누구인지 알 수 없도록 사발의 테두리에 먹을 묻혀 찍혀져 나온 원 가장자리를 따라 이름을 쓰고 전달사항을 옆에 적은 것으로 지금의 전화와 비슷한 기능을 했다. 주로 나라에 위급한 일이 발생했을 때 썼던 연락 수단이다. 공주 우금치 전투를 진압할 때 사발통문은 중요한 역할을 했다. 보부상들은 당시 300여 리 떨어져 있는 서울과 연락하기 위해 이어달리기하듯이 30리마다 뛰어 몇 시간 만에 봉기가 일어났다는 사실을 사발통문 방식으로 조정에 전달했다고 한다.[11]

아관파천 이후 환궁한 고종이 대한제국을 선포하기 직전, 미국에 망명해 있던 서재필은 국내로 돌아와 친미, 친러파인 정동파와 함께 독립협회를 창설했다. 이들은 최초의 근대적 민중 집회인 만민공동회를 개최해 자주독립과 자유민권·의회설립운동을 펼쳤다. 독립협회가 주장한 입헌군주제는 친러 정권과 보수파의 심기를 건드렸다. 보수 세력들은 독립협회가 공화정을 건설하려 한다는 음모를 내세워 해산령을 내렸다. 독립협회가 해산령을 따르지 않고 계속 집회를 열자, 정부는 이를 견제하기 위해 1898년에 고위 관료들과 보부상 단체가 연합한 황국협회를 조직했다. 보부상은 황국협회 부회장였던 이기동, 길영수, 홍종우 등의 지휘 아래 만민공동회를 습격해 집회에 모인 군중을 짓밟고 쫓아냈다.[12]

결국 독립협회는 1898년 말에 해산되었고, 독립협회를 해산시키기 위해 만들어진 황국협회도 그 목적을 달성한 후 해산시키려 했다. 하지만 보부상들은 해산령을 바로 따르지 않고 오히려 통문을 돌리고 물리력을 동원해 보부상 복설운동을 시작했다.[13] 그리하여 정부는 해산을 조건으로 1899년에 상무회사商務會社 설치 허가를 내주었다. 『매일신문』의 인쇄시설을 상무회사가 인수해 최초의 근대적 경제신문인 『상무총보』를 발간했고, 이는 황국협회의 기관지였던 격일지 『시사총보』와 함께 신문의 역사에 일조했다.

1910년 국권피탈과 대한제국의 멸망으로 우리 민족에 암울한 시기가 찾아왔다. 보부상 세력도 마찬가지였다. 일본은 한국의 식민지화를 위해 경제를 침략할 목적으로 1902년 제일은행권을 발행했다. 이에 대하여 보부상들은 1902년에 결성한 공제소共濟所를 중심으로 제일은행권 유통반대 운동을 전개했다.[14] 보부상은 그들의 상권을 보호하기 위해 종로에 격문을 붙이고 일본에 대항운동을 펼쳤다.

일본은 1904년 러일전쟁에서 승리한 후 서구 열강에 한국에 대한 보호권을 승인받았고 여러 불합리한 조약을 체결해 식민지의 기반을 마련해나갔다. 1905년 을사늑약을 강제로 체결했고, 통감부가 설치되어 외교권마저 박탈당했다. 일본은 자국 상인들의 경제적 이익을 위해 보부상을 비롯한 상인들의 활동을 제한했고 상무사도 해체시켰다. 일제 치하에서 그들을 보호해주던 국가의 힘이 쇠퇴하면서 보부상의 세력도 점차 위축되었다.

1930년대에 미쓰코시백화점, 화신백화점, 동화백화점 등이 들어서면서부터 보부상단의 상권이 위축되었다. 또한 일본이 우리나라의 자원을 수탈하기 위해 건설한 철도를 비롯해 전차, 자전거, 자동차 등의 새로운 교통수단과 전신과 전화 같은 통신수단이 발달하면서 직접 발로 뛰며 소식을 전달했던 보부상이 설 자리는 점점 사라졌다. 일제의 보부상 말살 정책 때문에 기를 펴지 못했던 보부상은 1930년대 후반에 거의 사라지게 되었다. 이로써 아주 오래전부터 역사와 그 흐름을 같이했던 보부상은 몰락의 길을 걷게 되었다.

현대판 보부상을 찾아서: 장수의 역사

지금까지는 과거 역사의 흐름 속에서 보부상을 살펴보았다. 그렇다면 과거의 보부상들은 지금 다 어디로 갔을까? 현대에 들어서 보부상은 거의 사라졌다고 해도 무방하지만, 완전히 사라진 것은 아니다. 보부상이라 불리지 않을 뿐 다른 형태로 우리 주변에 존재하고 있다. 오늘날에는 상인을 부르는 호칭으로 보부상이라는 단어를 자주 쓰지 않는다. 이들을 보부상이라 부르기보단 통칭 '행상'이라 부른다. 사실 보부상과 행상은 구분되는 개념은 아니다. 물건을 팔러 돌아다니던 행상들이 등짐과 봇짐의 형태로 물건을 들고 다닌 것이 보부상이기 때문이다. 보부상은 행상의 한 형태이므로 구분지어 부르기 모호하지만 여기서는 편의상 현대의 보부상을 행상이라 부르겠다.

행상은 일제의 탄압, 새로운 교통·운송수단과 통신수단, 새로운 상품시장의 등장으로 잠깐 주춤했지만 여전히 맥을 이어가고 있었다. 해방 후부터 1990년대까지만 해도 그들이 파는 물건을 앞에 붙여 '장수'라고 불리는 행상이 많이 있었다.

"새벽마다 고요히 꿈길을 밟고 와서 머리맡에 찬물을 쏴아 퍼붓고는 그만 가슴을 디디면서 멀리 사라지는 북청물장수." 김동환 시인의 「북청물장수」는 새벽에 물지게를 이고 집집마다 물을 배달해주던 물장수들의 삶을 그린다. 구한말에서 1920년대까지 서울 장안에서 돌아다니던 물장수는 대부분 함경도 북청 출신이었고 이 때문에 '북청물장수'는 하나의 고유명사가 되다시피 했다.[15]

지금과 같은 상수도 시설이 없던 시절, 당시엔 물을 사먹는 집이 많았다.

1908년 서울 뚝섬에 상수도가 완공되었지만 지대가 높은 곳에선 여전히 물을 사먹어야 했다. 상수도 시설이 발달하면서 과거의 물장수들은 점점 사라져갔지만 우리는 여전히 물을 사먹는다. 기업이나 관공서, 식당이나 일반 가정집마다 놓여 있는 정수기에 생수를 배달하는 업체들을 새로운 현대판 물장수라고 할 수 있다.

무더운 여름날, 아이들이 삼삼오오 모여 있는 곳을 보면 어김없이 "아이스~께끼 사려~"를 외치는 아이스께끼 장수가 있었다. 처음 '아이스께끼'가 등장한 것은 1953년쯤이었다. 아이스크림 기계 제작 공장 동양냉동의 기술자였던 안봉길은 "1950년대에서 1960년대까지가 아이스께끼의 전성시대"라고 했다.[16] 그 당시 아이스크림의 이름은 '석빙고' 또는 '앙꼬'였는데,[17] 지금과 같은 포장지가 없이 아이스크림 그대로 통에 담겨 있었기 때문에 위생에 문제가 있었다.

보건부는 "아이스크림이나 아이스케키, 빙과는 지극히 비위생적이어서 국민 보건에 해를 끼칠 우려가 있다"며 빙과상인 단속에 나서기도 했다.[18] 길거리에서 파는 이런 아이스크림을 두고 『경향신문』은 거리에서 어린이를 꾀는 '병벌레 주머니'[19] 혹은 '거리의 엉터리'[20]라고 표현하기도 했다. 여름철 불볕더위와 열대야에 시달려 더위를 피해 집 밖으로 나온 시민들 덕분에 얼음가게와 빙과류, 청량음료 등이 불티나게 팔렸는데, 공원과 분수대 주변의 아이스크림 장수들은 130원짜리 아이스크림을 150원에 파는 등 바가지요금을 씌우기도 했다.[21]

눈 내리는 고요한 밤을 가르는 "찹쌀~떡" 소리는 겨울밤의 낭만이었다. 골목을 돌아다니며 연신 찹쌀떡을 외치는 찹쌀떡 장수는 그 시대를 추억하는 하나의 아이콘이었다. 대개 6원이나 6원 50전에 사와 10원에 팔았고, 어쩌다 눈보라라도 치는 날이면 늦게까지 남는 떨이를 파느라 통금 시간에 걸려 야경꾼에게 찹쌀떡 몇 개를 줘야 무사히 귀가를 할 수 있었다고 한다.[22]

그 밖에도 두부장수, 메밀묵장수, 얼음장수, 짚신장수, 엿장수, 고물장수, 심지어 약장수까지 많은 '장수'가 있었다. 얼마 전까지만 해도 각종 장수의 전성시대였지만 요즘엔 이들의 모습을 찾아보기 어렵다. 사람들은 간혹 그리움이 묻어나는 목격담을 인터넷에 올리기도 하면서 이들을 추억한다.

현대판 보부상을 찾아서: 방문판매의 역사

보부상은 보통 장을 돌아다니면서 물건을 팔지만 가정방문을 하면서 판매하는 경우도 있었다.[23] 옛날 등짐장수와 봇짐장수들처럼 지금도 가방을 들고 집집마다 돌아다니며 물건을 파는 사람들이 있는데 일명 '방판'이라 불리는 방문판매업자들이다.

주로 이들은 화장품이나 건강식품, 생활용품 등을 판매하는데 여러 방문판매 분야 중 특히 화장품 업계의 방판 활동이 가장 두드러진다. 종합화장품전문점이 들어서기 이전인 1960~1970년대만 해도 국내 화장품 시장은 방문판매가 꽉 잡고 있었다. 1985년엔 화장품 유통의 85퍼센트를 차지할 정도였다.[24]

하지만 1980년대 들어 컬러TV와 종합화장품전문점이 등장했고, 1990년대에 등장한 대형마트의 저가화장품과 백화점의 수입화장품에 밀리기 시작했다. 결정적으로 1997년 IMF 경제위기로 인해 여러 화장품 회사들은 무너지고 말았다.[25] 방문판매의 시대를 이끌었던 브랜드로는 아모레, 한국, 피어리스, 쥬리아, 코리아나, 라미 등이 있지만 지금은 아모레를 제외한 나머지 브랜드들은 대부분 도태되었다.[26]

우리나라 최초의 방문판매 브랜드는 '쥬리아 화장품'이다.[27] 1960년 1월 JULIA라는 이름으로 국내 최초 방문판매 유통을 시작했다. 현재 5만 3,000여 명의 방문판매사원이 활동하고 있는 '아모레퍼시픽'은 1963년 우리나라 최초로 미용사원제도를 도입했고 1964년부터 본격적으로 여성 인력을 채용해 방문판매를 시작했다.[28] 1970년도부터는 방문판매를 통해 화장이 서투른 소비자들에게 색조화장을 하는 방법을 가르치는 '오 마이 러브' 캠페인을 펼쳤다.

아모레 퍼시픽은 1991년도엔 방판시장의 침체를 극복하기 위해 방판전용 브랜드인 '라무르'와 '베스카인'을 출시했다. 1996년부터 도입한 '신방판제도'를 통해 방판의 혁신을 꾀했으며, 2000년대에 들어서는 방판 마일리지 제도를 도입하는 등 끊임없는 노력을 해왔다.[29] 2011년부터는 전문적인 카운슬러를 통해 1대 1 맞춤 뷰티컨설팅을 제공하는 '뷰티라운지' 서비스를 통해 방판의 새로운 모델을 제시했다. 아모레퍼시픽은 설화수, 헤라 등 프리미엄 브랜드 외에도 프리메라, 려, 미장센, 설록차 등 생활 브랜드를 방판으로 판매하고 있다.[30]

아모레퍼시픽과 더불어 국내 화장품 시장을 주도하고 있는 LG생활건강은 자사의 대표적인 방판 화장품인 '오휘'와 '숨'에 이어 미국의 명품와인 회사인 로버트 몬다비가 2007년에 출시한 와이너리 화장품 '다비DAVI'를

2013년 론칭해 제2의 방판 시스템을 구축하겠다고 발표했다.[31] 또한 방문판매 유통에서 최초로 선보이는 남성화장품 '까쉐KACHET'를 출시해 다비와 함께 새로운 방문판매 시스템을 마련하기로 했다.[32]

예전에 유행하던 일명 '야쿠르트 사행시' 고전 유머를 기억하는가? "야! 야쿠르트 아줌마, 야! 야쿠르트 주세요, 야! 야쿠르트 없으면, 요! 요쿠르트 주세요." 1970~1990년대엔 바로 이 유머 속 주인공 '야쿠르트 아줌마'가 있었다. 살구색이라고 하기 오묘한 색상의 유니폼과 항상 끌고 다니던 야쿠르트가 담긴 작은 카트는 이들의 트레이드 마크였다. 직장인들과 학생들은 상쾌한 아침을 야쿠르트 아줌마가 두고 간 야쿠르트로 시작했다.

야쿠르트 아줌마는 지금으로 따지면 '아줌마 전성시대'의 원조 격이라고 할 수 있다. 불황으로 침체된 한국의 경제를 이끌어나가는 주역이기도 했다. 여성들의 취직 기회가 흔치 않았던 시절, 여성 경제의 저력을 보여주었다. 이들은 때로는 가정집에서, 때로는 직장에서 야쿠르트를 건네주며 어머니처럼 푸근하고 친숙하게 고객들에게 다가갔는데 지금의 한국야쿠르트가 성공할 수 있었던 이유도 여기에 있다.

이와 같은 방판업의 발달로 변종된 방판의 형태인 다단계 판매업도 생겨났다. 공정거래위원회의 2013년 1분기 다단계 정보공개 보도자료에 따르면 2011년도 4/4분기부터 2013년도 1/4분기까지 다단계 업체 수는 74개에서 102개로 증가하는 추세다.[33] 다단계 판매가 증가하면서 불법 다단계도 생겨났다. 다단계와 불법 다단계인 일명 '피라미드 회사'는 일반 소비자들이 구분하기 어려워 더욱 피해를 낳고 있다. 또한 판매원 밑에 후원수당을 받기 위해 또 다른 판매원을 두고 영업 신고는 일반 방문판매업으로

등록하는 등의 다단계 판매의 꼼수가 문제가 되고 있다.[34]

정부는 이러한 다단계 판매와 방문판매의 엄격한 관리를 위해 방판법을 개정해 '후원방문판매' 방식을 규정했다. 후원방문판매는 방문판매와 다단계 판매의 중간으로 후원수당을 1단계만 지급할 수 있도록 제한하는 것이다.[35] 이와 같이 정부의 규제가 강화되고 경기 침체나 새로운 형태의 유통 구조의 등장에 따라 화장품 방문판매는 물론 건강·생활용품 등의 기타 방문판매 시장은 더욱 어려워질 것으로 예상된다.

현대판 보부상을 찾아서: 거리의 행상들

사람이 많이 오가는 버스 정류장이나 교차로 또는 시장 앞 길목 같은 길거리에서 나물, 채소 등의 푸성귀를 파는 사람들을 본 적이 있는가? 번화가에서 좌판을 펼쳐놓고 액세서리나 양말, 스타킹 등을 파는 사람들이나 어묵이나 붕어빵, 호떡, 떡볶이 등 다양한 먹을거리를 파는 포장마차의 행렬은 쉽게 볼 수 있는 풍경이다.

트럭과 같은 운송 수단으로 움직이는 행상들도 있다. 트럭에 채소나 과일, 생선, 건어물, 뻥튀기 같은 것들을 싣고 다니는 사람들이 바로 그들이다. 주로 아파트 단지를 돌아다니며 사람이 많이 지나다니는 길목에 정차해서 물건을 파는 식이다. 어느 지역 특산물이라고 이 가격에 언제 또 올지 모르는 기회라며 깜짝 놀랄 만큼의 고성능 확성기로 홍보를 하며 돌아다니기도 한다. 또 가끔은 상권이 덜 발달되어 마트나 슈퍼가 별로 없는 외딴 시골 마을에 출현하기도 한다.

누구나 한 번쯤은 들어보았을 '총각네 야채가게'는 이러한 야채 행상의 대표적인 성공 사례다. 대학까지 나온 사람이 고작 야채 장수냐며 주위의 비웃음을 받았던 이영석 사장은 1998년도에 1호점인 대치본점을 시작으로 지금은 전국 36개의 점포를 지닌 어엿한 CEO가 되었다. 1994년 은행에서 빌린 300만 원으로 구입한 1톤 트럭 한 대가 야채 행상 성공신화의 시작이었다. 그는 1톤 트럭을 몰고 과일·채소 상인 최고들을 찾아 안 가본 데가 없을 정도로 전국을 누비고 다녔다.[36] 트럭 행상으로 출발했지만 단골손님을 확보하기 어려웠고 날씨가 궂으면 손님이 끊기기 일쑤였다. 그래서 그는 아파트마다 시간을 정해놓고 돌아다니면서 같은 장소에서 장사를 했다. 그러다 보니 손님들은 자연히 시간에 맞춰 기다리게 되었고 트럭을 고정된 점포처럼 여겨 자주 찾기 시작했다.[37]

우리가 흔히 '잡상인'이라 부르는 행상들이 있다. 때로는 아파트 단지를 돌아다니며 주민들에게 면박을 당하기도 하고 아파트 경비원에게 쫓겨나기도 한다. 지하철에도 '잡상인'은 존재한다. 지하철에서 "단돈 1,000원!"을 외치면서 일단 구경부터 해보시라며 시민들 무릎에 물건을 올려놓는 장면은 흔한 광경이다. 이들은 전문용어로 '기아바이'라 불린다. 기아바이는 '기아飢餓'와 '바이Buy'를 합친 합성어다.[38] 기아바이들에겐 나름의 룰이 있다. 이들은 지하철 1호선의 구로역이나 금정역의 '유통업체'라 불리는 곳에서 물건을 받아와 정해진 구역에서 정해진 시간에 활동한다. 과거 보부상들이 엄격한 규율을 정해놓았던 것처럼 지하철 행상들도 그들 나름의 규칙을 갖고 있다.

가끔은 예상치 못한 곳에서 잡상인을 마주치는 경우도 있다. 내가 전주의 모 여고를 다니던 시절, 점심이나 저녁 급식을 먹고 교실로 돌아오면 가끔 언제 들어오셨는지는 몰라도 비닐봉지나 일회용 용기에 담긴 떡을 팔러 다니시는 할머님이 계셨다. 항상 같은 분이었는지 아닌지는 기억이 가물가물하지만 대체로 거창한 떡이 아닌 소소한 바람떡이나 꿀떡 같은 그런 류의 떡을 파시는 분이었다. 한 다섯 개쯤 들어 있는 떡 묶음 하나가 2,000~3,000원쯤 했다. 할머님께서는 떡 봉지를 들고 각 반마다 돌아다니시면서 학생들에게 떡을 권유(?)하셨다. 간혹 다이어트를 신경 쓰는 여학생들은 왜 하필 밥 먹고 난 후냐며 더러는 원망 아닌 원망을 했지만 귀신같이 점심과 저녁 먹은 후에 딱 맞춰 찾아오시는 할머님 덕택에 결국엔 지갑을 열기도 했다.

이 시대 마지막 장돌뱅이

아직도 지방에는 5일장이 열리는 곳이 있다. 이곳에서 우리는 현존하는 보부상의 후예들을 만날 수 있다. 이곳 장터의 장사꾼에게서 이 시대 마지막 장돌뱅이의 삶을 엿볼 수 있다. 강화도의 '강화장'은 고려시대 강화 천도 이후 해외무역 등 상거래가 활발하게 이루어진 곳으로 보부상들이 강화도에 모습을 나타내면서 5일장이 서게 되었고, 1960년대에 장터가 생겼다. 이곳에서 강화도 주민들은 직접 기르거나 손수 캔 나물을 갖고 좌판을 펼쳐놓는다.[39] 예산 덕산장은 마지막 보부상들의 발자취가 남아 있는 장터로 장터 안쪽에 번듯한 장옥長屋이 있는데도 난장에서 전을 펴 장사하는 이가 더 많다.[40] 대형마트와 인터넷쇼핑 등으로 인해 손님의 발길도 끊겨 전통재래시장은 설 자리를 잃고 있는 현실이지만 몇 안 남은 장돌뱅이들은 그들의 삶의 터전인 5일장을 꾸준히 지켜오고 있다.

몇몇 사람들은 TV 속 사극에서처럼 목화솜이 달린 패랭이를 쓰고 지역 축제에서 보부상의 모습을 재현하기도 한다. 2011년 8월 13일, 40여 년 만에 다시 열린 예산 대흥장에서 예덕상무사의 보부상 난전놀이가 펼쳐졌다.[41] 축제 속 보부상들은 〈새우젓타령〉, 〈엿타령〉, 〈짚신타령〉 등 구수한 노랫가락을 선보이며 옛날의 전통을 재현했다.

2011년 2월 경북 봉화군에서는 '봉화장 백두대간 보부상 축제'가 열렸다. "문전성시 팔도시장 보부상 왔소이다!"라는 타이틀을 내세운 이 행사는 전통시장 본연의 소통의 공간을 활성화하기 위한 '문전성시(문화를 통한 전통시장의 활성화 시범사업) 프로젝트'의 일환으로 열린 축제였다.[42]

또 2013년 5월 경북 울진군 삼당권역 십이령 마을에서는 두 번째 '십이령 등금쟁이 축제'가 개최되었다. 등금쟁이는 물건을 등에 지고 다녔던 등짐장수를 부르는 또 다른 이름이다. 보부상을 테마로 해 사생대회와 사물놀이, 짚 공예체험 등 여러 전통문화체험을 마련해 관광객들로 하여금 보부상의 삶을 느낄 수 있도록 했다.

충남 청양에는 아직도 보부상의 대를 이어오는 진정한 현대판 보부상이 존재한다. 충남 청양군 청양읍에 사는 최재선은 보부상이었던 아버지의 대를 이어 원홍주 육군상무사에서 12년째 보부상 활동을 이어오고 있다. 두 발로 돌아다녔던 예전과는 달리 지금은 트럭을 타고 몇 군데 시장으로 이동한다. 그렇다고 트럭에 물건을 놓고 판매하는 것은 아니다. 옛날 보부상의 좌판처럼 매번 장사를 할 때마다 1톤 트럭의 물품을 1시간 반에 걸쳐

좌판에 진열해놓고 판매한다고 한다.[43]

커뮤니케이션의 수단

보부상들이 굵직굵직한 역사의 현장 속에서 정치적인 일에 나설 수 있었던 것은 정보를 모으고 전달하는 데 탁월한 능력을 가지고 있었기 때문이다. 지금과 같은 신문, 잡지, 방송 등의 대중 매체가 없던 시절, 보부상은 그 옛날 사람들의 커뮤니케이션 수단이었다.

물론 보부상이 유일한 수단이었던 것은 아니다. 과거의 대표적인 통신 수단으로 봉수제나 역참제, 파발제 등이 있었다. 봉수제는 원시적인 방법이었고 비상시에만 적합했을 뿐 세세한 정보전달은 불가능한 방법이었다. 역참제 또한 역이 주로 평지를 중심으로 설치되어 산간 지방까지 소식을 전달하는 데 시간이 오래 걸렸고, 임진왜란 이후 말馬 값이 올라 역마를 확보하는 것이 어려워져 제대로 운영될 수 없었다.

그다음 등장한 것이 파발제였다. 파발제는 전달할 문서를 가지고 말을 타고 가거나 걸어가다가 역에서 새로운 말로 바꿔 갈아타거나 새로운 사람으로 교체하는 방식으로 이전보다는 좀더 효율적인 릴레이 방식이었다.[44] 하지만 파발제는 운영하는 데 경비가 많이 든다는 단점이 있었다. 이런 제도들은 고정된 어떤 장소에서 운영되는 것들이었기에 전국 구석구석까지 소식이 전달되기는 힘들었고 민간인들이 이용하는 것은 불가능했기 때문에 급한 연락을 해야 할 경우엔 보부상이 이를 담당했다.[45]

보부상은 과거의 여러 통신 수단들 못지않게 전국적 조직망을 갖추고 있었다. 이러한 조직망을 바탕으로 사람들에게 뉴스를 전하고 여론을 형성하는 역할을 했다. 당시 여론 형성의 중심지는 '장시' 였다. 우리가 흔히 5일장이라고 하는 곳이 바로 장시다. 장날만 되면 사람이 바글바글했던 장시는 '커뮤니케이션의 장場' 이었다. 이렇다 할 매체가 없던 시절, 장시는 사람들에게 세상이 어떻게 돌아가는지 소식을 접할 수 있었던 중요한 공간이었다.

보부상은 사람이 많이 모이는 각 지역의 장시를 순회하며 물건을 팔면서 각 지역에서 들은 흥미로운 이야깃거리를 사람들에게 물어다주었다. 어쩌면 흥미 있는 뉴스와 소식을 풀어놓는 것이 보부상만의 특별한 마케팅 수단이기도 했을 것이다. 마치 뉴스에 나오는 앵커나 아나운서처럼 정부의 주요 정책을 비롯해 서울에서 일어난 사건들을 지방 사람들에게 전달해주기도 했고, 지방의 여론을 모아서 왕에게 전달하기도 했다.

전쟁과 같은 위급한 상황이 발발했을 때에는 사발통문과 같은 연락 수단을 통해 각 지역의 상황을 신속하게 전달하는 방송과 신문의 역할도 담당했다. 보부상은 지금의 메신저와 같은 존재였다. 멀리 떨어져 있는 가족들 간의 편지나 연애편지 같은 사소한 서신부터 임금이 신하에게 전하는 봉서와 그 답신에 이르기까지 각종 우편물을 배달하는 우체부 역할을 했다.

또한 바깥출입이 자유롭지 못했던 양반집 규수와 부녀자들에게 보부상은 답답한 가부장적 사회 속에서 숨통을 트이게 해주는 탈출구이기도 했다. 보상 중에는 여자도 많았는데, 조선시대의 관습상 여자 행상은 허락 없이도 남의 집 대문 안으로 들어가는 것이 묵인되었기 때문에 부녀자들은 행상을 통해 바깥 소식과 이웃 마을에서 있었던 일에 관한 잡다한 정보를 얻어들을 수 있었다.[46] 그들은 조선시대 부녀자의 3대 소지품이었던 장도粧刀나 빗, 거울 등의 장신구를 팔면서 세상 돌아가는 소식을 알려주는 역할을 했다.

보부상은 정보 수집에 탁월한 능력을 갖고 있었다. 산으로 들로 물건을 팔러다니면서 지방의 소식에 밝았고, 강한 내부결속력과 조직적 체계를 갖춘 덕분에 누구보다 빠른 정보망을 지니고 있었다. 전국을 돌아다니는 덕분에 각 지역의 지리적 위치 정보를 알 수 있었고, 각 가정에 물건을 팔러 수시로 드나드는 덕분에 가구의 상황을 파악하는 데도 도움이 되었다. 보부상은 이러한 능력을 바탕으로 국가의 정보원 역할을 수행했다. 정부의 눈과 귀가 되어 백성들을 감시하고 통제하는 수단으로 활용되었다. 여론 통제의 원조 격인 셈이었다. 때로는 동학혁명과 같은 봉기가 일어났을 때 반군의 동태를 살피는 정찰원이기도 했다.[47]

사람과 사람의 감성을 이어주는 연결고리

보부상은 근현대사의 흐름 속에서 정부와 긴밀한 관계를 맺으며 중요한 역할을 해왔다. 평상시에는 상인 집단이었지만 필요할 때는 군사 조직이 되었고, 사람들 간의 소식을 전달해주기도 했으며, 장터에 모인 사람들에게 소문이나 화젯거리를 전달해주는 이야기꾼의 노릇도 했다. 보부상은 지금으로 따지면 전화나 신문, 텔레비전이자 '1인 매체'였던 것이다. 보부상은 사람 대 사람의 원거리 의사소통을 가능케 한 주인공이면서 동시에 가장 아날로그적인 매스커뮤니케이션이었다.

보부상은 과거부터 현재에 이르기까지 사람과 사람을 연결하는 기능을 해왔다. 과거엔 하나의 매개체로 사람 간의 소식과 물건을 전달했지만, 이제 이들은 사람과 사람 사이의 '감성'을 이어주는 연결 고리 역할을 한다. 비록 새로운 매체들에 편리함과 신속함은 빼앗겼지만 현대의 행상은 지금의 문물이 가질 수 없는 것들을 지녔다. 야채 행상이 손님들에게 부리는 넉살과 입담, 아파트 앞 작은 장터에서 주민들과 나누는 안부와 소소한 이야기들, 시장 앞 노점 상인들이 얹어주는 덤과 인심, 향수에 젖게 만드는 아이스께끼와 찹쌀떡 장수의 소리 등. 살아가는 모습은 바뀌었어도 이 속에는 우리를 자극하는 어떤 감성이 들어 있다.

경제가 불황이지만 방문판매가 잘나갔던 이유는 무엇일까? 화장품 방판 아줌마들과 야쿠르트 아줌마처럼 처음 보았어도 낯설지 않은 푸근한 인상의 '아줌마' 판매사원들은 그 옛날 보부상이 물건을 팔면서 세상 물정을 알려주었던 것처럼, 단순히 제품만 팔러 온 것이 아니라 친구나 이웃처럼 수다도 떨면서 고객들에게 친근하게 다가갔다. 이러한 '사람 대 사람' 커뮤니케이션은 마케팅 전략이자 동시에 방판업의 성공 요인이었다.

불과 몇 년 전만 해도 화장품 방판사원들은 고객들을 일일이 찾아다녔지만 최근에는 이런 방식에 변화가 생겼다. 세상이 스마트 시대로 바뀌면서 소비 형태도 스마트 소비 형태로 바뀌었기 때문이다. 판매원들도 이에 발맞춰 새로운 판매 전략을 세웠다. 최근 방문판매 사원들은 카페나 블로그 같은 온라인 커뮤니티나 스마트폰, 페이스북, 트위터, 카카오톡과 같은 SNS 등을 적극적으로 활용하고 있다.[48] 비록 방법은 조금 변했지만 사람과 사람을 연결한다는 것 자체는 변하지 않았다.

또한 지금까지도 활발한 활동을 하고 있는 한국야쿠르트의 방문판매시스템도 전국을 1만 3,000여 개로 나누어 아줌마 1명 당 평균 고정고객 160여 명을 전담 관리하게 해 고객의 안부를 물어 친밀감을 높이고 제품 전달과 동시에 대화도 같이 건네는 식의 감성 마케팅을 활용하고 있다.[49]

총각네 야채가게가 성공한 이유는 손님들이 다시 찾아오게 만드는 젊은 총각들의 재치 있는 입담과 그들이 제공하는 친밀함에 있다. 총각네 야채가게의 신조는 즐겁게 일하는 것이다. 돈에 연연하지 않고 손님들에게 즐거움과 재미를 주고 때로는 손님들의 이웃사촌처럼 친근하게 다가가는 것이 지금의 총각네 야채가게가 있게 한 원동력이다. 야채가게의 직원들은 '1퍼센트의 기술과 99퍼센트의 감성'을 가지고 손님들을 대하며 야채와 과일, 생선뿐만이 아닌 즐거움까지 판매한다.[50]

한때 정부의 보호 아래 특권을 누렸던 보부상들은 일제강점기 이후 새로운 기술이 발달하면서 쇠퇴했다. 과거엔 좀더 적극적이고 직접적인 커뮤니케이션을 담당했지만 다양한 매체의 발전으로 그 자리를 빼앗겼다. 하지만 현대 문물이 줄기차게 들어와도 아날로그 감성을 완전히 다 밀어낼 순 없듯이, 신식 문물이 들어오면서 설 자리를 잃었던 과거의 행상들이 지닌 아날로그 감성도 사라지지 않고 여전히 남아 있다.

비록 보부상은 오늘날 역사의 그늘에 가려져 단지 전국을 돌아다니며 물건을 팔러 다니는 떠돌이 행상으로밖에 인식되지 못하지만, 정情이 메마른 현대 사회 속에서 우리는 그들의 역할을 주목할 필요가 있다. 커뮤니케이션의 수단이자 사람과 사람을 이어주는 연결고리였던 보부상과 행상. 발 없는 말이 천 리를 가게 만드는 힘의 원천은 바로 여기에 있다.

주

1 윤효정, 박광희 편역, 『대한제국아 망해라』(다산초당, 2010), 102쪽.
2 조재곤, 『근대 격변기의 상인 보부상』(서울대학교출판부, 2003), 3쪽.
3 「상무사」, 『한국민족문화대백과』(encykorea.aks.ac.kr).
4 조재곤, 『근대 격변기의 상인 보부상』(서울대학교출판부, 2003), 14쪽.
5 국립민속박물관, 『부보상 다시 길을 나서다』(디자인인트로, 2010), 75쪽.
6 국사편찬위원회, 『거상, 전국 상권을 장악하다』(두산동아, 2005), 78쪽.
7 윤효정, 박광희 편역, 『대한제국아 망해라』(다산초당, 2010), 102쪽.
8 김옥균의 『갑신일록(甲申日錄)』에 수록된 갑신정변 14개조 정강 중 9조 "혜상공국(惠商公局)을 폐지할 것". 네이버 지식백과 갑신혁신정강 발췌(한국민족문화대백과, 한국학중앙연구원).
9 국사편찬위원회, 『거상, 전국 상권을 장악하다』(두산동아, 2005), 81쪽.
10 이창식, 『한국의 보부상』(밀알, 2001), 158쪽.
11 이창식, 『한국의 보부상』(밀알, 2001), 158~160쪽.
12 박은숙, 『시장의 역사: 교양으로 읽는 시장과 상인의 변천사』(역사비평사, 2008), 266쪽.
13 조재곤, 『한국 근대사회와 보부상』(혜안, 2001), 188쪽.
14 조재곤, 『한국 근대사회와 보부상』(혜안, 2001), 231쪽.
15 「물장사 全盛時代(전성시대) (1) 自然水(자연수)」, 『경향신문』, 1976년 7월 26일.
16 「해방 50년, 삶의 발자취를 찾아서: 얼음과자 '아이스케키…' 외침에 군침 꼴깍」, 『한겨레신문』, 1995년 8월 6일.
17 「해방 50년, 삶의 발자취를 찾아서: 얼음과자 '아이스케키…' 외침에 군침 꼴깍」, 『한겨레신문』, 1995년 8월 6일.
18 「氷菓子商團束(빙과자상단속) 保社部(보사부)서 斷行(단행)」, 『동아일보』, 1956년 6월 13일.
19 「거리에서 어린이 꾀는 병벌레 주머니」, 『경향신문』, 1963년 5월 17일.
20 「거리의 엉터리 氷菓(빙과)」, 『경향신문』, 1962년 5월 9일.
21 「짜증스런 '밤의 熱氣(열기)' 얼음 · 과일 불티」, 『경향신문』, 1977년 7월 29일.
22 「돈(172): 찹쌀떡 장수 어떻게 벌어 어떻게 쓰나?」, 『매일경제』, 1969년 2월 6일.
23 이창식, 『한국의 보부상』(밀알, 2001), 46쪽.
24 이현아, 「[스타일] 젊어진 화장품 '방판'…시장규모 2조 원 돌파」, 『스포츠한국』, 2012년 8월 21일.
25 강은영, 「10년 주기 격변…새 '화장' 못하면 도태」, 『한국일보』, 2012년 2월 27일.
26 강은영, 「10년 주기 격변…새 '화장' 못하면 도태」, 『한국일보』, 2012년 2월 27일.
27 최지흥, 「'최초' 수식어 붙은 화장품, 아시나요?」, 『뷰티한국』, 2013년 5월 20일.
28 박수희, 「'은밀하고 위대한' 방문판매 화장품의 세계」, 『코리아헤럴드』, 2013년 6월 19일.
29 아모레퍼시픽 카운슬링 비즈니스박물관(www.aphall.co.kr).
30 이현아, 「"화장품, 방판이 먹여 살려요"」, 『스포츠한국』, 2010년 1월 18일.
31 최지흥, 「LG생활건강, 화장품 방판 새로운 모델 제시한다」, 『뷰티한국』, 2013년 3월 4일.
32 최지흥, 「LG생활건강, '다비' 이은 신성장 동력 공개」, 『뷰티한국』, 2013년 5월 22일.
33 공정거래위원회; www.smartconsumer.go.kr/user/is/srvcinfo/ServiceDetailView.do?infoId=01015242.
34 전용기, 「'후원방문판매업' 등록 의무화…변혁기 맞은 직판업계」, 2013년 6월 17일.
35 전용기, 「'후원방문판매업' 등록 의무화…변혁기 맞은 직판업계」, 2013년 6월 17일.
36 김영한 · 이영석, 『총각네 야채가게: 맨손으로 세상을 움켜진 싱싱한 총각들의 이야기』(쌤앤파커스, 2012), 32~33쪽.
37 김영한 · 이영석, 『총각네 야채가게: 맨손으로 세상을 움켜진 싱싱한 총각들의 이야기』(쌤앤파커스, 2012), 38쪽.
38 김은희, 「'지하철 잡상인' 파는 물건, 어디서 오나 했더니」, 『오마이뉴스』, 2013년 3월 5일.
39 정영신, 『한국의 장터: 발로 뛰며 기록한 전국의 오일장』(눈빛, 2012), 14쪽.
40 정영신, 『한국의 장터: 발로 뛰며 기록한 전국의 오일장』(눈빛, 2012), 163쪽.

41 박인종, 「예덕상무사 '보부상 난전놀이' 전통 장터 재미 두 배로 올린다」, 『충청일보』, 2011년 8월 10일.
42 윤재철, 「봉화장 백두대간 보부상 축제」, 『브레이크뉴스대구경북』, 2012년 1월 31일.
43 김인경, 「우리 것을 지키는 사람들 (15) 보부상 최재선씨(충남 청양)」 『농민신문』, 2011년 11월 25일.
44 김한종, 「과거의 대표 통신 수단 역참 · 파발」, 『한겨레』, 2004년 1월 18일.
45 이창식, 『한국의 보부상』(밀알, 2001), 251쪽.
46 박천홍, 『매혹의 질주, 근대의 횡단: 철도로 돌아본 근대의 풍경』(산처럼, 2003), 121쪽.
47 이창식, 『한국의 보부상』(밀알, 2001), 249쪽.
48 임혜선, 「가방맨 방판 아줌마는 안녕 … 요즘 언니들, SNS로 화장품 산다」, 『아시아경제』, 2013년 3월 19일.
49 한국야쿠르트(http://www.yakultlady.co.kr/sales/sales/sales_sub02.html).
50 김영한 · 이영석, 『총각네 야채가게: 맨손으로 세상을 움켜진 싱싱한 총각들의 이야기』(쌤앤파커스, 2012), 150~151쪽.

신문방송학과 교수

우리에게 크리스마스는 무엇이었나?

크리스마스의 역사

개화기 시절의 크리스마스

크리스마스! 가슴 설레는 단어다. 기독교 신자든 아니든 관계없다. 중장년층 이상의 사람들에겐 어릴 때 크리스마스가 되면 평소 다니지도 않던 교회에 가서 선물을 받았던 기억이 있을 게다. 조금 커선 밤을 억누르던 통행금지가 크리스마스 이브엔 풀리는 '기적'을 경험해본 추억도 있을 게다. 젊은 청춘남녀들이 '사고' 치기엔 그날이 1년 중 가장 좋은 날이었다. 오죽하면 '크리스마스 베이비'란 말이 나왔을까?

한국 크리스마스의 역사를 살펴보는 일은 의미있는 일이라 믿어 의심치 않았지만, 막상 덤벼들고 보니 이렇다 할 내용은 없었다. 도대체 크리스마스가 무슨 날인데 미친 듯이 흥청망청 놀아제끼느냐는 비판이 주요 담론이었다. 백번 옳은 말씀이지만, 백번 잘못된 말이기도 하다. 다수 한국인에게 크리스마스는 합법적으로 보장된 '억압으로부터의 탈출'을 의미했으니까 말이다. 비슷한 이야기가 계속 반복되겠지만, 반드시 정리해둘 가치는 있는 이야기라는 점에 의미를 부여해 가벼운 마음으로 감상해주시기 바란다.

X-mas를 '엑스 마스'라고 읽어 면박을 당해본 경험은 없는가? 박상표의 해설을 들으니 '엑스 마스'라고 불러도 될 것 같다. 그는 "크리스마스 Christmas라는 말은 중세中世 영국에서 크리스트 미사Christes Masse를 합하여 만들어낸 조어造語에서 유래했다"며 "크리스마스를 X-mas라고 표기하기도 하는데, 그리스어 X가 영어의 Ch로 발음되기 때문에 크리스마스라고 읽는다. 하지만 예수의 생일이 언제인지 정확히 모르기 때문에 미지수 X를 사용하여 '엑스 마스'라고 읽는 것도 나름대로 일리가 있는 것 같다"고 했다.[1]

크리스마스는 언제 한국에 수입되었는가? 박상표에 따르면, "1884년에는 알렌이 조선에 들어왔으며, 1885년에는 언더우드와 아펜젤러가 선교사로 입국하였다. 이들은 병원과 교육기관을 통하여 기독교 문화를 조선에 전파했다. 그 과정에서 크리스마스를 기념하는 풍습도 알려졌다. 크리스마스가 기념일이 되기 전에 이미 중국과 일본에서 번역된 천주교 관련 용어들이 조선에 전해졌다. '크리스마스Christmas'는 1880년 프랑스 파리외방전교회 소속 신부들이 편찬한 『한불자전韓佛字典』에 '성탄聖誕'이라는 번역어로 나타난다. 기독교 계통의 선교사였던 언더우드元杜尤가 헐버트의 도움을 받아 1890년에 펴낸 『영한자전』에는 크리스마스를 '예수의 탄일, 예수의 생신'이라고 번역했다".[2]

기독교 신자였던 윤치호는 한문으로 쓴 1885년 12월 25일자 일기에 "이날은 곧 야소성탄耶蘇聖誕이다. 방학하다"라고 썼으며, 이듬해인 1886년 12월 25일자 일기엔 "이날은 곧 야소탄신耶蘇誕辰이다. 방학이다. 상오에 책 읽다. 정오에 나가 미군과 더불어 본넬 선생 초청으로 그의 집에 가 점심을 먹었다"고 기록했다.[3]

개화기 시절 『독립신문』(1896년 창간)과 『대한매일신보』(1904년 창간)는 기독교 전파에 앞장섰기 때문에,[4] 이 두 신문에도 크리스마스에 관한 이야기가 꽤 실렸다.

『독립신문』 1896년 12월 24자 1면 논설은 "내일은 예수 크리스도의 탄일이라 세계 만국에 큰 명일이니 내일 조선 인민들도 마음에 빌기를 조선 대군주 폐하께와 황태자 전하의 성체가 안강하시고 나라 운수가 영원하며 조선 전국이 화평하고 인민들이 무병하고 부요하게 되기를 하나님께 정성으로 빌기를 우리는 바라노라"고 했고, 이틀 후인 12월 26일자는 배재학당 학생들이 여러 가지 색깔의 등과 조선 국기를 높이 달고 '예수 탄일 경축회'를 했다고 보도했다.[5]

『독립신문』 1897년 12월 23일자 사고社告는 "요다음 토요일은 예수 크리스도 탄일이라 세계 각국이 이날을 일년에 제일가는 명일로 아는 고로 이날은 사람마다 작업을 쉬고 명일로 지내는데 우리 신문도 그날은 출판 아니할 터이요 이십팔 일에 다시 출판할 터인즉 그리들 아시오"라고 했다.[6]

또 『대한매일신보』 1908년 12월 25일자는 "오늘은 구세주 탄일인고로 상오 십시반에 아주개 대일구세군영에서 정령 허가두 씨가 동부인하고 연설한다 하고 대광교 천변 대이 구세군영에서 정위 반우거 씨가 동부인하고 연설한다더라"고 보도했다.[7]

일제 치하의 크리스마스

1910년 일제 강점 이후에도 크리스마스는 계속 그 명맥을 이어갔다. 조선총독부 기관지인 『매일신보』 1913년 12월 25일자는 "오늘은 야소탄강제일이다. 서양 풍속에 이전날 저녁에 '싼타클루스' 라는 노인이 하늘로부터 내려와 긴 버선에 여러 가지의 장난감을 넣어 어린 아해의 자는 사이에 두고 간다 하나니 서양의 어린 아해는 해마다 이날을 제일히 깃겁게 여기며 '싼타클루스' 가 주었다고 어른이 자는 사이에 갖다 놓은 것을 가지고 노나니라" 고 했다.[8]

『매일신보』 1914년 12월 15일자는 영국 런던의 크리스마스 풍경을 전하면서 "이날 론돈 풍속은 집집마다 '밋슬트' 라 하는 나무(조선으로 말하면 전나무와 같은 것)로 방 안과 책상 등속을 단장하는데 그중에도 가장 기묘한 것은 그 나무로 방 안을 단장한 곳에서는 예전부터 사내와 여편네가 서로 만나 임의로 입맞추는 일을 허락하였음으로 (중략) 조선 사람의 안목으로 보면 너무 해괴하다 한지라" 고 했다.[9]

『매일신보』 1918년 12월 25일자 기사 「성탄수聖誕樹와 '센터클로쓰' 노인」은 '크리쓰마쓰 츄리' 는 30년 전에 독일에서 유래한 풍습이고, 사슴을 타고 버선에 예물을 넣어가지고 와서 굴뚝으로 들어오는 샌터크로스의 원래 이름은 '센트니코라쓰' 가 와전된 것이라고 했다.[10]

『매일신보』 1924년 12월 25일자는 "크리스마스가 이십오 일이면 그날 새벽밤이 깊은 때에 허옇게 쌓인 눈속으로부터 타오르는 듯한 빨강 덧저고리를 아해들처럼 입은 털석부리 늙은 할아버지가 어여쁜 아기네를 찾아온다" 고 했다.[11]

일제 치하에서 크리스마스가 명절이나 축제 분위기로 바뀌어 떠들썩하게 보내기 시작한 건 1930년대부터였다. 이는 1930년대에 서구문화 수입과 실천을 선도했던 이른바 '모던 걸'과 '모던 보이'의 등장과 맥을 같이하는 것이었다.[12]

윤치호는 1933년 12월 24일자 일기에 "크리스마스가 서울 여성층에게 또 하나의 석가탄신일이 되었다. 여성들은 크리스마스의 진정한 의미 따위는 안중에도 없다. 여성들이 관심을 갖는 건 크리스마스가 쇼핑을 위한 또 하나의 핑곗거리이자 기회라는 사실이다. 김영섭 씨 말로는, 일본인들은 벌써 크리스마스를 그루시미마쓰라고 신소리하는 지경에 이르렀다고 한다"고 썼다.[13]

김상태의 해설에 따르면, "'그루시미마쓰'는 원래 고통스럽다는 뜻을 가진 단어인데, 크리스마스에서 신년으로 이어지는 기간에 음주, 쇼핑, 선물 주고받기가 늘어남에 따라 비용의 부담이 커지는 데서 나온 일종의 속어라고 한다".[14]

『매일신보』 1933년 12월 25일자는 "지금 와서는 우리 조선에서도 '크리스치안' 여부를 묻지 않고 거의 다 이 성탄절을 한 명절로 알게 되었습니다. 어른들의 세상에서도 이것이 한사코 취미로 호화롭게 행해지게 되고, 아이들의 세계에 있어서는 산타크로스 할아버지가 갖가지 장난감과 과자를 가지고 찾아오는 일년에 둘도 없는 즐거운 날입니다"라고 했다.[15]

『신여성』 1933년 12월호는 '크리스마스 장식 화초', '크리스마스 푸레신트-Boys에게', '크리스마스 푸레신트-Girls에게'라는 제목으로 크리스마스트리의 종류와 남자 친구와 여자 친구에게 줄 선물을 설명했다.[16]

『동아일보』 1934년 12월 20일자 기사 「크리스마스 식탁표와 요리하는 법 몇 가지」는 "레드 애클소스 토스트, 터키 매스트, 포테도 아니음 캐롯쓰, 피스후릇, 사라다 뿌레드 빼터 헌니 피넛, 빼토 캐롯쓰, 푸딩" 등의 서양 요리를 소개했다.[17]

윤치호는 1935년 12월 25일자 일기에 "오늘은 크리스마스다. 미국인이나 영국인이, 조선 기독교인들이 크리스마스의 신성함에 대해 자기와 똑같은 감정이나 느낌을 가졌으면 하고, 아니 이 신성한 시즌을 기뻐했으면 하고 기대하는 게 가당키나 한가? 그건 분명히 가당치 않은 일이다. 감정이 원숙해지고, 풍부해지고, 신성화되려면 시간이 필요하다"고 썼다.

"조선인이 어느 과학 분야에서는-지식의 영역에서는-최고 수준에 도달할 수 있을지도 모른다. 그러나 지금 조선인들이 크리스마스에 대해 미국인이나 영국인과 똑같은 감정을 가질 수는 없다. 아니 바랄 수조차 없다. 왜냐하면 그 감정은 영국인이나 미국인에게는 시와 소설, 역사, 전통 그리고 무엇보다도 가정생활을 통해 수세기를 거치면서 원숙해지고 풍부해지고 신성화된 것이기 때문이다. 마찬가지 이유에서, 우리의 일본인 통치자들도 자기들 요구를 당연한 것으로 받아들이는 일본인들처럼 조선인들도 신도의 신성함에 대해 똑같은 감정이나 느낌을 가지길 바라거나 강요해서는 안된다."[18]

일제 말기의 크리스마스

『매일신보』 1936년 12월 25일자 기사 「기독교인들의 손에서 상인들의 손으로 넘어간 크리쓰마스!」는 크리스마스의 상업화를 비판했다.[19] 그러나 크리스마스의 상업화도 1937년 중일전쟁으로 브레이크가 걸리게 되었다. 이때부터 일제는 황국신민화, 내선일체, 일본어 상용 등에 광분하면서 전 사회를 전시체제로 몰아갔기 때문이다. 당시 라디오에선 매일 일본군이 되어 천황 폐하를 위해 싸우다가 백골이 되어 호국신사에 봉안되는 것이 효도의 길이라는 노래 〈아들의 혈서〉가 흘러 나왔다.[20] 그런 전시 분위기와 더불어 일제의 탄압으로 선교사들의 활동도 위축되면서 1938년부터 개신교 교세는 감소 추세에 접어 들었다.[21]

개신교도 전쟁 지원에 동원되었다. 윤치호는 1938년 11월 19일자 일기에 다음과 같이 썼다.

"낮 2시에 유억겸, 신흥우, 김활란, 유각경, 구자옥, 이춘호, 김종우 및 여타 인사들과 함께 YMCA 회관에서 모임을 가졌다. 북중국에 있는 용맹한 장병들에게 크리스마스 위문품을 보내기 위해 조선 각지의 교회로부터 기금을 모으는 방안에 대해 논의했다. 12월 25일 이전에 서울 YMCA로 2~6원을 보내달라는 편지를 4천여 곳의 교회에 발송하기로 결정했다."[22]

또 윤치호는 1938년 12월 14일자 일기에선 "조선 기독교인들이 중국에 파병되어 있는 일본군에게 크리스마스 선물로 위문대慰問袋를 보내는 운동은 그 발상 자체만으로도 칭찬받을 만한 일이다. 그리고 만일 이 운동이 성공한다면, 기독교는 일본 군사 당국의 호감을 사게 될 것이다. 12월 25일 이전에 2~5원을 서울 YMCA로 송금해달라고 요청하는 편지가 3,500여 개가 넘는 전국 각지의 교회에 발송되었다"고 했다.

"이 운동을 추진하는 데 가장 주도적으로 나선 사람은 유억겸 군이었다.

신흥우는 이 운동에 전혀 관심이 없었다. 그러나 이 운동이 2원짜리 위문대 2천 자루를 준비할 수 있을 만큼의 돈을 모으는 데 성공한다면, 그는 뻔뻔하게도 자기가 이 운동의 창시자요 완성자인 양 전면에 나설 것이다. 그는 아주 이기적인 모사꾼으로 정이 뚝 떨어지는 인간이다."[23]

『조선일보』 1938년 12월 25일자는 "마침 동아의 신질서를 위하야 장기 건설의 체제 아래 있는 터요, 제일 전선에는 치움과 곤고에 부대끼는 황군(일본 천황의 군대)이 생각되는 때라 시국에 대응하는 기독교에서는 이 명절에 다시 한 번 황군에 대한 감사를 표하기로 되었다. 그리하야 축하행사는 되도록 간략히 하고 전 조선 교회에서 황군의 무운장구를 기원하며 또 중한 선물 위문주머니를 짓기로 하였다. 이것은 서울중앙기독청년회를 중심으로 전 조선 교회가 총동원하야 한 교회에서 최소한도 이 원 이상 어치의 주머니 한 개 이상을 짓기로 한 것으로 벌써 이천여 개가 걷히었다고 한다"고 했다.[24]

『조선일보』 1939년 12월 26일자는 "조선 안 각 교회에서도 이 아름다운 날을 기념하기 위하여 해마다 성대한 행사가 있어왔는데 금년은 특히 시국에 비추어 자숙하는 의미로 번거로운 행사는 피하기로" 했다고 보도했다.[25]

그럼에도 크리스마스 열기는 만만치 않았던 것 같다. 『매일신보』 1940년 12월 25일자 기사 「유흥 기분 엄금」은 "1. 이날밤 요리점 카페, 빠 등에서는 일반의 흥미로울 만한 장식을 못하게 할 것 2. 크리스마스권 같은 것은 미리서 팔지 못하도록 할 것 3. 칠면조 등의 고급요리를 만들지 못하게 할 것"이라는 '크리스마스 자숙통첩'을 보도했다.[26]

그러나 1941년 태평양전쟁이 시작되면서 크리스마스 열기는 다시 위축되었다. 일제가 선교사 추방을 완료한 1942년 한 해에 개신교 신자 수는 10만 5,000명(전체 교세의 약 30퍼센트)이나 감소했다.[27] 그러나 일제시대에 개신교 교회는 한국 전체 중등교육의 20~40퍼센트를 담당했으며, 졸업생은 대부분 개신교 신자였기 때문에, 크리스마스 열기가 다시 살아날 잠재력은 충분했다.[28]

미군정 치하의 크리스마스

해방된 남한의 통치세력으로 등장한 미군정은 1945년 10월 미국의 독립기념일, 추수감사절, 크리스마스 등을 공휴일로 지정했다. 기독교 인사는 권력의 자리에 올랐으며, 크리스마스 축하는 친미親美의 상징이 되었다.

1945년 10월 5일 미군정이 임명한 11명의 행정고문 중에서 목사 3명을 포함한 6명(55퍼센트)이 개신교 신자였다. 1946년 12월부터 이듬해 8월까지 군정청에 의해 임명된 군정 각 부처의 초대 한국인 국장 13명 가운데 7명(54퍼센트)이 개신교 신자였으며, 이들은 미국 유학 출신자였다. 1946년 미군정의 최고위직에 임명된 한국인 50명 가운데 35명이 개신교 신자였다.[29]

어디 그뿐인가. '우익의 3영수'로 불리운 이승만, 김구, 김규식은 모두 독실한 개신교 신자였다. 1945년 11월 28일 임정 요인 환영대회에서 이승만은 "만세반석 되시는 그리스도 위에 이 나라를 세우자"고 말했고, 김구도 그 대회에서 "우리는 어떻게 하면 망하지 않는 강한 나라를 세울까. 곧 성서 위에 세워야 한다. 그리하여 우리는 하나님의 국민이 되어 서로 잘 살자"고 말했으며, 김규식도 "그리스도라는 반석 위에 하나님의 나라를 세우

자" 고 말했다.[30]

김구는 일요일이면 이승만이 나가는 정동감리교회를 찾아 같이 사이 좋게 예배를 드렸으며, 1946년 부활절엔 "나는 그리스도인인 고로 거짓 없는 내 양심은 죽음을 초월하여 나라를 사랑하였다"는 내용의 유언을 미리 공표했다. 임정 요인에 기독교 신자가 많다고 일반 대중 사이에선 '너도 나도 예배당을 찾는' 일까지 벌어졌다.[31]

미군정과 가까운 한민당의 교세도 만만치 않았다. 한민당의 8인 총무 가운데 5인(백관수, 김도연, 허정, 백남훈, 김동원)이 저명한 개신교 지도자였으며, 미군정과의 교섭을 담당한 한민당의 외교부(일명 해외유학부)의 9인 멤버 가운데 5명(윤보선, 윤치영, 구자옥, 문장욱, 최순주)이 개신교 신자였다.[32]

『조선일보』 1946년 12월 25일자 기사 「오늘! 크리스마스」는 그런 정치 지형도를 반영하는 듯했다.

"하늘에는 영광이요 땅에는 평화를 가져온 크리스마스. 어느 민족과 국가를 막론하고 이날 이십오 일을 축하하여 즐기는 그리스도의 강탄축일이다. 기독교회와 교도들은 특별한 크리스마스 예배를 보고……가정에서는 서로 선물을 하고 크리스마스카드를 교환하며 축연을 베푸는 관례로 되어 있는데 크리스마스 축하의 중심이 되어 있는 크리스마스 츄리는 보통 잣나무로 만드나 소나무로 쓴다.…… 싼타클로스 할아버지가 썰매 타고 착한 아이들을 찾아서 선물을 갖다준다는 전설은 우리 귀에 익은 이야기다."

크리스마스가 공휴일이란 게 아직 익숙하지 않은 탓이었겠지만, 『조선일보』 1947년 12월 25일자는 「크리스마스로 금일 관공서 휴무」라는 제목 아래 "성탄제인 오늘은 남조선 과도정부 중앙청은 물론 일반 관청을 비롯하여 은행 회사 등에서는 일제히 휴무한다"고 보도했다.

대한민국 정부 수립과 크리스마스

대한민국 초대국회 임시의장 이승만은 1948년 5월 31일 제헌국회 개원식에서 다른 종교를 가진 의원들의 항의에도 불구하고 "대한민국 독립민주국 제1차 회의를 열게 된 것을 하나님께 감사한다"면서 "하나님께 대한 기도로 첫 국회의 첫 회의를 시작하자"고 말했다. 그러고는 의원들 중 유일하게 목사였던 이윤영으로 하여금 감사 기도를 드리게 했다.[33]

개신교 신자 우세는 대한민국 정부에까지 이어졌다. 대한민국 정부의 초대 내각 21개 부서장 가운데 2명의 목사를 포함한 9명이 개신교 신자였다.[34] 이승만은 대통령 취임식도 개신교 방식으로 했으며, 미군정의 뒤를 이어 크리스마스를 공휴일로 지정했고, 이후 해마다 성탄 메시지를 발표했다.[35]

이승만은 1949년 4월에 발생한 '개신교 신자 국민학생 국기배례거부사건' 시 국기배례를 주목례로 바꾸자는 개신교계의 건의를 수용하고, 1949년 9월엔 신생활 풍토를 조성한다는 명분으로 사주관상을 '미신' 행위로 간주해 엄단하겠다고 발표했다.[36]

1949년 12월 17일부터 '크리스마스 씰'이 발행되었다. 대한기독교인의 사협회와 대한복십자사가 주관해 결핵환자를 치료하기 위한 목적으로 1,000만 원 모금 목표를 세웠다. '크리스마스 씰'은 1932년 당시 해주 요양원장 홀 박사가 최초로 발행했지만 얼마 못 가 중단된 적이 있었다.[37]

1949년 크리스마스를 앞두고 '크리스마스트리'가 논란이 되었다. 교회는 물론 카페, 빠 등에서 '크리스마스트리'를 사용하는 바람에 수만 그루의 10년생에서 20년생 소나무가 7,000원에서 1만 원에 판매되고 있었기 때문이다. 이는 산림녹화운동에 큰 지장을 초래했다. '크리스마스트리'는 대부분 벌목 허가를 받지 않은 것이어서 급기야 검찰이 나서서 단속에 들어갔다.[38]

한국전쟁과 크리스마스

1950년 6월 25일 북한군이 남침했다. 유엔군사령관 더글러스 맥아더는 크리스마스까지 전쟁을 종결짓는 게 희망이라고 말했지만,[39] 6·25전쟁은 3번의 크리스마스를 집어 삼키고 말았다.

전쟁 중 남한에선 기독교 신앙 또는 신자 행세는 반공反共의 보증수표로서의 가치를 갖게 되었다. 강원용은 국군이 평양에 입성했을 때를 회고하면서 "길거리에는 십자가가 그려진 완장을 차고 다니는 사람들이 수두룩했다. 특히 청년들이 많았는데 그것은 국군이 기독교 신자라면 무조건 관대히 봐주었기 때문이었다. 따라서 평양 시내는 온통 기독교 신자로 꽉 찬 것처럼 보였다"고 했다.[40] 그런 상황에서 크리스마스를 즐기는 건 반공의 후광효과까지 누릴 수 있는 것이었다.

『조선일보』 1951년 12월 27일자는 「기도와 총질과 칠면조」라는 제목으로 크리스마스를 전선에서 맞은 유엔군 장병들의 풍경을 보도했다. 미국 AP통신은 "세계의 여러 나라에서 한국전에 출정해온 유엔군 병사들은 25일 기도와 포탄으로 성탄절을 축하했다. '크리스마스 캐롤'의 노래소리와 은

은한 포성이 서로 뒤섞여 얼어붙은 공기 속에서 이상하게 조화되었다. 한국전쟁이 19개월째에 들어가게 된 이날 아침 유엔 장병들은 평화를 위해 기도를 올렸다"고 보도했다.[41]

『조선일보』 1952년 12월 13일자는 "숙명적인 전쟁이 벌어지고 있는 이 땅에 크리스마스는 또다시 찾아오고 있다. 약빠른 장사치들은 벌써부터 상점에 X마스 선물을 만들어내놓고 X마스 장치를 내걸고 있다. 작년 이맘때보다는 안정된 환경에 있는 서울 시민 가운데는 벌써부터 X마스 날에는 어떻게 놀아야 되고 무슨 선물을 해야겠다는 골몰한 생각에 잠긴 사람도 많다. 아마 부산의 특수층에서는 금년의 X마스에 떠들썩하게 놀아보자는 생각에 바쁜 친구도 있으리라. 그러나 금년의 X마스도 모든 면에 있어서 비극적이었던 1951년도의 크리스마스 때와는 대체로 다름이 없다. 일선의 병사들은 백마산에서 혹은 벙커 묘지에서 혹은 저격능선 수도고지에서 수없이 쓰러졌건만 서로 밀고 밀린 땅이라고는 별로 없고 또한 앞으로도 움직일 기세를 보이지 않고 있다. 작년의 X마스 때에는 한 개의 이름 없었던 산이 전투의 초점이 되어 '크리스마스' 고지라는 이름을 얻었고 많은 병사가 여기서 쓰러졌다. 오늘날 양군은 아직도 같은 땅에서 사격전을 전개하고 있다"고 했다.

"그러나 한국에서 싸우는 유엔군에게 있어서는 X마스란 우울한 날은 아닌 것 같다. 미 육해공군 당국은 물론이고 미 본국에서도 전선의 장병들을 X마스의 환호로써 기쁘게 해주려고 애쓰고 있다. 많은 X마스 소포가 이 땅에 들어와서 군사우편 당사자들에게 휴식을 주지 않고 있다. 한편 할리우드의 배우들과 미국의 스텔만 대주교 그리고 동경에 있는 안식교회 버리

그라함 목사도 이번 X마스를 일선의 병정들과 같이 지내게 될 것이라고 하며 또 한국에 있는 4백여 명의 종군 목사들이 X마스 기도회를 인도할 것이라 한다." [42]

또 『조선일보』 1952년 12월 17일자는 "크리스마쓰를 앞두고 멸공전선에서 용전분투하는 우리 국군 장병을 위문하기 위하여 군경원호회 경기도 지부와 경기도 병사구사령부에서는 방금 위문 및 위문품 수집을 추진중에 있다. 동 위문단은 경기도 병사구사령관을 수반으로 하는 18명의 제1반이 수도사단을, 경기도 문교사회국장을 수반으로 한 16명의 제2반은 제1사단을 위문코자 각각 오는 24일 상오 10시 출발할 예정이다" 고 했다.[43]

1952년 크리스마스를 위해 서울시도 시내 각급 학교를 비롯하여 일반 시민들로부터 위문품을 모집했다. 이때엔 미국 CBS의 유명 방송인인 에드워드 머로가 크리스마스 전선을 취재 · 보도하기 위해 내한來韓하기도 했다.

'크리스마스카드를 많이 만들어내자'

휴전으로 1953년의 크리스마스는 좀더 당당하게 축제 분위기를 누릴 수 있게 되었다. 휴전에 강력 반대했던 대통령 이승만도 1953년 11월 성탄선물과 크리스마스카드를 많이 만들어내자는 담화를 발표하기도 했다.[44]

『조선일보』 1953년 11월 25일자는 "국방부 정훈부에서는 성탄절 위문품으로 10종의 풍속을 그린 '크리스마스카드' 25만 장을 12월 20일까지 일선 국군 장병에게 배부하리라 한다" 고 보도했다.

『조선일보』 1953년 12월 15일자는 "며칠 남지 않은 저물어가는 계사년의 세모-벌써부터 시민들의 마음은 연말 기분에 휩싸여 한결 바빠지고 있다. 거리에는 '크리스마스 추리'의 각종 '카드'가 진열되어 세말의 기분을 돋구고 있으며 굶주린 시민에게는 그림의 떡인 호화로운 '케키'가 오고가는 행인의 입맛을 다시게 하고 있다. 이러한 풍경은 의외에도 날씨가 따뜻하여 거리에 행인이 범람한 지난 일요일부터 부쩍 늘기 시작하였다"고 했다.[45]

『조선일보』 1953년 12월 26일자는 "만천하 인류의 행복과 평화를 위하여 십자가에 못박혀 희생된 예수 크리스도의 탄생 1천9백53주년인 25일의 성탄일을 맞이하여 전란 3년 만에 비로소 총소리 없는 서울에서 이날을 보내게 된 서울 시내는 곳곳마다 축하 일색으로 차 있었다"고 보도했다.

"인류를 죄악으로부터 구원하고 영원한 행복과 평화를 깃들게 하라는 전지전능한 신의 분부를 받고 이 땅에 탄생하였다는 '신의 아들' 예수 크리스도의 탄생 시각인 25일 오후 1시를 기하여 서울 시내 명동에 높이 솟은 캐토릭 성당에서는 수분간 성종을 울리는 동시 거룩한 미사가 베풀어졌으며 각처의 교회에서는 촛불을 밝히고 삼천만 겨레의 행복과 국로를 통일함으로써 영원한 평화가 우리 강토 위에 이루어지기를 기원하는 기도회 그리고 고이 잠든 거리거리를 찾으면서 찬송가를 부르는 성가대의 우렁찬 노래와 선물들이 남녀노소의 마음을 어루만져 주었다."[46]

"서울 시내 남녀 중학교 학생들로서 조직된 대한적십자사 청소년적십자 단원 백여 명은 '코라스밴드'와 합창대를 조직하여 성탄절을 경축하고자 25일 영시를 기하여 성가 찬양대는 경무대를 비롯하여 부통령 관저 그리고 조선호텔 제5공군사령부 제8군사령부 등 기타 중요기관을 순회하면서 성탄을 찬양하는 한편 주의 가호를 받아 이 대통령을 비롯하여 3천만 겨레와 한국에 와 있는 자유 우방의 모든 군대와 민간인에게 길이 복 있기를 축도하였다."[47]

"전선 ○○ 기지에 있는 미군 제3사단에서는 25일 크리스마스 날 서울 남대문초등학교 어린이와 포천의 외출초등학교 어린이들을 초청하여 성대한 어린이 잔치를 베풀었는데 이 자리에서 어린이들은 춤과 노래로써 미군 장병을 기쁘게 해주었다 한다. 한편 동 사단에서는 22일부터 24일까지 3일간에 포천군 내 약 7천 명의 어린이에게 1만 2천불에 해당하는 학용품과 장난감과 과자 등을 선사했다. 더욱이 이 선사는 싼타크로스 할아버지로 가장한 장교가 헤리콥터를 타고다니며 나눠주었는데 사단장 촬스 D.W. 카안함 소장도 어린이 잔치에 참석했고 선사하는 데도 동행해서 어린이들의 대환영을 받았다고 한다."[48]

'주지육림酒池肉林의 세기말적 광태'?

전쟁의 긴장이 확연히 풀린 1954년의 크리스마스부터는 놀자판이 기승을 부렸고 이에 대한 비판이 쏟아지기 시작했다. 『조선일보』 1954년 12월 24일자는 "유식한 사람이 일러 가로대 '크리스마스이브'라는 아는 이만이 아는 명절(?)이 닥쳐왔다. 아는 이만 아는 수밖에 없는 것이 도대체 '크리스마스'란 말이 영국 말이라 '할로 오케'라도 부를 줄 아는 사람이라야 겨우 알아듣지 영국 말의 '영'자도 모르는 대다수(?)의 국민에게는 애당초 알기도 어려울뿐더러 예수 믿지 않는 사람에게는 인연조차 없는 것이기 때문이다. 그러고 보면 한국 땅에서는 예배당 근처에서나 '크리스마스'라는 말을 들을 수 있을 것 같은데……사실은 천만에 말씀이다. 서울 장안이 온통 크리스마스 일색으로 변해버렸으니 어찌 놀라울 일이 아니랴!"고 했다.

"'크리스마스 카아드'에 '크리스마스 프레센트'도 주고받는 정성으로만 보기에는 너무나 외래적이고 사교적이지마는 이것이 그대로 지나쳐 향락으로 변하는데……. 그 향락은 에덴동산에 나타난 '사탄'조차도 일찍이 경험하지 못한 주지육림酒池肉林의 세기말적 광태에 이르르니 아무리 보아도 성聖?스럽다고는 말하기 어려운 사태-실로 중대한 사태에 이르렀다.……이마에 피도 안 마른(정말은 말랐는지도 모르지만) 여하튼 어린 학생들까지도 '크리스마스 파아티'를 빙자해서 이리저리 어두운 골목을 쌍쌍이 져서 밤을 새우고 돌아가니……."[49]

『조선일보』 1954년 12월 25일자 「색연필」 칼럼은 "요사이 관청이나 무슨 기관의 장長들간에는 '크리스마스 카아드'를 보내는 것이 대유행. 그래서 심지어는 '비로드'에다가 금자金字를 박은 '카아드'까지 등장. 명절이란 원래 돈 없는 사람에게는 설움을 돋구는 법이지만 예수와 상관없는 사람까지 휩쓸고 들어가는 크리스마스 소동에 빈한한 가정에는 또 여러 가지 걱정 첩첩"이라고 했다.

"'아버지 우리집에는 왜 싼타크로스 할아버지가 안 와? 내 동무한테는 고동만 틀면 막 달아나는 기차를 갖다 주었다는데…….' '응 딴 집 다녀 오느라고 늦는 모양이다. 며칠 있으면 올 게다.'-이것은 초등학교에 들어간 어느 집 아들과 그 아버지의 대화. '아이구 나는 털모자나 갖다주었으면 좋겠다.' '아마 그럴 게다.' 며칠 안에 어떻게고 해서 모자 하나 사다주려는 아버지의 힘없는 대답. 이것도 크리스마스의 한 여파라."

『조선일보』 1954년 12월 26일자 「색연필」 칼럼은 "'크리스마스 이부' 라는 24일 밤 서울의 여기저기는 '댄스 파티' 로 야단법석. 그래서 '고요한 밤 거룩한 밤' 을 '소란한 밤 문란한 밤' 으로 만든 곳도 부지기수. '크리스마스 이부' 란 교회에서 흘러나오는 성가 소리로 장식되어야 하련만 사회 풍조는…… 광란狂亂해야 마음이 시원한 모양" 이라고 꼬집었다.

전후 복구사업이 진척되어 1955년 크리스마스 때 철야 송전이 가능해지자, 여학생들 대표는 상공부 장관을 찾아가 "이번 크리스마스는 전기 사정이 호전되어 명랑하고 거룩한 밤이 될 것이다" 고 말하면서 변전소 직원에게 전해달라고 15개의 크리스마스카드를 전달했다. 경찰은 "이날만은 '땐스' 를 묵인하고 난잡한 행동만 단속하라" 고 지시했다.[50] 그런 분위기를 이끌겠다는 듯, 국회에선 성대한 성탄파티가 열렸다.[51]

『조선일보』 1955년 12월 25일자는 "'크리스마스이브' 가 되자……교인들은 교회당에 모여 미사를 올리고 성가대의 노래가 거리거리에서 들려왔으나 이날을 노리는 무도장 또한 번창하여 '크리스마스이브' 는 광란狂亂 속에 밝았다. 더구나 어느 '땐스홀' 은 이날밤 입장료가 남녀 한쌍에 1만 환을 했다니 놀라운 이야기" 라고 했다.[52]

『조선일보』 1955년 12월 26일자 사설은 "크리스마스의 밤은 기독교도가 아니라도 축하의 예를 갖추어 무방하다. 반드시 의식의 절차를 밟지 않더라도 기쁘게 한 밤을 맞이해도 좋다. 그러나 크리스마스라고 해서 어떤 울안에서 빠져나온 것처럼 어쩔 줄을 모르고 가는 곳마다 난장판을 만들어 놓는다는 일은 용납될 수 없다. 그 귀하다는 전기를 온밤중 각 가정 각 상점에 무제한으로 보내주고, 밤의 통행금지 시간도 이밤만은 철폐해주었다는 것도 좋다. 그렇다고 밤새도록 술먹고 춤추고 거리를 어지럽히고 돌아다니는 일이 무제한으로 용납될 수 있는 것 같이 생각되었다는 것은 부끄러운 일이 아닐 수 없다" 고 했다.

"서울에는 '땐스홀' 이란 곳이 많다는 것도 크리스마스 밤에 더 알려지게 된 듯싶으며 '땐스홀' 이란 곳은 어느 곳이나 만원이었다고 한다. 반드시 '땐스' 가 나쁘다든지 절대금지해야 할 것이라든지 하는 것까지는 지금 단언할 바 못되지만 크리스마스를 빙자하여 술과 '땐스' 로 밤거리가 무색했다는 것은 이밤의 뜻을 완전히 깨뜨려버린 것이라 하겠다."

'한국의 기독교는 무엇을 하고 있는가'

크리스마스 놀자판 풍토는 특히 기독교로서는 개탄을 금치 못할 일이었겠지만, 이즈음 기독교도 문제라며 독하게 비판하고 나선 이가 있었으니 그가 바로 함석헌이었다. 함석헌은 『사상계』 1956년 1월호에 쓴 「한국의 기독교는 무엇을 하고 있는가」라는 글에서 "교회는 원조물자 오면 나눠먹을 생각만 하고, 목사들은 큰 교회 자리를 얻기 위해서 싸움만 하고" 있다고 비판했다.[53]

그러나 오래전부터 그랬지만 크리스마스는 이미 기독교와는 무관하게 전 대중의 축제로 자리 잡아 가고 있었다. 『조선일보』 1956년 12월 24일자는 '문화인 성탄제' 와 'X마스 무도회' 를 알리는 기사를 게재했다.

"HLKZ 테레비죤 방송국에서는 아리랑사 여원사 희망사 신태양사 학원사 등 출판사와 공동주최로 오는 24일 밤 6시부터 명동 동방문화회관 3층에서 지명知名 문화인들을 초청하여 성탄 파티를 개최한다 하며 여기餘技 가장假裝 등 다채로운 행사는 당일 하오 6시 50분부터 한 시간 동안에 걸쳐 HLKZ 테레비죤으로 방송된다고 한다.……동화백화점 4층에 있는 동화음악실에서는 국제오페라협회 주최로 크리스마스를 기념하여 24·25 양일간에 걸쳐 매일 하오 7시부터 무도회를 개최하리라 한다."

1957년 최초로 국산 크리스마스 카드가 등장했다. 부산에서 그림 딱지를 만들어 팔던 윤상조가 평화카드사라는 회사를 만들어 외국카드를 본떠 내놓은 것이었다. 이때만 해도 서울 남대문 양키시장을 통해 미8군에서 흘러나온 미제카드 재생품이 판을 치고 있었다.[54]

크리스마스는 뇌물성 선물을 바치는 기회로 활용되기도 했다. 『조선일보』 1958년 12월 2일자 「색연필」은 "김 내무부 장관은 크리스마스와 연말을 계기로 선물을 가지고 다니는 일을 내무부 산하 직원만이라도 없어야 한다고 관하에 시달했다고. 이에 '선사를 하는 것을 왜 무슨 힘으로 막겠느냐' 고 물으니 '폐단이 많다니 그리하지 말라고 했지요' 라고 김 장관은 답변. 과연 내무부 산하 직원이 김 장관의 말대로 그렇게 할는지 궁금할 일이지만 선사받을 층이 받지 아니하면 될 터인데……"라고 꼬집었다.

대한YWCA연합회 이사 손인실은 『조선일보』 1958년 12월 21일자에 「X마스와 실내장식: 허식을 떠나 알맞은 계획 세우자」라는 글을 기고했다.

"크리스마스를 앞두고 몇 달 전부터 담배 속에 있는 은종이를 모아둡니다. 마분지 몇 장을 사거나 케익 담았던 곽을 버리지 말고 두었다가 쓸 수도 있습니다. 솜과 색종이 풀 등을 준비하고 전해에 받았던 '카드' 를 끄내놓고 그림을 보며 별도 만들고 집과 사람 동물 등 재주껏 어린애들과 같이 만듭니다. 이것을 만들고 있는 동안 다시 한 번 예수 크리스도의 참된 생애를 생각하게 되며 그분을 기념해서 이런 시간을 바친다는 것이 무한한 기쁨을 느끼게 합니다. 밤늦게까지 앉아 이것저것 만들고 있노라면 자기도 몰랐던 새 재주가 발견도 되지요. 만든 것을 나무에 장식하고 솜을 군데군데 펴놓으면 퍽 대견한 '크리스마스 추리' 가 되는 것입니다."

'종교가' 로 소개된 김경래는 『조선일보』 1958년 12월 25일자(석간 4면)에 기고한 「묵살된 X마스의 의의」라는 글에서 "한국의 X마스는 확실히 이용당하고 있다. 향락주의의 화신들, 허식가장虛飾假裝을 일삼는 각층의 무리들에 의하여 악용되고 있는 것이다. 그들은 해마다 이때가 되면 벼락 신도가 된다. 그리하여 예부터 X마스와 더불어 발생세습되는 온갖 형식을 모방하여 'X마스 붐' 을 선도하는 것이다. 이의 구체적인 실례를 금년에도 예외없이 볼 수 있을 것 같다" 고 했다.

"12월 25일 오전 6시경의 거리를 보면 X마스가 한국을 어떻게 만들어 놓고 사라졌는지 알 수 있을 것이다. 굴러떨어진 술병, 쓰러진 'X마스 츄리' , 수없이 흩어진 종이 조각, 그 위로 비틀거리면서 지나간 'X마스 이브' 의 선남선녀들이 떠오를 것만 같다. 확실히 X마스는 그들의 향락을 충족시키는 휴일이다. 남녀 교제의 시간을 연장시키는 그리고 순결을 소각燒却하게 하는 공인방종일公認放縱日이다. 근년에 와선 교회도 이런 세속에 침윤되어 버렸다 하여 고민하는 목사를 흔히 보게 된다. 그 고민은 예수의 탄식 소리를 영감靈感한 고민이리라."

1959년의 크리스마스도 다를 바 없었다. 『조선일보』 1959년 12월 25일자 기사 「향락과 사치에 들뜬 X마스 이브: 밤새도록 택시 · 아벡크 홍수」는 "예수 크리스도의 신자이건 또는 신자 아니건간에 '크리스마스이브'를 즐기려는 서울 시민들은 온통 명동을 비롯한 서울의 번화가에 깔렸다. 어둠이 짙어가면서 한복 차림의 여대생들은 다방에서 약속 있는 젊은이들을 만나 끼리끼리 밤새껏 즐길 수 있는 밀회 장소로 발길을 옮기고……. 통행금지 시간에 찌들리던 택시들도 이밤만은 마음놓고 술에 만취된 떠들썩하는 손님들을 모시기에 바빴으며 사랑의 따스함을 느끼는 젊은 남녀는 밤이 새는 줄도 모르게 '아벡크'의 걸음을 빙글빙글 돈다.……거리의 음식점, '케키' 점, '스탠드 빠', '캬바레' 마다 일 년 중 가장 즐거운 날을 맞은 듯이 들뜬 사치스런 시민들은 앉을 자리도 없게 꽉 찼다"며 "그러나 서대문구 응암동 난민촌이나 한강 백사장의 이촌동 주민들은 통행금지조차 해제된 명절과는 아랑곳없이 고요한 밤을 잠으로 보냈다"고 했다.

'크리스마스트리' 때문에 산림녹화가 다시 문제가 되자 나무를 뿌리채 판매하는 수법이 등장했다. 나중에 다시 땅에 옮겨 심으면 되지 않느냐는 논리였다. 이에 "마음 먹고 옮겨 심는 사람도 별로 없으려니와 혹시 정성껏 옮겨 심는 이가 있을지라도 시기가 너무 늦기도 하고 캐오는 사람이 뿌리를 정신 차려 캐올 리도 없고 핑계로 몇 가닥의 뿌리를 남기고는 흙으로 싸서 뿌리가 많은 것처럼 속임수로 한 것이 대부분"이라며 아예 '크리스마스트리'를 없애자는 주장이 나오기도 했다.[55]

'광란과 음란의 밤'

크리스마스는 1960년의 4 · 19, 1961년의 5 · 16 등 역사의 격랑을 거치면서도 1960년대 내내 비약적인 발전(?)을 거듭했다. 『조선일보』 1960년 12월 25일자는 "한국의 음악방송은 크리스마스에 대하여 대단히 민감하다. 국영인 KA든 민간방송의 KY나가 12월에 접어들자 10일경부터 〈징글 벨〉을 비롯한 각종 '크리스마스 캐롤' 을 자주 전파에 실어 성탄일인 오늘까지 계속하고 있다. 백화점의 'X마스' 특매特賣운동도 아닐 터이고 몇 세기를 기독교도로 살아온 국민도 아니련만 겨우살이 걱정이 태산같은 서민층에겐 방송의 과잉봉사로밖에 안 들리니 탈이다" 고 꼬집었다.

『조선일보』 1962년 12월 25일자는 " '거룩한 밤 고요한 밤' 은 쏟아져나온 인파의 잡담 속에 깊어갔다. 유난히도 휘황한 네온이 비치는 명동의 좁은 거리는 쌍쌍이 짝을 진 선남선녀로 꽉 메웠고 종로 을지로 등 번화가는 춥지 않은 날씨탓인지 예년보다 배나 많은 인파가 홍성거렸다. (3부제 운행을 하던) 택시가 제한 없이 쏟아져나와 사뭇 돈바람에 신이 났고 긴 치마를 입고 동무들과 얼려 쏴다니는 나어린 여학생들도 거리로 흐르는 '크리스마스 캐롤' 에 홍겨웠다" 고 했다.

"명동성당에 금년 처음 만들어진 석벽 '마리아' 상 앞엔 62개의 촛불이 켜 있었고, 대여섯 살 된 어린이들로부터 백발이 된 노인에 이르기까지 경건하게 꿇고 앉아 기도를 드렸다. 국장마다 초저녁부터 '만원사례' 를 내걸었고 울긋불긋 단장한 과자점은 도시 앉을 자리도 없었다.……대폿집이 즐비한 무교동 거리는 삼삼오오 짝을 진 취객들이 알아듣기 힘든 혀 꼬부라진 소리로 열심히 떠들고 종로 번화가에 있는 모 다방엔 8시부터 10분 동안 278명의 손님이 출입했다. 온통 부푸른 도심가의 풍경 가운데서도 가장 두드러지게 고요하지 못한 곳이 역시 '댄스 홀' 이다. 1백 원씩 받던 입장료를 3백 원 받는데도 곳곳마다 만원. 'D홀' 의 경우, 9시에 입장 사절을 했다." [56] (1962년 신문 1개월 구독료는 60원이었다.)

『조선일보』 1963년 12월 25일자에 따르면, "서울의 '크리스마스이브', 명동의 환락가와 남산의 '아베크 코스' 이외에도 밤거리는 남녀의 세찬 물결로 붐비었다. 뚜뚜…… 하는 '뿔피리' 소리가 이날의 성적聖笛인 것처럼 자동차의 소음을 억눌렀고 광대로 가장한 10대의 장난꾼들이 거리를 누벼 마치 '카니발' 을 연상케 했다. 명동성당은 꽃불을 날려 눈 없는 성탄의 밤을 불똥으로 꾸며 '화이트 크리스마스' 대신 '레드 크리스마스' 로 이 밤을 휘황케 했다.…… 다방 자릿값이 최고 90원까지 올랐고 좌석표를 예매, 열을 짓기도 했다". [57] (1963년 신문 1개월 구독료는 80원이었다.)

송건호는 "'크리스마스이브' 가 광란과 음란의 밤으로 야단법석을 떨게 된 것은 5 · 16을 지난 1962, 3년경이었다고 기억된다. 젊은이도 늙은이도 이날밤은 거의 이성을 상실한 것 같았다. 그냥 집에 들어가기가 어쩐지 허전한 것 같은 기분조차 드는 밤이 되어버렸다. 다방마다 꽉 들어찬 젊은이들로 철야를 했고, 호텔 · 여관은 예약 없인 얼씬도 못했다" 고 회고했다.[58]

『조선일보』 1964년 12월 24일자는 "명동 등 서울의 번화가는 23일부터 벌써 '크리스마스 무드' 에 들떠 젊은이들로 어깨를 비여야 했고 시내 각 호텔과 카바레 등 유흥장은 '댄싱 파티' 로 예약이 다 되었다는 업자들 이야기다. 성당의 종소리를 들으며 가족끼리 경건히 지낼 크리스마스가 부럽다. 손님을 가장 많이 받을 워커힐은 1인당 2천 원짜리 '댄싱 파티' 예매

권이 22일에 이미 다 팔렸으며 4백50개의 방이 모두 예약되었다" 고 했다.[59] (1964년 신문 1개월 구독료는 100원이었다.)

'누가 그들을 광란케 했는가'

1965년 9월 22일 창간된 『중앙일보』는 크리스마스를 앞두고 중앙라디오 중앙텔리비전과 함께 일선 장병과 파월 장병들에게 '새해 · 크리스마스선물 모아보내기' 캠페인을 전개했다.[60]

1965년 12월 18일 서울시는 크리스마스를 앞두고 시청 앞 광장에 높이 20미터나 되는 대형 '크리스마스트리' 를 세운다고 발표했다. 이에 『중앙일보』는 " '공동성탄수' 라고 이름 붙인 이 트리는 전구가 2천6백 개나 달리며 고성능 스피커 4개. 이 트리의 점화식에는 3천 명의 군악과 합창단을 동원한다는 등 '딜럭스' 를 자랑. 서울의 불모지대 봉천동의 수재민 3천2백 가구는 동댕이치다시피 해놓고 예산이 없어 구호 못하겠다던 서울시는 이런데다 '딜럭스' 판만 구상해야 타당할는지?" 라고 꼬집었다.[61]

『중앙일보』 1965년 12월 24일자 사설은 '크리스머스이브' 가 '이성을 잃은 밤' 이 되었다고 개탄하면서 "누가 그들을 광란케 했는가. 누가 그들을 사치스럽게 만들었는가. 누가 그들을 심야의 밤거리를 헤매게 하였으며, 누가 그들을 음란한 몸짓으로 밤을 지새우게 했는가" 라고 물었다. 이 사설은 "그것은 결코 크리스머스의 주인공인 예수가 아니라 이 사회를 병들게 한 우리들 자신 속에 있는 것이라 할 수 있다" 며 세 가지 이유를 들었다.

"첫째 해방 후 20년 동안 우리는 '금지된 밤' 속에서 생활해왔다. 극소수인 특권층을 제외한 모든 국민들은 오랜 통금 속에서 밤의 풍속이 억압되었었다. 그러기 때문에 밤의 자유를 누릴 수 있다는 이유 하나만으로도 통금없는 '크리스머스이브'는 경건할 수만은 없게 된 것이다. 밀리는 철야의 인파를 욕하기보다 도리어 동정을 해야만 될 우리들이다.……둘째는 우리 사회의 인간관계가 아직도 폐쇄적이란 데서 그와 같은 혼란이 빚어진다고 할 수 있다. 10대의 청소년들이 '크리스머스이브'에 탈선행위를 한다는 것은 물론 정당화할 수는 없다. 그러나 그들을 탓하기에 앞서 묻고 싶다. 과연 몇 사람이나 10대의 심리를 이해해주는 어른들이 있는가. 우리는 그들에게 자연스러운 교제를 할 수 있는 터전을 마련해주기 위해 노력했는가.……셋째로는 우리 사회가 그만큼 긴장되어 있고 가난하다는 데서 모든 축제가 유난스러워진다는 그 변태變態의 결론을 얻을 수 있다. 억압된 나날, 빈곤의 연속, 우울과 실의의 반복, 이러한 감정이 마치 연약한 지표를 뚫고 폭발하는 화산처럼 무슨 계기가 있으면 곧 터져나오기 마련이다. 정치와 경제의 빈곤이 역설적으로 표현된 것이 바로 크리스머스의 사치이며, 유흥이라고 보아야 할 것이다." [62]

1966년 8월 19일 서울고법특별부(재판장 김윤행 부장판사)는 동국대학교 대학원생 김선홍(31)이 법무부 장관을 상대로 "성탄절만을 공휴일로 제정한 것은 부당하다"며 이를 취소하라는 행정소송을 낸 데 대해 행정소송의 대상이 안 된다고 소 각하 결정을 내렸다. 재판부는 "대통령으로 성탄절을 공휴일로 제정했기 때문에 행정소송의 대상이 안 된다"고 설명했다.[63]

'크리스마스 바로 지내기 운동'

크리스마스의 광란에 가장 앞장선 이는 청소년들이었다. 치안국 통계에 따르면, 크리스마스 광란으로 경찰 신세를 진 탈선 청소년은 1964년 2만 8,000여 건, 1965년 2만 3,000여 건에 이르렀다.[64] 이를 바로 잡겠다며 YMCA, YWCA 서울시 등은 1966년 12월 '크리스마스 바로 지내기 운동 위원회'를 조직했다. '광란의 밤'을 '고요한 밤'으로 바꿔보자는 운동이었다. 윤석중 작사, 전석환 작곡으로 〈크리스마스를 가족과 함께〉라는 노래도 만들었다.

"마굿간 안에서 태어나신 가난한 아기 예수 생각하며 고요한 이밤을 예수와 함께 크리스마스를 가족과 함께 하늘엔 영광을 돌려주고 땅에는 평화를 심어주고 거룩한 이밤을 예수와 함께 크리스마스를 가족과 함께."[65]

이어 민간방송 대표들이 모여 방송을 통한 '크리스마스 바로 지내기 운동'을 벌이기로 했다. 그들은 "이때까지 매스콤이 너무 떠들썩한 분위기를 조성하여 젊은이들에게 나쁜 영향을 끼쳤다"고 지적하고 "올해는 프로를 좀더 조용히 만들어 가정에서 조용한 크리스마스를 지내도록 하자"고 결의했다.[66]

치안국은 탈선 청소년의 수를 전년의 3분의 2 수준으로 줄이겠다는 목표를 세우고 '청소년 집으로 돌아가기 운동'을 전개했다. 경찰이 YMCA, YWCA 등과 함께 '사랑의 종'이 울린 밤 10시 이후 거리를 방황하는 청소년을 집으로 돌려보내는 운동이었다. 23일부터 서울 시내엔 조용한 '크리스마스이브'를 외치는 가두방송차가 시끄럽게 거리를 누비고 다녔다.[67]

그런 운동과 더불어 영하 12도의 혹한이 겹쳐 전국의 '크리스마스이브'

청소년 풍기사범은 4,645건으로 전년의 5분의 1 수준으로 줄었다. 성인층의 보안사범도 전년의 절반인 1,979명으로 줄었다. 해마다 1백만 명의 인파가 몰린 서울 명동 번화가 인파도 30만 명으로 줄었다.[68]

1967년에도 '크리스마스 바로 지내기 운동'은 계속되었지만, 새로운 복병이 나타났으니 그건 바로 경제성장과 함께 서서히 고개를 들기 시작한 소비문화였다. 1967년 크리스마스 때부터 백화점 경기가 크게 달라지기 시작했다. 『조선일보』 1967년 12월 24일자는 "조용히 '메리 크리스마스'의 인사를 나누는 외침 속에 서울 시내의 백화점은 23일 사상최고의 성탄대목경기를 누렸다"며 "성탄연휴를 앞둔 이날 오후 각 직장에서 보너스를 받아쥔 샐러리맨들은 상가로 몰려 나가, 특히 백화점엔 발붙일 곳조차 없었다"고 보도했다.

"연말까지 약 20억 원의 매상을 노린 상가에선 이날 하루에 약 10억 원으로 추산되는 매상을 올렸다고 즐거운 비명을 질렀다. 미도파와 신세계 백화점이 자리잡은 명동 일대는 오후 1시쯤부터 쇼핑 인파가 밀리기 시작, 명동입구 지하도는 제대로 발걸음을 옮길 수 없을 만큼 대혼잡, 백화점 안은 산더미처럼 쌓인 상품들과 서로 발등을 밟아야 할 인파로 터질 듯 부풀어 올랐다."[69] (1967년 신문 1개월 구독료는 180원이었다.)

왜 여관이 초만원인가?

1968년에도 '크리스마스 바로 지내기 운동'은 계속되었다. 52개 사회단체가 뜻을 모아 '크리스마스 바로 지내기 추진위원회'(위원장 강원용 목사)를 구성했다. 이들은 '크리스마스는 이웃과 함께'란 주제를 내세워 '사랑의 선물'을 수집하고 어려운 사람들을 방문하는 등 각종 행사를 벌였다.[70] 서울 시내 번화유흥가 곳곳에는 "술값은 엄마선물 안주값은 아기선물" 등 플래카드가 나붙었다. 52개 사회단체 회원들이 길에 나서 빨리 집에 돌아가라고 재촉하는 진풍경도 벌어졌다.[71]

그러나 청소년들의 크리스마스 열망은 워낙 강한 것이어서 그런 캠페인으로 막을 수 있는 건 아니었다. 그들은 점점 더 조직적으로 크리스마스 파티를 꾸려가면서 노는 데에 심혈을 기울였다. 1969년 크리스마스 때엔 이런 일도 있었다.

"(12월) 23일 서울 남대문 경찰서는 S상고 2년 왕모(17), H대 건축과 1년 연모(18), H공전 2년 최모(18)군 등 3명을 폭력행위 등 처벌에 관한 법률위반 혐의로 입건하고 김모군 등을 수배했다. 이들 10여 명은 22일 오후 7시 40분쯤 중구 남창동 52 여성회관에서 시내 남녀 고교생 2백여 명을 모아놓고 미8군 전속 보컬팀과 캄보밴드까지 불러들여 크리스마스 파티를 벌이다 표를 사지 않고 들어와서 구경하던 신일고교 1년 윤모군을 뒷마당에 끌고가 20분 동안 마구 때려 전치 2주의 중상을 입혔다는 것이다."[72]

청소년들의 크리스마스 열광은 기성세대의 경직된 사고방식에도 큰 책임이 있었다. 교회 내에서 그런 경직된 문화를 바꿔보려는 시도도 있었으니, 그 주인공은 바로 강원용이었다. 그는 1969년 크리스마스 때 한국 교회사상 처음으로 예수 탄생을 소재로 무용가 육완순이 안무한 무용 예배를 선보였다.[73]

강원용은 『중앙일보』 1970년 12월 24일자에 기고한 「성탄절 어제와 오늘」이라는 제목의 칼럼에서 40년 전 고향에서 지낸 크리스마스를 회고하면서 "모든 행사는 곧 동심으로 돌아가서 서로 아껴주고, 사랑하고, 돕는 행사들로 집중되었었다. 그러나 소위 대동아전쟁이 터지고 난 후 일제의 심한 탄압으로 크리스머스 행사는 거의 할 수 없었다. 특히 전쟁이 끝나던 해 크리스머스를 경찰서 유치장에서 보냈던 내게는 크리스머스를 다시 지킬 수 있다는 것을 곧 민족의 해방과 결부시킬 수밖에 없었다" 고 했다.

"그리고 해방과 함께 맞이한 크리스머스는 곧 미군의 구제품과 선물받는 계절처럼 되어오다가, 1960년대의 중반기에 접어들면서 일종의 난장판으로 화해버리기 시작했다. 이렇게 왜곡된 크리스머스는 물론 국민대중 특히 청소년층의 해방감과 함께 통행금지의 해제, 상인들의 가열된 광고선전 등에 자극된 것이라고 하겠으나 이유야 여하튼 서글픈 일이 아닐 수 없다. 서울거리는 마치 2천 년 전 예수가 탄생할 때의 베들레헴처럼 여관집도 초만원을 이루었다. 그것은 그 옛날처럼 호적등본을 하러온 사람들 때문이 아니라 불륜의 관계를 맺는 남녀들 때문이다."

크리스마스카드 열풍

1971년 '10 · 15 위수령' 과 '12 · 6 국가비상사태' 가 선포되는 등 박정희 독재가 기승을 부렸지만, 그럼에도 크리스마스를 억누를 순 없어 1971년 크리스마스도 통금은 해제되었다. 그러나 미성년자는 10시까지였다. 이에 송건호는 "미성년 남녀의 풍기가 문제된 때문인 듯한데 따지고 보면 성년의 풍기가 더 문제일는지도 모른다. 미성년은 기껏 다방이나 뮤직홀인 데

비해 성년은 호텔이 무대가 되고 있는 모양이다. 미성년이 공개적이라면 성인은 음성적이고 은근한 쾌락을 노리고 있음이 분명하다. 서울 시내나 주변의 이름 있는 호텔이 성인들에 의해 거의 예약되어 있다고 한다"고 꼬집었다.[74]

강원용은 1970년대 들어서도 '실험적 예배'를 계속했다. 1971년 성탄절엔 극단 '햇님'의 성극 공연, 1972년 성탄 축하 예배 때는 자정예배와 함께 포크댄스를 진행했으며, 촌극 경연무대도 선보였다. 그러나 이런 시도에 대한 기독교 내 반발은 만만치 않았다.

강원용은 "이 같은 실험적 예배의 시도는 교계 안팎의 심상치 않은 주목을 끌게 되었는데, 그중에서도 가장 말썽을 불러일으켰던 행사는 1972년 중고등학교 신우회 주관으로 교회 안에서 열린 '복음가요 페스티발'이었다. 이 행사에 출연해 노래를 한 사람들은 당시 청소년들에게 큰 인기를 끌던 가수 조영남과 윤형주 등이었다. 독실한 기독교인이기도 한 그들에게 팝송을 찬송가처럼 개사해서 노래를 불러달라고 먼저 요청한 사람은 나였다"고 했다.

"밤에 개최된 이 복음가요 페스티발은 나도 놀랄 정도로 대성황이었다. 조영남과 윤형주의 높은 인기 때문에 우리 교회뿐 아니라, 다른 교회에서도 학생들이 몰려왔고 성인들도 굉장히 많이 왔다. 한마디로 대성공이었던 것이다. 그렇게 되니 걱정했던 장로들도 매우 좋아하는 모습이 역력했다. 그런데 다음 날부터 밖에서 보수교단을 중심으로 그날 공연에 대한 비난과 공격이 화살처럼 쏟아지기 시작했다. '신성한 교회에서 속된 유행가 가수를 불러다가 미친 짓을 벌였다', '이제 두고 봐라. 앞으로 강원용이는 경동교회를 나이트클럽으로 만들 것이다' 하는 등의 비난과 공격이 쉴 새 없이 들어왔던 것이다."[75]

1973년부터 교회 밖에선 크리스마스의 새로운 풍속도가 나타나기 시작했다. 관광회사들마다 연인들을 대상으로 시내 · 교외 버스 드라이브 상품을 내놓았고, 호텔들은 앞다퉈 유명 가수들이 출연하는 만찬 상품을 선보였다.[76]

1970년대 중반 에너지 위기가 고조되면서 크리스마스는 비교적 조용해졌으며, 그 대신 크리스마스카드 시장이 급성장하기 시작했다. 1959년부터 한국적인 크리스마스카드를 개발하기 시작한 서울 건진카드 사장 안병각은 "처음에는 재미를 못봤지만 1966년 이후 월남파병과 해외이민들을 계기로 한국의 풍물을 주제로 한 카드 수요가 늘어나 1970년 후반에는 기업화에 이르게 되었다"고 했다.[77]

크리스마스카드 열풍은 1980년대까지 이어졌다. 체신부 집계에 따르면 1980년 12월 11일부터 1981년 1월 11일까지 한 달 동안 모두 5,529만여 통의 성탄 연하 우편물이 접수 · 배달되었다.[78]

1년 365일의 '크리스마스화'

1982년 1월 5일은 역사적인 날이었다. 1945년 9월 7일 미군정 치하에서 미군 사령관 하지의 군정포고 1호로 시작된 통행금지가 그로부터 36년만인 그날 밤 12시를 기해 전방 접경지역과 후방 해안지역을 제외한 전국에서 해제되었기 때문이다. 1980년 5 · 18 광주학살을 저지르고 집권한 신군부의 '당근' 전략이었다.

통행금지 해제는 1년 365일의 '크리스마스화'를 의미하는 것이었다. 통금이 해제된 후, 호황을 누리기 시작한 건 본격적인 밤 문화와 성적 욕망의 배설구들이었다. 특히 서울 강남에는 새로운 숙박업소들이 문을 열기 시작했는데, 『주간중앙』 1982년 1월 17일자는 "영동의 신흥 숙박업소들이 활황이다. 이들은 컬러 TV에 침대는 물론 도색필름을 구경할 수 있는 VTR 시설까지 완비, 시간제를 구가하고 있다"고 보도했다.[79]

따라서 크리스마스 상품화 전략도 변화의 물결을 타지 않을 수 없었다. 이제 '연인'보다는 '어린이'였다. 1984년부터 호텔들은 어린이를 위한 크리스마스 파티의 치열한 판촉에 나섰다. 참가 인원은 호텔마다 700명에서 1,400명이었고, 개그맨 가수 등 연예인과 마술사 태권도 시범 묘기 등이 파티의 주요 내용이었다. 어린이 1명에 1만~1만 5,000원, 어른은 1만 8,000~2만 5,000원이었다.[80] (1982년부터 1987년 9월까지 신문 1개월 구독료는 2,700원이었다.)

크리스마스 캐럴집도 어린이용이 불티나게 팔려 1986년에는 새로 제작된 음반의 절반을 넘어섰다.[81] 이 같은 '어린이 크리스마스' 추세는 1990년대까지 지속되었다. 그와 더불어 백화점이 주도하는 소비문화가 강력 개입하면서 과시적인 '선물 문화'가 크리스마스를 지배하게 되었다.

김미경은 "1960년대 크리스마스 선물은 당시의 빈곤을 반영하듯 생필품이 주류를 이루었다. 생활에 조금이라도 도움이 되는 것을 선물하는 것이 미덕이었다. 1965년 크리스마스에는 양철통에 담은 6킬로그램짜리 설탕(당시 860원)이 큰 인기였다. 비누, 양말, 조미료 세트, 과일, 통조림 세트도 빼놓을 수 없는 품목이었다. 1973년 크리스마스 히트 상품은 장미표 와이셔츠(1,800~2,200원)와 미원(1,200~3,500원). 모포, 화장지, 내의도 인기 있었다. 1960년대보다 사정은 조금 나아졌지만 생필품은 여전히 좋은 선물이었다. 1980년대 들어서 청소년들 사이에서 레코드와 카세트를 선물하는 것이 유행이 되었고, 캐럴 음반은 부담없는 선물이었다. 이와 함께 양초 공예품이나 머플러, 목걸이 등의 패션 액세서리와 팬시 용품도 인기였다"고 했다.

"1990년대 들어 가장 두드러진 변화는 패션 상품들이 선물의 대종이 되었다는 것이다. 향수, 패션 내의, 지갑, 넥타이 등 비싸지 않으면서 실용적인 패션 소품류가 가장 인기 있는 품목이 되었다. 분위기와 멋이 선물을 선택하는 가장 중요한 기준이 된 것이다. 어린이용 선물도 학용품보다는 조립 완구류나 전자게임기가 인기를 모으고 있다. 고가의 수입품이 크리스마스 선물로 등장한 것도 1990년대의 두드러진 특징." [82]

'성탄절에는 사랑을 확인하세요'

백화점들은 크리스마스를 앞두고 선물 주고받기 운동을 대대적으로 전개했다. 쁘렝땅 백화점은 "성탄절에는 사랑을 확인하세요"라고 호소하고 나섰다. 『동아일보』 1990년 12월 15일자는 백화점들이 "연말대목을 노려 '선물증정 판매', '할인 판매', '보상 판매', '연예인 초청공연 판매' 등 갖가지 판촉행사를 통해 과소비가 분에 넘치는 '선물 주고받기'를 부추기고 있다. 또 각 가정에는 각종 선물 및 수입 고가품을 '싸게 판다'는 광고 전단과

1백50페이지에 달하는 고급선물세트 카탈로그 등이 수없이 뿌려지고 있다"고 보도했다.[83]

그런 소비주의 문화는 교회까지 파고들었다. 『경향신문』 1990년 12월 21일자는 "크리스마스와 연말을 앞두고 대형 교회들이 엄청난 돈을 들여 초호화판 성탄행사를 벌이면서도 정작 고아원 양로원 등 불우시설을 돌아보는데는 인색함을 보이고 있어 사회는 물론 종교계에서조차 따가운 비판이 일고 있다"며 "변두리 개척교회 등에서 이따금씩 이들 불우시설에 들르기도 하지만 엄청난 재력을 갖추고 있는 서울 강남의 ㅊ·ㄱ·ㅅ교회, 여의도 ㅅ교회 등 1주일 헌금만도 수억 원씩 거둬들이는 초대형 교회에서의 구휼사업은 거의 없어 거센 비판이 제기되고 있다"고 했다.

"서울 종로구 ㅊ양로원 직원 박모씨(46)는 '큰 교회의 목사 월급이 1천만원이 넘는 현실에서 불우시설에 단돈 10만 원도 기탁하지 않는 몰인정한 교회가 과연 이웃사랑을 실천하고 있는 것이냐고 묻고 싶다'고 말했다. 이와는 대조적으로 대형 교회에서는 성탄절 예배 및 부수행사에만도 수억 원씩의 예산을 들여 초호화판으로 준비하고 있어 빈축을 사고 있다. 신도 6천여 명을 자랑하고 있는 서울 강남구 ㅅ교회의 경우 이번 성탄행사에 총 2억원의 예산을 세워 행사를 준비하고 있다. 이들 교회에서 거두는 엄청난 헌금의 대부분은 교역자 생활비, 교회유지비, 건물신축 등 '교회살림 및 치장'에 쓰이고 있는 것이 현실이다."[84]

소비주의 문화는 역사를 다시 거슬러 올라가 외국산 크리스마스용품의 전성시대를 열었다. 『경향신문』 1991년 12월 23일자에 따르면, "성탄절을 3일 앞둔 22일 서울 시내 유명 백화점과 상가 등 선물용품점에는 스위스,

오스트리아제 공예양초가 개당 2만~3만 5천 원선에 팔리고 있으며 하와이 등 남태평양산 목각 산타클로스, 페루산 토기산타 등이 10만 원을 호가하는 고가에도 인기리에 팔리고 있다. 특히 크리스마스트리용으로 수입된 북구의 전나무가 10만~20만 원선에 거래되고 있으며 점등, 금박지 등 트리 장식용품은 중국, 태국산 수입품이 범람해 국내 영세업체들이 치명적인 타격을 입고 있다. 또 일본에서 아이디어상품으로 개발한 CD카셋, CD연하장, 비디오카셋 등도 '폴리돌', '데카', '소니' 등 외국 유명업체 제품들이 불티나게 팔리고 있다.……이밖에도 산타 할아버지가 크리스마스이브에 선물을 넣어준다는 어린이용 양말과 장갑은 물론 크리스마스파티용 모자, 가면, 풍선 등도 미국, 독일 등지에서 수입돼 팔리고 있다" 고 했다.[85]

크리스마스 문화와 크리스마스 용품의 과잉 · 과대 · 과시는 교회의 성장주의와도 일맥상통했다. 1992년 3월 한국은 세계 50대 교회 중 제1위를 포함해 모두 23개나 차지하고 있는 것으로 나타났다. 이에 리영희는 "광적인 냉전, 반공, 군부독재가 이 나라를 암흑 속에 몰아넣고 있던 지난 30여 년 동안 그 신문기사에 나온 교회들의 성직자들이나 그 교회들에서 기도드리는 선남선녀들이 군부독재에 반대한다는 말을 나는 과문한 탓인지 들어본 일이 없다" 며 "세계에서 기독교가 가장 위세를 떨치는 나라 대한민국의 꼴이 왜 이럴까?" 라는 의문을 제기했다.[86]

'블랙 크리스마스 비상'

소비주의 문화에 비판적이었던 『한겨레신문』마저도 1993년 12월 23일자에서 「크리스마스 특별행사 풍성(백화점 소식)」이라는 기사를 통해 '중립적' 으로 보도했다는 게 흥미롭다. 이 기사는 "성탄일을 앞두고 백화점마다 선물세트전, 특별행사 등으로 달아오르고 있다. 백화점 특별행사 가운데 재미있는 행사로 그랜드백화점이 마련한 산타클로스가 배달하는 선물잔치가 있다. 23~25일 사흘 동안 5살 미만의 자녀를 둔 가정에서 신청하면 산타가 집으로 선물을 배달해준다. 5만 원 이상 구입한 고객 중 선착순 1백 명에게 해주며, 배달하는 지역은 서울 송파 · 서초 · 강남 · 수서 · 분당 · 강동구 등이다. 25일까지 완구대잔치 · 사랑의 선물 페스티벌 등도 마련된다" 고 자상한(?) 안내를 해주었다.

"신세계백화점은 25일까지 전점에서 크리스마스트리용품 모음전, 자녀 · 부모 · 연인 · 친구 등 대상을 나눠 마련한 선물전을 열고 있다. 현대백화점은 26일까지 전점에서 선물대축제를 열고, 본점에서는 '산타가 추천하는 크리스마스 완구선물 페스티벌' 을 비롯해 미키 · 미니퍼즐대회, 캐릭터쇼, 미키챌린지볼게임 등 '월트디즈니 크리스마스 페스티벌' 을 갖는다. 신촌 그레이스백화점은 25일까지 자녀와 부모, 친구에게 선물할 만한 물건들을 모은 선물용품 매장과 크리스마스 가족파티를 위한 파티용품 특설매장을 운영한다. 한신코아에서는 25일까지 완구선물모음전, 어른을 위한 선물전, 스키대축제 등을 마련하며 7만 원 이상 구입한 고객에게는 쌀 2킬로그램을 증정한다. 진로유통은 24일까지 완구 · 문구 · 도서특선전, 선물용품전, 캐럴경연대회 등을 열며 이랜드코너에서는 24일 고객에게 10원짜리 '성탄커피' 를 제공한다. 산타와의 기념촬영 또는 산타가 주는 작은 선물을 준비한 곳도 많다. 롯데백화점 전점, 진로유통 · 해태유통 등에서는 '산타 할아버지와 함께 사진' 행사가 준비돼 있다. 애경백화점은 햇빛 광장에 산타 썰매를 설치해 25일까지 어린이에게 산타나 동물 분장을 해주고 사진을 찍어주며, 그랜드는 23일까지 산타 가족이 매장을 돌며 사탕을 나눠주면서 기념사진 촬영에 응하고 있다."

크리스마스 화제도 다양해졌다. 1994년 크리스마스 때엔 '블랙 크리스마스'라는 말이 유행했다. 눈이 내리지 않는 크리스마스가 아니라 이성 파트너 없이 맞는 '암담한 성탄절'이란 뜻이었다.

『한국일보』 1994년 12월 26일자는 "올 성탄절 대학생들과 20대 직장인층에 난데없는 '블랙 크리스마스 비상'이 걸렸다. '성탄절을 이성과 함께 보내지 않으면 7년 동안 이성 친구가 생기지 않고, 함께 보낸 이성과는 10년간 인연이 계속된다'는 허무맹랑한 소문 때문이다. 대학가와 강남 일대 유명 카페들은 성탄 전야인 24일 밤 블랙 크리스마스를 피하자는 명분 아래 핑크파티 · 치마파티 등 이색적 이름의 '짝짓기 파티'로 흥청거렸다"고 보도했다.

"핑크파티는 분홍색 넥타이나 의상 차림으로 참석하는 것이고, 치마파티는 남자도 치마 같은 천을 걸치고 참석하는 국적불명의 파티이다. 고교 동창을 중심으로 전문직 남녀 2백여 명이 모인 파티를 주선한 김모(29 · 광고회사직원)씨는 '블랙 크리스마스 소문을 듣고 친구들 사이에 '손해볼 것 없다'는 의견이 모아져 파티를 열었는데 예상보다 호응이 높아 예정 인원보다 50여 명이나 초과했다'고 말했다. 모 유명기업 해외담당부서의 미혼 사원들이 강남 카페에서 연 가면파티도 초청받지 않은 커플들까지 몰려 밤늦게까지 야단법석이었다. 이 파티 참석자들은 1인당 가면비 8만 원 참가

비 10만 원을 지불했다. '블랙 크리스마스' 소동은 잇단 대형사건 사고로 인한 어수선한 사회 분위기 때문에 성탄절 경기를 놓치게 된 유흥업소들이 고객 유치 작전으로 퍼뜨린 황당무계한 소문에 일부 젊은이들이 부화뇌동한 것으로 풀이된다." [87]

IMF 크리스마스, 1년 만에 다시 흥청망청

1997년 11월 21일 한국 정부의 IMF 구제금융 신청은 언론에 의해 '6·25 이후 최대 국난'으로 불렸다. IMF 환란은 1997년 크리스마스를 그 유례를 찾기 어려울 정도로 '조용한 크리스마스'로 만들었다.

『동아일보』 1997년 12월 21일자는 "캐럴이 들리지 않는다. 루돌프 사슴코가 보이지 않는다. 차도 사람도 줄어든 불황의 거리가 너무 을씨년스럽다. 붐비고 북적거리고 흥청대던 연말은 사라져버렸나. 19일 서울 명동 밤거리. 캐럴이 울리는 곳은 에리트 음악사 딱 한 군데다. '이것도 눈치보며 틀어요. 어떤 사람은 경제가 안 좋은데 길거리만 시끄럽고 요란하다고 따지는 이도 있더라고요.' 명동에 널려 있는 리어카 음반에서도 캐럴을 듣기 어렵다. 근처 미국 브랜드 패스트푸드점의 산타 할아버지 인형만 형광등의 새하얀 빛 속에 물끄러미 웃고 있을 뿐"이라고 했다.

"신세대의 거리, 대학로 밤 10시 풍경도 마찬가지다. 리어카 음반을 운영하는 김모씨는 캐럴 음반이 작년의 10퍼센트 밖에 안 나간다고 말했다. 많이 나갈 때가 겨우 다섯 장. '분위기가 온통 썰렁하잖아요. 캐럴 틀어도 찾는 사람이 드물어요.' 밤 11시 남대문의 한 크리스마스 용품점도 쓸쓸하기는 마찬가지다. 어떠냐고 물었더니 돈통을 보여준다. 만 원짜리 두 장과 오천 원짜리 다섯 장, 천 원짜리 네 장. 지갑에 있는 돈을 더해 삼십만 원 정도 되는데 매출액이 작년의 반의 반도 안 된다고. 새벽 시장이 대목이지만 기대도 안 한다. 크리스마스 특수를 겨냥한 가게 중 장사가 안돼 '밤봇짐'을 싸는 집도 생길 것이라고 한다. 예년 이맘때는 달랐다. 들뜬 거리엔 젊은이들이 가득했다. 트리 가게의 계산대도 분주했다. 그 많던 돈은 어디에 숨었을까. 점원 신동희군(20)의 말. '모두 외국에 내다 버렸잖아요. 우리 또래들도 버버리를 입던데 그 절반이 로열티고……. 해외여행도 그렇고…….' 캐럴이 울리는 크리스마스, 활기 찬 연말을 되찾을 날은 언제인가." [88]

그러나 크게 걱정할 일은 아니었다. 1년 만에 크리스마스는 다시 홍청망청으로 복귀했다.

『동아일보』 1998년 12월 25일자는 "크리스마스 캐럴에 취한 젊은이들, '이브' 에 쏟아져나온 사람들로 서울 도심은 불야성을 이뤘다. 강남의 유명 나이트클럽과 호텔 카페 등은 평소보다 몇 갑절 비싼 가격으로 성탄절 '대목' 을 즐겼다. 서울 강남구 삼성동 J나이트클럽. 서울에서 손꼽히는 이곳에는 '이브' 를 즐기려는 젊은이들이 24일 낮부터 속속 몰려들기 시작했다. 개장을 3시간 앞둔 오후 3시. 룸이 20개뿐인 이 나이트클럽에서 '환락의 밤' 을 즐기려는 70여 팀 3백여 명의 젊은이들이 자리 차지하기 경쟁을 벌였다. 이들은 '가위 바위 보' 로 방을 추첨해 배정받았다. 평소 이곳의 룸 '기본' 가격은 국산 양주 한 병과 과일 안주 한 접시에 50만 원. 그러나 이날은 20만 원짜리 양주 2병이 '기본'. 팀당 71만 원이 '이브 가격' 으로 책정됐지만 오후 3시 반경에는 20개룸뿐만 아니라 2백 개 테이블의 95퍼센트 이상이 일찌감치 가득찼다"고 했다.

"서울 유흥가 모텔과 여관들도 평소 가격보다 두세 배, 더러는 4배에 달하는 객실료로 손님들을 맞았다. 서울 신촌의 S모텔의 경우 평소 2만 5천 원인 숙박료가 이날은 10만 원. 그래도 밤 11시경에는 방이 모두 찼다."[89]

1999년의 크리스마스는 더욱 흥청거렸다. 윤혜준은 "오늘날 대한민국은 '소비'의 천국이다. 오늘날 대한민국에는 '소비'의 천국을 믿는 사람들이 득실거린다. 생산자로서, 시민으로서, 인간으로서 대한민국 사람들이 결여한 모든 것들을 대한민국 사람들의 소비가 메워준다"고 말했다.[90] 게다가 1999년의 크리스마스는 20세기의 마지막 크리스마스라는 이유로 더욱 사람들을 사로잡았다.

"12월 24일 서울 명동 일대는 오후부터 연인끼리 선물을 사거나 가족-친구와 함께 성탄 전야를 즐기려는 10만여 명의 시민들로 자정이 넘은 시간까지 발 디딜 틈 없이 붐볐다. 젊은이들의 거리인 대학로 및 강남역, 신촌, 종로 일대 거리도 크게 붐볐으며 카페 등은 예약을 못해 기다리는 손님들로 장사진을 이루었다."[91]

물론 이때에도 숙박업소는 대만원이었다. 한국인이 유별나게 성性에 굶주린 탓이었을까? 그것보다는 한국의 크리스마스는 춥고, 날씨가 추워지면 로맨틱해지고 성욕이 발동한다는 가설을 믿는 게 더 나을지도 모르겠다.[92]

달라진 크리스마스 풍경

2000년대 들어서도 크리스마스를 차분하게 보내자는 운동은 계속되었다.

2001년부터 '크리스마스 되찾기운동' 을 벌여온 갓피플닷컴은 네티즌들을 상대로 "크리스마스의 주인공은 예수입니다" 라는 캠페인을 전개하고, 문화선교단체 팻머스는 크리스마스를 약자를 돌보는 섬김의 날로 정하고 캠페인을 벌였다. 또 '크리스마스 바로 세우기 운동' 을 지속적으로 해온 예장합동은 "성탄절 하면 무엇이 떠오르냐는 질문에 3년 전만 해도 50퍼센트가 산타라고 답변했지만 최근 설문에서는 30퍼센트대로 줄었다" 면서 "성탄문화 바로 세우기 운동의 효과가 분명하게 나타나고 있다" 고 밝혔다.[93]

그렇지만 이제 크리스마스를 '광란' 이라고 말하기는 어렵게 되었다. 한풀이가 끝난 걸까? 크리스마스 경기도 예전같지 않은지, 아니면 선점 전략인지는 몰라도, 이젠 '11월의 크리스마스' 라는 마케팅 전략이 선을 보였다.

『국민일보』 2006년 11월 10일자는 " '11월의 크리스마스' 가 동심을 설레게 한다. 롯데월드를 비롯한 테마파크들은 단풍이 채 떨어지기도 전에 함박눈이 내리는 초겨울 날씨를 맞아 아기예수 탄생을 축하하는 크리스마스 축제를 경쟁적으로 선보이기 시작했다. 올 크리스마스 축제의 키워드는 참여. 어린이들이 직접 퍼레이드에 참여하는가 하면 산타 할아버지에게 소원을 적은 카드를 보내고 연기자들과 함께 흥겨운 캐럴을 부른다" 고 했다.[94]

'준비된 크리스마스' 라고나 할까? 크리스마스 문화는 점점 그 방향으로 나아갔다. 『조선일보』 2006년 11월 24일자는 "오후 6시 이름난 레스토랑에서 저녁식사. 오후 8시 눈과 귀가 즐거운 뮤지컬 관람. 오후 11시 근사한 와인바에서 포도주 한 잔. 자정 무렵엔 푹신한 침대로……. 크리스마스이브(12월 24일)에 짤 법한 오감만족 시나리오다. 1년에 딱 하루, 하지만 영원히 기억될 순간이다. 그런데 저 동선動線 중 한 토막에라도 관심이 있다면 당장 행동으로 옮겨야 한다. 크리스마스를 한 달 앞둔 대한민국의 유명하다는 식당 · 공연 · 와인바 · 호텔은 이미 60~95퍼센트의 예매율(예약률)을 올리고 있기 때문이다" 고 했다.[95]

언론의 크리스마스 서비스도 크리스마스 한 달여 전부터 '카운트다운'에 들어가며 과잉 준비된 면모를 보여주었다. 뽀뽀를 하려면?

"메가박스www.megabox.co.kr 신촌점을 노릴 것. 성탄 연휴 3일 동안 신촌점에서는 매회 영화 상영 직전 10초간 키스 타임을 별도로 주고, 뽀뽀한 표시가 나는 고객에게는 DVD플레이어, MP3플레이어, 영화 초대권 등을 선물로 준다는 계획을 갖고 있다."[96]

파트너의 호르몬 분비를 자극하려면? 정신과 전문의 김병후는 "크리스마스를 앞두고 한껏 기대감에 부풀다가 크리스마스이브를 맞이해 근사한 분위기에서 로맨틱한 음식을 먹는 순간, '사랑의 묘약' 으로 불리는 옥시토신이란 호르몬이 분비된다" 고 했다. 그렇다면 무얼 먹어야 하나?

"굴, 초콜릿, 아스파라거스 등이 '로맨틱 푸드' 라는 건 이미 널리 알려진 사실. 외신들은 이 외에도 여성을 닮은 무화과, 수도사들에게는 금기 식품이었던 아보카도, 몸을 후끈하게 덥혀주는 고추, '남성적 힘' 을 고양시킨다는 바나나, 르네상스 시대부터 '연인의 사과' 로 불려온 토마토, 긴장을 살짝 풀어주는 샴페인 한 잔 등을 로맨틱 푸드로 꼽는다. 향기 전략도 잘 세우자. 미국 여성포털 '핸드백닷컴' 에 따르면 아몬드, 바닐라, 허브 향 등 자연스럽고 달콤한 음식 향기가 이성을 유혹하는 '페로몬' 의 역할을 대신할 수 있다는 것. 빅 이벤트를 준비하고 있다면, 이런 향기도 살짝 시도해 보자."[97]

'크리스마스트리' 까지도 새로운 트렌드를 소개하는 수준이었다.

"올 크리스마스트리의 화두는 단순함과 럭셔리다. 전통적인 크리스마스 색깔인 빨강과 초록 소품을 활용해 화려하게 꾸미는 사례가 줄었다. 그 대신 금색과 은색을 중심으로 고급스럽고 은은한 느낌을 자아내는 소품들로 트리를 장식하는 게 인기다. 빨강과 초록의 소품 중에는 명도가 낮은 게 많다. 트리 만들기에 쓰이는 기본 장식물은 방울과 꼬마전구. 여기에 종, 리본, 모형 눈꽃과 크리스털 장식물, 소형 인형 등을 더할 수 있다." [98]

'ᅟ한국은 정말 희한하고 행복한 나라'

환경보호운동가들은 사랑보다는 환경에 관심이 많다. 영국의 환경보호단체들은 '녹색 크리스마스'를 들고 나왔다. 2006년 11월 13일 '지구의 친구들' 등의 환경단체들은 영국에서만 연간 7억 4,400만 장에 이르는 크리스마스카드가 오간다면서 이를 온라인 카드로 대체한다면 24만 8,000그루의 나무를 살릴 수 있으며, 지난해 영국에서 버려진 포장지를 모두 합치면 83킬로미터에 이른다며 낡은 신문이나 잡지, 재생용지를 활용하면 5만 그루의 나무를 추가로 살릴 수 있다고 주장했다. 또 이들은 자동차 연료를 소비해 가며 먼 곳에 사는 친척 친구들을 방문하기보다는 컴퓨터 웹카메라를 활용해 안부를 전하고, 선물 쇼핑은 벼룩시장과 중고옷가게를 활용하고, 크리스마스트리 장식에도 환경을 고려해 반짝이는 방울이나 금속품보다는 팝콘, 과일처럼 먹을 수 있는 장식물을 달라고 주문했다.[99]

그런가 하면 유럽과 북미에선 이민 인구가 늘면서 크리스마스를 둘러싼 문화 갈등이 커지고 있다. 영국 정부 관리들은 무슬림이나 힌두교인을 자극할 수 있다는 이유로 '크리스마스'라는 말조차 피하면서 대신 겨울축제를 의미하는 '윈터발winterval'이란 말을 만들어 쓰고 있다. 영국 체신부가 판매한 성탄절 기념우표는 아기예수와 어머니 마리아를 그려넣던 전통을 버리고 산타클로스와 전나무를 내세웠는데, 체신부는 "다종교 사회의 성탄절을 반영해 종교인과 비종교인 모두를 위한 디자인을 채택했다"고 설명했다.

미국·캐나다·유럽의 백화점이나 유명 상품점들은 성탄 세일을 하면서도 비기독교인에게 거부감을 줄 수 있다는 이유로 종업원들에게는 '메리 크리스마스'라는 말을 쓰지 못하도록 하고 있다. 다만 미국 최대 할인점인 월마트는 지난해 메리 크리스마스를 쓰지 않은 게 매출 감소 원인이라고 판단해 2006년부터는 다시 메리 크리스마스를 쓸 수 있도록 허용했다나.[100]

그러나 한국은 그런 고민에서 자유로운 나라다. 그간 크리스마스가 '종교'보다는 '노는 건수'로 이해되고 활용되어 왔기 때문이다. 이어령은 미국은 기독교 사회지만 대통령이 아무 곳에서나 '메리 크리스마스!'라고 하지 못하며, 그런 의미에서 한국은 정말 희한하고 행복한 나라라고 했다.

"서울 시청 앞마당에서는 늘 진보와 보수의 싸움이 벌어지지만, 그곳에 세워진 거대한 크리스마스트리나 연등에 시비를 거는 이는 없습니다. 이것은 앞서 언급한 한국 특유의 '엇비슷 신화'의 방증입니다. 우리말 가운데 '엇비슷하다'는 말은 세계 어느 나라 말로도 바꿀 수 없습니다. 굳이 설명하면 '엇비슷'은 어긋났는데 비슷하다거나 닮았지만 닮지 않았다는 말입니다. 세상에 이런 말이 어디 있습니까? 이 말에 기독교와 불교를 엇비슷하게 보는 한국인의 의식이 그대로 녹아 있습니다. 어긋나고 비슷한 것이 하나의 단어가 된 것은 바로 한국인 특유의 포용의식의 상징이죠. 우리 문화에는 21세기 다원주의를 흡수할 수 있는 여러 가치가 공존합니다. 엇비슷하다는 말은 아시아적 화이부동和而不同 철학을 담고 있습니다." [101]

한국의 종교적 다원주의

하긴 다른 건 몰라도 종교의 화이부동 하면 세계에서 으뜸가는 나라가 바로 한국이다. 다른 종교인들끼리 같이 어울려 공동작업을 가장 많이 하는 나라가 바로 한국이 아닐까? 예컨대, 2006년 10월 29일 제주 지역의 불교 · 원불교 · 천주교 · 개신교 등 4개 종단 관계자들로 구성된 '평화를 위한 제주종교인협의회'는 제주시 제주영상미디어센터 예술극장에서 평화음악회를 열었다. 종교인협의회는 "음악회를 통해 서로 다른 것이 분열과 갈등의 원인이 되는 것이 아니라, 평화로 가는 길의 디딤돌로 만드는 데 기여하기 위해 지난해 열었던 '종교인 4 · 3음악회'를 발전시켜 평화음악회를 열게 됐다"고 밝혔다.[102]

실천신학대학원 교수 정재영과 한림대 연구교수 이승훈이 함께 진행한 개종자 연구 결과도 흥미롭다. 이들은 서울 시내 한 성당의 도움을 받아 개신교에서 가톨릭으로 개종한 30~70대 여성 14명을 심층 면접하고 50대 남성 2명을 서면조사했다. 연구를 진행한 두 교수는 개종자들의 상당수가 큰 갈등 없이 개종했다는 사실을 발견하고 놀랐다고 했다. 개종자들은 개신교와 천주교는 형제종교이며 "두 종교의 차이는 '하나님'과 '하느님'의 차

이밖에 없다" 고 했다나.[103]

바로 그런 종교적 화이부동의 원리에 기대를 거는 사람이 많다. 고려대 교수 임혁백도 동북아 지역 공동체의 출현에 기대를 걸면서 한중일 3국의 종교적 이질성의 문제에는 한국이 해답을 줄 것으로 낙관하면서, 한국은 기독교, 천주교, 불교, 유교가 공존하면서 번영하는 종교적 다원주의 국가라는 점에 주목했다.

"한국은 종교적으로 세계에서 가장 역동적이고 활기찬 나라이나 어떤 단일 종교도 한국인들의 종교생활을 지배하고 있지 않고 있는 다종교국가이다. 종교적 갈등을 겪고 있는 많은 동구, 중동, 아프리카 국가들과 달리 한국에서는 기독교(개신교), 천주교, 불교, 유교, 천도교가 평화롭게 공존하고 있는 것이다. 한국의 종교적 다원주의는 동아시아 국가들에게 종교적 평화의 모델이 될 것이다. 또한 한국은 유교의 문화적 전통이 가장 많이 남아 있는 나라이면서도 '아시아적 가치' 를 변용하여 서구의 자유주의, 합리주의를 수용하는 데 가장 개방적인 나라이다. 한국은 아시아적 가치와 서구의 가치가 화해할 수 있다는 것을 보여줄 것이다." [104]

그런 비전을 실현해나가기 위해 애쓰되, 한국의 종교적 다원주의는 다원주의나 화이부동의 가치에 충실해서라기보다는 '신앙 따로 삶 따로' 라고 하는 한국인 특유의 편의주의에 기인하기도 한다는 걸 염두에 두는 게 좋을 것 같다.

2005년 11월 3일 교회갱신을위한목회자협의회가 발표한 '교회 갱신에 관한 목회자 인식조사 보고서' 에 따르면 '한국 교회에 가장 우선적인 갱신 과제' (복수 응답)에 대해 응답자의 85.5퍼센트가 '신앙과 삶의 불일치' 를 꼽

았다.[105]

'신앙과 삶의 불일치'는 오랜 역사를 자랑하는 한국의 기복祈福 신앙 전통과 맥을 같이한다. 종교학자 이진구는 "대형 교회는 대체로 신자들의 기복적 욕구를 잘 파악하여 그들의 '주문'에 맞는 '기복 상품'을 제공한 교회이다. '기복 장사'를 하는 교회는 교인의 숫자에 의하여 그 '효능'을 검증받기 때문에 무제한적 성장을 추구한다. 여기서 기복 신앙과 자본주의의 성장 논리가 손을 잡는다"고 했다.[106] 크리스마스가 범국민적 놀자판 축제로 변한 것도 그 바탕엔 바로 그런 기복 신앙의 전통과 무관치 않을 것이다.

메리 크리스마스!

2011년 12월 24일 교황 베네딕토 16세(84)는 바티칸 성 베드로 성당에서 열린 성탄 전야 미사에서 "오늘날 크리스마스는 상업적인 기념일이 됐다. 그 화려한 조명이 주님의 겸손이라는 신비를 가리고 있다"고 개탄했다. 이어 "점점 늘어가는 상업적인 기념행사에 예수 탄생의 단순함이 가려지고 있다"며 "성탄절의 피상적 화려함 이면에 있는 진실된 기쁨과 의미를 찾고 베들레헴 마구간에 있던 아기를 기억할 수 있도록 다 같이 기도를 드리자"고 촉구했다.[107]

그러나 청춘 남녀는 '진실된 기쁨과 의미'도 짝이 있어야 찾을 수 있다고 생각한 것 같다. 2012년 12월 24일 오후 3시. 1,000여 명의 젊은 남녀들이 서울 여의도 문화공원 중앙에 모였다. 이들이 모인 이유는 청춘 남녀들의 자유로운 짝짓기 행사인 '솔로대첩'에 참여하기 위해서다. 솔로대첩은 누리꾼 유태형(24)이 "솔로 형 누나 동생 분들, 크리스마스 때 대규모 미팅 한 번 할까"라는 글을 페이스북에 올리면서 시작되었다. 누리꾼들의 반응은 뜨거웠고 일부 연예인들까지 참여 의사를 밝혀 큰 반향을 일으켰다. 솔로대첩은 서울, 부산, 광주, 인천 등 전국 14곳에서 동시다발로 진행되었다. 하지만 솔로대첩은 남녀 성비가 7대 3(경찰 추산)으로 균형이 맞지 않아 사실상 실패했고, 다른 지역의 상황도 크게 다르지 않았다.[108]

짝도 없이 크리스마스이브를 보내야 하는 청춘의 아픔에 위로의 시선을 보내면서, 이제 이야기를 정리해보자. 한국에서 크리스마스가 최대의 놀자판 축제로 발전(또는 전락)하게 된 이유는 크게 보아 7가지를 들 수 있겠다.

첫째, 늘 적당한 '건수'를 잡지 못해 안달하는 한국인 특유의 '호모 루덴스(놀이하는 인간)' 기질이다. 한국인들은 크리스마스가 아니었다면 반드시 다른 건수라도 찾아내 범국민적 놀자판 축제일을 만들어내고야 말았을 것이다. 극도로 억압적인 체제하에서 안전을 보장하는 놀이 욕망은 더욱 컸을 것이라고 볼 수 있다.

둘째, 1981년까지 지속된 야간 통행금지로부터의 해방감이다. 적어도 청소년기까지 야간 통행금지 체제를 살았던 사람들에게 '크리스마스' 하면 우선 떠오르는 건 바로 그 해방감이었다. 크리스마스이브에 아무 목적도 목표도 없이 무작정 인파가 흘러넘치는 거리를 쏘다니는 것만으로도 행복했다.

셋째, 엄격한 반공 이데올로기 체제하에서 기독교와 크리스마스는 반공을 자동 보증하는 친미親美의 상징적 가치를 가졌다. 크리스마스 놀자판에 뛰어든 사람들이 그걸 꼭 의식했다기보다는 집단적 차원에서 그런 분위기가 조성되었고, 각 이해집단들에 의해 상승효과를 냈다고 볼 수 있겠다.

넷째, 근대화에 대한 열망은 사실상 서구화에 대한 열망이었고, 크리스마스는 그 열망 충족의 가치 체계와 잘맞아 떨어졌다. 크리스마스의 상업적 문화는 선진적인 것으로 간주되었고, 구별짓기 욕망이 강한 한국인들이 선진의 대열에 동참하는 걸 마다할 이유는 없었다고 볼 수 있다.

다섯째, 크리스마스 상업주의와 대중문화의 연계 효과다. 크리스마스 캐럴로 대표되는 대중연예산업은 비단 방송뿐만 아니라 '먹고 마시는' 유흥산업은 물론 백화점 등 소비주의산업과 자연스럽게 손을 잡고 사회적 놀이 분위기를 고조시키는 데에 크게 기여했다. 이처럼 총체적인 시너지 효과를 낼 수 있는 기회로 크리스마스 이상 좋은 건 없었다고 볼 수 있다.

여섯째, 크리스마스의 세계화 효과, 즉 세계와의 일체감이다. 집단적 놀이문화에 익숙한 한국인들은 '쏠림'을 워낙 사랑해서 세계적 놀이 축제에 더욱 열광하는 경향이 매우 강하다. 이는 '월드컵 광풍' 시에도 잘 드러난 한국인의 위대한(?) 코즈모폴리턴 기질이라 할 수 있겠다.

일곱째, 계절적 요인이다. 12월 하순의 한국 추위와 맹렬한 크리스마스 상업주의는 자유로운 성문화를 누리지 못한 한국인들의 성욕을 자극해 일상적 규율에서 탈출 욕망을 부추겼고, 때마침 맞물린 세모歲暮 분위기와 상호 영향을 주고받는 상승효과를 냈다고 볼 수 있겠다. 1981년까지 1년에 딱 두 번 있었던 야간통금 해제가 12월 25일과 31일로 며칠 사이에 몰려 있었다는 게 새삼 놀랍지 않은가?

그 어떤 한계와 문제점에도 불구하고 한국의 크리스마스 문화는 화이부동과 '한국형 다원주의'의 가능성을 제시하고 실현케 했다고 볼 수도 있다는 점에서 긍정 평가할 수 있다. 크리스마스나마 이용해 그렇게 죽도록 놀아 제끼고 사고 치는 '전통'이 이어져 내려오지 않았더라면 제 명에 못 살 사람이 많았으리라는, 너그러운 마음을 가져보는 것도 좋겠다. 메리 크리스마스!

1 박상표, http://blog.naver.com/inex1/110000411296
2 박상표, http://blog.naver.com/inex1/110000411296
3 박상표, http://blog.naver.com/inex1/110000411296
4 리용필, 『조선신문 100년사』(나남, 1993), 52~53쪽; 김민환, 『개화기 민족지의 사회사상』(나남, 1988), 275~276쪽.
5 박상표, http://blog.naver.com/inex1/110000411296
6 박상표, http://blog.naver.com/inex1/110000411296
7 박상표, http://blog.naver.com/inex1/110000411296
8 박상표, http://blog.naver.com/inex1/110000411296
9 박상표, http://blog.naver.com/inex1/110000411296
10 박상표, http://blog.naver.com/inex1/110000411296
11 박상표, http://blog.naver.com/inex1/110000411296
12 김진송, 『현대성의 형성: 서울에 딴스홀을 허(許)하라』(현실문화연구, 1999), 163~165쪽.
13 김상태 편역, 『윤치호 일기 1916~1943: 한 지식인의 내면세계를 통해 본 식민지 시기』(역사비평사, 2001), 605~606쪽.
14 김상태 편역, 『윤치호 일기 1916~1943: 한 지식인의 내면세계를 통해 본 식민지 시기』(역사비평사, 2001), 606쪽.
15 박상표, http://blog.naver.com/inex1/110000411296
16 박상표, http://blog.naver.com/inex1/110000411296
17 박상표, http://blog.naver.com/inex1/110000411296
18 김상태 편역, 『윤치호 일기 1916~1943: 한 지식인의 내면세계를 통해 본 식민지 시기』(역사비평사, 2001), 358~359쪽.
19 박상표, http://blog.naver.com/inex1/110000411296
20 황문평, 『한국 대중연예사』(부루칸모로, 1989), 14쪽.
21 강인철, 『한국기독교회와 국가 · 시민사회 1945~1960』(한국기독교역사연구소, 1996), 144쪽.
22 김상태 편역, 『윤치호 일기 1916~1943: 한 지식인의 내면세계를 통해 본 식민지 시기』(역사비평사, 2001), 423~424쪽.
23 김상태 편역, 『윤치호 일기 1916~1943: 한 지식인의 내면세계를 통해 본 식민지 시기』(역사비평사, 2001), 427~428쪽.
24 박상표, http://blog.naver.com/inex1/110000411296
25 박상표, http://blog.naver.com/inex1/110000411296
26 박상표, http://blog.naver.com/inex1/110000411296
27 강인철, 『한국기독교회와 국가 · 시민사회 1945~1960』(한국기독교역사연구소, 1996), 144쪽.
28 강인철, 『한국기독교회와 국가 · 시민사회 1945~1960』(한국기독교역사연구소, 1996), 132쪽.
29 강인철, 『한국기독교회와 국가 · 시민사회 1945~1960』(한국기독교역사연구소, 1996), 175~176쪽.
30 강인철, 『한국기독교회와 국가 · 시민사회 1945~1960』(한국기독교역사연구소, 1996), 266~267쪽에서 재인용.
31 도진순, 『한국민족주의와 남북관계: 이승만 · 김구 시대의 정치사』(서울대학교출판부, 1997), 64쪽; 김진수, 「"백범 암살

배후는 이승만과 미국": 통일운동가 신창균옹, 그 고난의 삶」, 『신동아』, 2002년 8월호, 472쪽; 홍원식, 「"독립정부 건설되면 나는 그 집의 뜰을 쓸리라": 인간 백범 그 사상과 생애」, 『대학문화신문』, 1999년 10월 28일, 11면.

32 강인철, 『한국기독교회와 국가 · 시민사회 1945~1960』(한국기독교역사연구소, 1996), 215쪽.

33 정수익, 「제헌국회는 감사의 기도로 시작됐다」, 『국민일보』, 2003년 7월 16일, 34면.

34 강인철, 『한국기독교회와 국가 · 시민사회 1945~1960』(한국기독교역사연구소, 1996), 176쪽.

35 강인철, 『한국기독교회와 국가 · 시민사회 1945~1960』(한국기독교역사연구소, 1996), 186쪽.

36 강인철, 『한국기독교회와 국가 · 시민사회 1945~1960』(한국기독교역사연구소, 1996), 186~187쪽, 247쪽.

37 「크리스마스 씰 1천만 원 목표로 발행」, 『조선일보』, 1949년 12월 18일, 조간 2면.

38 「크리스마스츄리의 소나무는 어디서?: 발목 발각되면 엄단」, 『조선일보』, 1949년 12월 24일, 조간 2면.

39 전쟁기념사업회, 『한국전쟁사 제4권』(행림출판, 1992), 223쪽; 김영호, 『한국전쟁의 기원과 전개 과정』(두레, 1998), 280쪽; 이달순, 『이승만 정치 연구』(수원대학교출판부, 2000), 157쪽.

40 강원용, 『빈들에서: 나의 삶, 한국 현대사의 소용돌이 1-선구자의 땅에서 해방의 혼돈까지』(열린문화, 1993), 327쪽.

41 「한국의 X마스: 지난 10년을 돌이켜본다」, 『조선일보』, 1961년 12월 24일, 조간 2면.

42 「X마스 임박한 전(全) 전선 꼭같은 작년과 오늘: 다름없는 고지서 여전한 총포격」, 『조선일보』, 1952년 12월 13일, 조간 2면.

43 「X마스 위문 경기도에서 계획」, 『조선일보』, 1952년 12월 17일, 조간 2면.

44 강인철, 『한국기독교회와 국가 · 시민사회 1945~1960』(한국기독교역사연구소, 1996), 186쪽.

45 「호화로운 세모 풍경 X마스 추리도 부쩍 늘다」, 『조선일보』, 1953년 12월 15일, 조간 2면.

46 「고요한 밤, 거룩한 밤: 찬송가 밤거리를 더듬으며 1953년 성탄절은 밝다」, 『조선일보』, 1953년 12월 26일, 조간 2면.

47 「경무대 등을 순례 찬송: 청소년 직십자단」, 『조선일보』, 1953년 12월 26일, 조간 2면.

48 「헤리콥터 탄 "싼타크로스": 미3사단서 학교 아동에게 선물」, 『조선일보』, 1953년 12월 28일, 조간 2면.

49 「향락에 탐닉하는 성탄날: 무색해진 '고요한 밤 거룩한 밤'」, 『조선일보』, 1954년 12월 24일, 조간 2면.

50 「한국의 X마스: 지난 10년을 돌이켜본다」, 『조선일보』, 1961년 12월 24일, 조간 2면.

51 강인철, 『한국기독교회와 국가 · 시민사회 1945~1960』(한국기독교역사연구소, 1996), 186쪽.

52 「불티난 땐스홀 입장권」, 『조선일보』, 1955년 12월 25일, 조간 1면.

53 노치준, 「한국전쟁이 한국 종교에 미친 영향: 한국의 개신교회를 중심으로」, 한국사회학회 편, 『한국전쟁과 한국사회변동』(풀빛, 1992), 248쪽에서 재인용.

54 최환, 「연하장 · X머스카드 생활 속에 자리잡았다」, 『조선일보』, 1982년 12월 23일, 6면.

55 이덕봉, 「나의 제언/허식없는 X마스를: 성탄목을 없애자」, 『조선일보』, 1959년 12월 8일, 조간 4면.

56 「성탄의 밤에 즐거운 선물: 통금해제 가석방 조치」, 『조선일보』, 1962년 12월 25일, 조간 7면.

57 「잃어버린 성가(聖歌): '성탄'을 빌린 '통금없는 밤'」, 『조선일보』, 1963년 12월 25일, 조간 7면.

58 송건호, 『현실과 이상: 송건호 전집 17』(한길사, 2002), 257쪽.

59 「파티 예약은 벌써 초만원」, 『조선일보』, 1964년 12월 24일, 조건 7면.

60 「사고(社告): 일선 장병 · 파월 장병들에게 새해 크리스마스 선물을 보내자」, 『중앙일보』, 1965년 12월 13일, 1면.

61 「주사위: 진짜 허식(虛飾)…크리스머스트리」, 『중앙일보』, 1965년 12월 18일, 7면.

62 「건강한 '크리스머스'를 맞기 위하여(사설)」, 『중앙일보』, 1965년 12월 24일, 2면.

63 「'크리스머스' 공휴일 취소 요구에 "소송 대상 안 된다고" 각하」, 『중앙일보』, 1966년 8월 19일, 3면.

64 「크리스마스…가족과 함께: '청소년 집으로 돌아가기 운동' 전개」, 『조선일보』, 1966년 12월 24일, 조간 3면.

65 「올해도 고요한 X마스를: YMCA-YWCA서 바로지내기 운동」, 『조선일보』, 1966년 12월 11일, 조간 5면.

66 「X마스 바로지내기 민방서도 자숙 다짐」, 『조선일보』, 1966년 12월 18일, 조간 5면.

67 「크리스마스…가족과 함께: '청소년 집으로 돌아가기 운동' 전개」, 『조선일보』, 1966년 12월 24일, 조간 3면.

68 「조용히 넘긴 X마스」, 『조선일보』, 1966년 12월 27일, 조간 7면.

69 「터질 듯 부푼 X마스 경기: 백화점 쇼핑 절정 하루 매상 10억」, 『조선일보』, 1967년 12월 24일, 조간 6면.

70 「크리스마스는 이웃과 함께: 50여 사회단체서 운동 벌여」, 『조선일보』, 1968년 12월 17일, 조간 5면.

71 「고요히 밝은 '크리스머스'/인파 작년의 절반/귀가 재촉 호소에 사고도 줄어」, 『중앙일보』, 1968년 12월 25일, 3면.
72 「X마스 주먹판: 10대 학생들 표 없이 들어왔다고 뭇매」, 『조선일보』, 1969년 12월 24일, 조간 3면.
73 강원용, 『빈들에서: 나의 삶, 한국 현대사의 소용돌이 3-호랑이와 뱀 사이』(열린문화, 1993), 41~42쪽.
74 송건호, 『현실과 이상: 송건호 전집 17』(한길사, 2002), 259쪽.
75 강원용, 『빈들에서: 나의 삶, 한국 현대사의 소용돌이 3-호랑이와 뱀 사이』(열린문화, 1993), 41~42쪽.
76 최규영, 「격류 성탄…이브의 행락」, 『조선일보』, 1973년 12월 21일, 6면.
77 최환, 「연하장 · X머스카드 생활 속에 자리잡았다」, 『조선일보』, 1982년 12월 23일, 6면.
78 최환, 「연하장 · X머스카드 생활 속에 자리잡았다」, 『조선일보』, 1982년 12월 23일, 6면.
79 남동철, 「그녀의 품에 안겨 우리는 시대를 외출했다」, 『씨네21』, 2002년 2월 19일, 81면에서 재인용.
80 박선이, 「지나친 호화…어린이 송년잔치: 일부 호텔들 열띤 판촉 경쟁」, 『조선일보』, 1984년 12월 11일, 6면.
81 고덕연, 「어린이용 X머스 캐럴집 불티: 올해 새로 제작된 음반의 절반 넘어」, 『중앙일보』, 1986년 12월 20일, 11면.
82 김미경, 「60년대엔 설탕 '인기품목'/크리스마스 선물 변천사」, 『한국일보』, 1996년 12월 25일, 14면.
83 「과소비 「계절병/백화점 연말 선물세트 "불티"」, 『동아일보』, 1990년 12월 15일, 19면.
84 강성보, 「'불우'에 등돌리는 종교단체/대형화 추구 속 이웃돕기 인색」, 『경향신문』, 1990년 12월 21일, 15면.
85 김봉선, 「성탄용품 외제 판친다」, 『경향신문』, 1991년 12월 23일, 14면.
86 리영희, 『스핑크스의 코: 리영희 에세이』(까치, 1998), 31쪽.
87 장학만, 「20대 대학생 · 직장인들/'블랙 크리스마스' 소동」, 『한국일보』, 1994년 12월 26일, 31면.
88 허엽, 「잃어버린 크리스마스/IMF 불황한파 거리 썰렁」, 『동아일보』, 1997년 12월 21일, 25면.
89 이훈 · 박윤철, 「흥청망청에 묻힌 'IMF 크리스마스'/일부 카페 바가지 상혼」, 『동아일보』, 1998년 12월 25일, 27면.
90 윤혜준, 「한국인의 전형으로서의 '소비자'」, 『사회비평』, 1999년 겨울호, 189쪽.
91 김인상, 「20세기 마지막 성탄 전야 도심 밤새 인파 몰려」, 『조선일보』, 1999년 12월 25일, 38면.
92 "왜 날이 추워지면 더 로맨틱해지거나, 로맨틱한 것을 좋아하게 될까. 정신과 전문의 김병후 박사는 '추위라는 악조건이 옷을 벗어주거나, 미끄러운 길에서 팔을 잡아주는 등 서로 보호할 명분을 제공한다'고 말했다. 특히 1년 중 가장 낭만적인 날, 혹은 낭만적이어야 할 날인 크리스마스 이브를 앞두고 식당을 예약하거나 이벤트를 계획하면서 준비를 하는 쪽이나 뭔가 특별한 것을 기대하는 쪽이나 서서히 흥분하기 시작하다가 '그날'에 이르면 로맨틱한 감정이 절정에 이른다는 것." 정재연, 「모든 것이 가까워지는 겨울…분위기도 전략」, 『조선일보』, 2006년 11월 24일, A23면.
93 전병선, 「"성탄절은 약자 섬기는 날입니다"」, 『국민일보』, 2006년 11월 25일, 21면.
94 박강섭, 「흰눈 대신 낙엽 뒹구는 11월의 크리스마스: 테마파크 축제 시작」, 『국민일보』, 2006년 11월 10일, 19면.
95 박돈규, 「당신의 크리스마스…예약했나요?」, 『조선일보』, 2006년 11월 24일, A2면.
96 어수웅, 「프러포즈를 극장에서 해봐?」, 『조선일보』, 2006년 11월 24일, A23면.
97 정재연, 「모든 것이 가까워지는 겨울…분위기도 전략」, 『조선일보』, 2006년 11월 24일, A23면.
98 이세형, 「트리도 럭셔리하게: Christmas D-30 집안 꾸미기」, 『동아일보』, 2006년 11월 25일, A14면.
99 정미경, 「"크리스마스엔 구두쇠가 돼라"」, 『동아일보』, 2006년 11월 15일, A21면.
100 김지방, 「유럽 · 북미는 성탄절 문화갈등」, 『국민일보』, 2006년 11월 15일, 29면.
101 이어령, 「인터뷰/문화석학 이어령의 한류 읽기: '개짱이'의 힘! 블루오션 한류 계속된다」, 『월간중앙』, 2006년 1월호, 248~251쪽.
102 허호준, 「'4색 종교' 어울려 평화음악회 연다」, 『한겨레』, 2006년 10월 26일, 14면.
103 오미환, 「나는 왜 개신교에서 가톨릭으로 갔나」, 『한국일보』, 2006년 11월 24일, A23면.
104 임혁백, 「동아시아 지역통합의 조건과 제약」, 『아세아연구』, 통권 118호(2004년 12월), 123~165쪽.
105 서윤경, 「신앙과 삶 불일치 86%」, 『국민일보』, 2005년 11월 4일, 25면.
106 이진구, 「개신교와 성장주의 이데올로기」, 『당대비평』, 2000년 가을호, 239쪽.
107 신나리, 「"성탄 상업화" 교황의 개탄」, 『동아일보』, 2011년 12월 26일.
108 박순봉, 「'솔로대첩' 용두사미로…남자 7명에 여자 3명 "말 걸기도 힘들어"」, 『경향신문』, 2012년 12월 24일.

1년 365일 사이클의 물신화인가?

데이 마케팅의 역사

결혼기념일, 생일, 연인과의 100일 등 '기념일'은 우리를 항상 설레게 한다. 그날은 누군가에겐 특별한 날이며, 의미 있는 날이기 때문이다. 특별한 날을 기념하기 위해 그날만큼은 약속을 잡고, 선물을 주고받으며, 여행을 가기도 하고, 평소와 다르게 더 신경 쓰고 예쁘게 치장을 한다.

화이트데이, 빼빼로데이, 밸런타인데이, 크리스마스처럼 어떤 특정한 날을 상대로 기업의 이윤을 창출하는 것을 데이 마케팅이라 한다. 기업 이익의 뚜렷한 목적을 갖고 치밀하게 사전 계획되어 특정 기간 동안 특정 대상을 상대로 개별적 · 직접적 오감의 자극과 체감을 통해 실시하는 일련의 비일상적 마케팅 활동이라 할 수 있다.[1]

밸런타인데이, 화이트데이, 빼빼로데이가 마케팅 측면에서 성공하면서 데이 마케팅이 각광받고 있다. 데이 마케팅의 시초인 크리스마스는 앞선 글에서 살펴보았듯이, 일제강점기 때부터 유명했다. 크리스마스 이후 우리나라에는 수많은 데이 마케팅이 생겨났고, 현재 우리나라에는 이러한 데이들이 1년에 50여 개 이상 있다고 한다. 데이 마케팅의 역사를 산책해보기로 하자.

선물의 상품화는 백화점에서부터

1950년대에는 먹고살기도 바빴다. 그때에는 오늘날과 같은 '명절 선물' 이라는 개념이 없었던 때라서, 쌀이나 계란, 찹쌀, 돼지고기, 참기름 등 농수산물이 주류를 이루는 등 먹을거리가 가장 큰 선물이었다. 선물을 주는 대상 또한 친인척에 국한되었다.[2]

『경향신문』 1957년 9월 2일자는 다음과 같이 보도했다.

"앞으로 엿새 후면 추석 절. 그러나 요사이 추석 경기는 예년에 보기 드물게 한산함을 면치 못하고 있어 궁핍한 시민생활의 단면을 여실히 보여주고 있다. 시내에 산재되어 있는 남대문 · 동대문시장과 각 백화점 및 일반상점 등의 실태를 살펴보면 '대목경기' 라는 이렇다 할 풍성거림을 조금도 찾아볼 수가 없으며 대목을 단단히 보려던 장사치들은 입을 모아 혹심한 불경기에 비명을 올리고 있다."[3]

전후 복구가 어느 정도 진행된 1960년대부터 명절 선물이 상품화되기 시작했다. 1965년 당시 신세계 백화점이 한 장짜리 추석선물 목록표를 제작해 배포하는 등 명절 선물 판촉행사를 시작했다. 이때부터 명절 선물 풍습이 관행처럼 자리 잡기 시작했다. 서민의 생필품인 설탕, 비누, 조미료, 소금 등이 인기 선물 목록에 올랐다. 그중 설탕은 물자가 부족했던 1960년대 최고의 선물이었다.[4]

『매일경제』 1969년 9월 20일자는 "추석이 1주일 후로 박두하자 각 백화점에서는 대목을 보기 위한 판매 전략에 총력을 집중, 고객 유치에 여념이 없다"며 각 백화점의 전략을 소개했다. 미도파는 1,000원 매상마다 치약과 비누를 선물하고, 신세계는 500원 매상마다 선물을 주며, 뉴서울은 매장별로 500원 또는 1,000원마다 설탕·비누 등을 선물로 준다는 것이다.

백화점의 상품화 전략에 따라 백화점의 인지도는 점점 상승했고 이는 매출 신장으로 이어졌다. 백화점업계는 1972년 전년보다도 많은 고객 유치에 성공을 해서 시설 확장과 색다른 판매 전략을 펴는 등 새바람을 일으켰다.[5] 백화점은 특히 어린이날·어버이날·스승의 날이 몰려 있는 5월 가정의 달을 맞이해 판촉행사도 벌였다.

『매일경제』 1972년 5월 10일자는 "신세계 백화점은 5월 '가정의 달'의 세일 기간 동안에 1일 평균 1천만 원 이상의 매상고를 올리고 있어 시중 상가의 불황과는 달리 소비자들의 백화점 이용도는 늘어나 호경기를 보이고 있다. 어린이 용품과 완구, Y샤쓰, 쇼올, 손수건 등이 인기상품으로 많이 팔렸다"라고 보도했다.[6]

1970년대까지는 크리스마스를 제외하곤 이렇다 할 데이 마케팅 전략은 눈에 띄지 않는다. 단지, 우리 고유의 명절이나 국가 차원의 기념일에 한해 백화점에서 세일 겸 판촉행사를 하는 수준이었다. 하지만 "바겐세일"이라는 이름 아래 행해진 판촉행사는 데이 마케팅의 시초였다.

성년의 날 제정

1973년 정부는 기념일 정리 방침에 의해 11월 3일 '학생의 날'을 없애고, 대신 '성년의 날'을 새로 제정했다. 매년 4월 20일에 그해 들어 만 20세가 되는 젊은 남녀들을 위해 각 가정과 학교, 직장, 기관별로 이들을 축복·격려하는 간소한 모임을 갖도록 하겠다는 것이었다. 이에 대해 『매일경제』(1973년 4월 19일)는 다음과 같이 보도했다.

"이날 각 직장과 기관의 장은 이들 성년들을 위해 각자 실정에 맞는 모임을 열고 간단한 기념품과 함께 격려 훈화를 한다. 이날의 기념행사는 젊은 성년들로 하여금 국가와 민족의 장래를 짊어질 성년으로서의 자부심과 책임감을 자각하게 하고, 주체적 민족사관에 입각한 투철한 국가관과 진취적인 기상을 함양, 국민총화의 새 계기를 만들며, 유신과업의 대열에 앞장서는 '새한국청년상'으로 만들 것을 목적으로 하고 있다. 주관부처인 문교부는 금년에는 우선 각 직장, 가정 단위로 조촐한 기념행사를 갖는 데 그치지만 내년부터는 전국적 또는 시도 단위 규모의 기념행사를 거행할 것을 계획 중이다."[7]

'성년의 날'은 '젊은이의 축일'로 포장되었지만, 유신과업의 대열에 앞장서는 '새한국청년상'으로 만드는 게 목적인 행사가 어찌 축일일 수 있으랴. 유신과업의 대열에 저항할 소지가 다분한 '학생의 날'을 아예 없애겠다는 게 그 주요 목적이었던 것 같다.

1974년 두 번째 성년의 날이 돌아오자 각 학교와 직장과 가정에서는 20세가 되는 성년들을 격려하고 축복해주었다. 문교부는 이날 성년이 된 12명의 직원들에게 만년필을 선사했고 노동청 서울시교위 등은 다과회를 베풀어주기도 했다. 서울지방검찰청에서도 상오 10시 서울지검 검사장실에서 기념식을 갖고 직원 중 성년이 된 최정옥 양 등 15명에게 실반지 1개씩을 전해주었다.[8] 성년의 날은 나중에 기업들의 데이 마케팅 자원이 된다.

"2월 14일 초콜릿으로 사랑을 고백하세요"

1982년 정부 정책의 일환으로 스포츠 야구가 탄생하고, 야구카드, 야구책, 스포츠신문, 어린이 야구단 등 스포츠 마케팅이 성행하는 등 1980년대에는 소비문화가 발달했다. 이와 더불어 크리스마스에만 한정되어 있던 서양문화의 데이 마케팅에 밸런타인데이가 추가되었다. 이는 병사들의 혼인을 집전했다가 2월 14일 순교한 성 발렌티누스를 기리기 위한 기념일이다. 밸런타인데이라고 해서 전부 초콜릿을 주고받진 않는다. 성 발렌티누스의 나라인 이탈리아에는 선물을 준다거나 카드를 교환하는 풍습은 찾아볼 수 없고 미국, 영국 등 일부 나라에서만 그러한 습속이 행해지고 있을 뿐이다. 유독 한국과 일본에서만 상업화된 풍습이 행해지고 있는 실정이다.

밸런타인데이 초콜릿 선물의 시작은 기업의 마케팅 전략이었다. 19세기 영국에서 처음 시작된 것으로 알려졌다. 마케팅을 시작한 회사명은 정확하게 전해지진 않는다. 영국의 '캐드베리Cadbury' 사 혹은 '마더 채털리' 사로 알려져 있다. 하트 모양의 상자에 초콜릿을 담아 판매하면서 인기를 끌었다고 한다.

이런 데이 마케팅을 동양에 수입한 국가는 일본이다. 1936년 일본 고베의 한 제과점이 밸런타인데이와 초콜릿을 관련지어 광고 활동을 펼쳤다.

광고는 일본 전역에 큰 반향을 일으켰다. 이때부터 밸런타인데이는 초콜릿을 선물하는 날이라는 인식이 자리 잡기 시작했다. 1960년엔 일본 '모리나가 제과森永製菓'가 여성들에게 초콜릿으로 사랑 고백을 하도록 장려하는 캠페인을 벌였다. 이것이 계기가 되어 한국에는 애초에 유입될 때부터 여성들이 초콜릿으로 마음을 전하는 문화가 정착되었다.[9]

한국의 밸런타인데이 초콜릿 문화는 일본의 영향을 받은 것으로 보인다. 『경향신문』 1984년 2월 9일자 기사에 따르면, "롯데쇼핑은 14일까지 밸런타인 축제를 실시, 지하에 유명제과의 초컬릿 특설매장을 설치했다. 신세계는 4층에 문구, 서적을 중심으로 밸런타인데이 선물코너를 설치, 만년필, 앨범 등을 20퍼센트 할인 판매한다."[10] 또 『매일경제』 1984년 2월 14일자는 다음과 같이 보도했다.

"10대 고객을 겨냥한 판매전이 열기를 띠고 있다. 롯데 신세계 미도파 등 유명 백화점들이 일제히 개최하고 있는 밸런타인 페스티벌은 초콜릿을 사면 선물하는 사람과 받는 사람의 이름을 즉석에서 써주는 외에 손수건 양말 넥타이 등 선물세트를 제작해 판매하는 내용으로 돼 있는데 나이 지긋한 연령층에게는 생소한 느낌마저 주는 이 같은 행사가 10대 후반 및 20대 젊은 층에는 상당한 호응을 얻고 있다."[11]

일본식 밸런타인데이가 한국에 유입된 지 몇 년 만에 급속도로 번지면서 밸런타인데이의 상술을 비판하는 소리도 적지 않았다. 『동아일보』(1986년 2월 13일)는 "제과점 백화점 호텔 등 업체들의 상술에 홀려 청소년들 사이에서 밸런타인데이란 서양축제일에 즈음한 사랑의 선물 주고받기가 유행병처럼 번지고 있다. '사랑하는 그이에게 초콜릿 향기를' 등의 선전문구와 하트 모양의 장식물들을 내세운 핑크 무드 일색의 밸런타인데이 특매행사로 제과점 호텔 등은 물론 변두리 양품점에까지 여중고생과 젊은 여성들이 사랑의 선물을 사러 몰려들고 있다"며 다음과 같이 말했다.

"밸런타인데이는 최근 몇 년 사이에 청소년들의 가장 중요한 명절이 될 정도로 뿌리를 내렸고 이 행사의 주상품인 초콜릿은 11~14일까지 특매행사 기간 동안의 판매량이 작년의 경우 연간판매량의 40퍼센트를 차지할 만큼 엄청난 규모였다. 업계에서는 올해는 이 기간 동안 연간판매량의 50퍼센트인 4억 원 어치의 초콜릿이 팔릴 것으로 전망하고 있다. 선물과 함께 줄 밸런타인데이용 카드를 찾는 여중고생들로 문구 코너도 초만원이다. 국산품으론 한 장에 1백~3백 원, 수입품은 1천~2천5백 원 정도가 많이 팔린다. 소비자연맹의 김성숙 씨는 '일본식 상술을 직수입한 밸런타인데이 판촉행사는 비수기인 2월에 청소년들을 끌어들여 판매실적을 올리려는 얄팍한 상혼에서 비롯된 것'이라면서 순수해야 할 젊은이들의 우정과 사랑마저도 판촉활동에 이용한다고 지적했다."[12]

"3월 14일 사탕으로 사랑을 확인하세요"

1990년대 들어와서 가장 두드러진 특징은 바로 신세대문화다. 먹고 자고 입는 기본적 욕구에 충실한 것이 기성세대의 소비성향이라면, '인생은 즐기는 것'이라는 새로운 인생관을 갖게 된 신세대는 즐기기 위해 돈을 썼다. 기성세대의 소비가 생필품 중심이라면 신세대들은 문화용품 중심의 소비생활을 영위했다.[13]

이때의 소비문화는 과시적이고 일탈적인 면을 보이기도 했다. 데이 마케팅은 이러한 소비문화 풍조와 잘 부합했다. 쾌락을 추구하고, 지루한 것을 싫어하는 신세대 소비자들에게 하루라도 더 색다른 의미를 부여해서 특별한 하루를 보내는 것이야말로 그들의 원하던 것이기 때문이다. 일제강점기 때부터 크리스마스를 통한 데이 마케팅이 유행이었지만, 1990년대부터 데이 마케팅은 정체불명의 각종 데이들이 등장하면서 새로운 국면을 맞게 되고 더욱더 성행했다.

밸런타인데이가 성행하자, 이와 비슷한 어처구니없는 데이가 또 생겨났다. 밸런타인데이 바로 한 달 뒤인 3월 14일 화이트데이다. 이날은 남자가 여자에게 사탕을 주는 날인데, 그 유래는 이러하다. 밸런타인데이에 초콜릿을 판매하기 위한 마케팅이 대성공을 하자 일본 기업들은 상대적으로 판매율이 낮은 사탕이나 마시멜로를 대상으로 해 "밸런타인데이에 받은 초콜릿을 마시멜로, 사탕으로 보답하자"라는 광고로 마케팅을 했다. 화이트데이라는 이름이 붙여진 것은 이때 판매된 마시멜로의 색이 하얀색이었기 때문이라고 한다.[14]

화이트데이는 우리나라에 밸런타인데이가 성행하고 난 후 1980년대 끝자락에 유입되어 1990년대 초부터 유행하기 시작했다. 『연합뉴스』 1994년 3월 14일자 기사에 따르면, "3월 14일 '화이트데이'를 맞아 사탕과 초콜릿 등 선물을 마련, 기념일을 치르는 청소년들의 소비성 행사가 올해도 성황리에 치러졌다. 13일 오후 롯데, 신세계, 미도파 등 서울 시내 유명 백화점의 사탕 매장에는 화이트데이를 맞아 여자 친구에게 선물을 하려는 남자 청소년들로 큰 혼잡이 빚어졌다".[15]

이 시기부터 데이 마케팅의 특징은 내용과 주체의 다양화다. 화이트데이에 이어 애인이 없는 남·여가 검은색 옷을 입고 끼리끼리 몰려다니다 짜장면과 블랙커피 등 검은색 계통의 음식을 먹으며 서로 위로한다는 블랙데이(4월 14일)가 생겨났고, 남자친구에게 버림받은 여자가 카레라이스를 사먹는다는 옐로데이(5월 14일) 등 새로운 기념일을 치르는 것이 청소년들 사이에서 유행한 것도 이때부터다.

또한 기존의 데이 마케팅 행사는 주로 백화점, 호텔, 외식업체 등이 주도했다면, 컴퓨터 보급이 보편화되고 인터넷이 발달하면서부터는 그 주체도 다양해졌다. 온라인 매장은 오프라인보다 저렴하게 상품을 판매해 소비자들의 큰 호응을 얻었다. 온라인 게임에서는 데이의 특성에 맞게 게임 아이템을 마련했다. TV는 밸런타인데이, 크리스마스 특집으로 프로그램을 편성하고, 촬영 아이템을 준비했다.

부산 여중생들의 장난스런 시작, 빼빼로데이

11월 11일은 빼빼로데이다. 1996년 부산 지역 여중생들이 숫자 1처럼 날씬해지기를 기원하며 '1'을 닮은 빼빼로 과자를 '1'이 네 번 들어가는 11월 11일에 서로 선물하며 주고받던 것이 빼빼로데이의 시초라고 한다. 효과를 거두기 위해선 11월 11일 11시 11분 11초에 맞춰 먹어야만 한다는 전제조건이 따랐는데 청소년들은 이날 빼빼로를 꽃다발 모양으로 꾸며 선물하면서 "다이어트에 꼭 성공하라"는 메시지를 보내거나, 식사 대신 빼빼로를 먹으며 롱다리가 되라는 말을 전한다.

빼빼로데이는 청소년은 물론 직장 여성들에게도 널리 퍼져나갔다. 롯데제과가 1997년 11월 자사 제품인 빼빼로 시식회라는 마케팅 활동을 펼치면서 빼빼로데이는 본격적으로 일반에게도 알려지기 시작했는데 이날 빼빼로를 주고받는 유행은 전파력이 큰 TV에 소개되면서 확산 국면을 맞게 되었다. 당시 롯데제과 홍보실에서 근무했던 관계자는 "1998년 11월엔 지방에 소재한 가게나 마트 등의 주인이 빼빼로 물량을 확보하기 위해 서울 본사로 원정을 오기도 했다"고 말했다.

따라서 빼빼로데이는 여중생들의 장난끼와 기업의 마케팅(상술)이 절묘하게 조합되어 탄생한 산물인 셈이다. 롯데제과는 빼빼로데이로 인해 엄청난 제품 판매 효과를 거둔 것으로 나타났다. 빼빼로를 생산하는 롯데제과는 매년 11월이 되면 매출이 폭증한다고 한다. 언론보도에 따르면 1983년 첫 선을 보이며 그해 약 40억 원의 매출을 올리는데 그친 빼빼로는 빼빼로데이로 정착된 2001년 280억 원, 2003년 350억 원, 2004년 370억 원, 2007년 400억 원, 2008년 560억 원으로 지속적인 성장세를 보였다.[16]

글로벌 시대, 서양문화 접하기의 활발한 움직임

2000년대는 문화의 격변기였다. 1992년 본격적인 WWWWorld Wide Web의 등장으로 인터넷 호스트와 사용자가 급증했다. 정보통신의 혁명으로 인해 다매체, 다채널 시대가 도래했고, 글로벌 문화가 등장했다. 소비문화는 기존의 방식과 달리 개방적이어서 사람들은 인터넷을 통해 서양의 문화를 쉽게 접할 수 있었다. 한국도 이러한 변화를 발 빠르게 수용했다. 1990년대 후반부터 한국에 포도주 문화가 번졌고, 애인이나 친구들과 간단한 식사와 함께 와인을 즐기는 와인데이(매년 10월 14일)가 2000년 신세대들에게 새로운 문화로 자리 잡았다.[17]

와인은 제품의 특성상 와인데이가 생겨나기 전부터 밸런타인데이에 자주 이용된 것으로 알려진다. 1990년대 초 밸런타인데이와 화이트데이가 유행할 때, 외식업체들은 그날 연인과의 오붓한 분위기를 연출하기 위해, 와인을 포함한 식사 코스를 마련하기도 했다. 현재는 와인데이도 밸런타인데이, 화이트데이, 빼빼로데이와 더불어 인기 있는 날로, 수익효과를 톡톡히 보는 데이가 되었다.

2000년대의 대표적인 데이 마케팅은 핼러윈데이Halloween Day다. 한국에서 핼러윈데이 행사의 기원은 1987년으로 거슬러 올라간다. 많은 외국인 투숙객을 상대하는 직종의 특성상, 호텔에서는 이미 그때부터 핼러윈파티를 열었던 것이다. 그 후 호텔을 드나드는 사람이 외국인 위주의 특수계층에서 일반인으로 확대되면서 핼러윈파티가 연인, 가족끼리 즐길 수 있는 유쾌한 축제로 받아들여지게 되었다.[18]

핼러윈데이가 대중에게 처음 소개된 것은 1990년대 초였다. 유학파를 중심으로 즐기는 소수문화로 출발했지만, 2000년대 초반 2~3년 사이에 미혼 직장인을 중심으로 급속히 확산되었다. 거기에 영어유치원이 급증하면서 어린아이들 사이에서도 핼러윈데이가 자연스레 유행하기 시작했다.[19]

핼러윈데이는 켈트족의 축제인 삼하인 축제에서 비롯되었다. 켈트족들의 새해 첫날은 겨울이 시작되는 11월 1일인데 그들은 사람이 죽어도 그 영혼은 1년 동안 다른 사람의 몸속에 있다가 내세로 간다고 믿었다. 그래서 한 해의 마지막 날인 10월 31일, 죽은 자들은 앞으로 1년 동안 자신이 기거할 상대를 선택한다고 여겨, 사람들은 귀신 복장을 하고 집안을 차갑게 만들어 죽은 자의 영혼이 들어오는 것을 막았다고 하며, 이 풍습이 핼러윈데이의 시작이다. 미국 · 유럽 등지에서는 핼러윈데이 밤이면 마녀 · 해적 · 만화 주인공 등으로 분장한 어린이들이 "trick or treat(과자를 안주면 장난 칠 거야)"를 외치며 집집마다 돌아다니며 초콜릿과 사탕을 얻어간다.[20]

그런데 한국에는 기존의 핼러윈데이와는 다르게 '한국판 핼러윈데이'가 형성되었다. 귀신을 쫓는 풍속의 본래 취지와 달리, 영어유치원, 각종 모임 등에서 파티 형식으로 핼러윈데이를 즐기기 시작한 것이다. 핼러윈데이 축제 파티 문화는 주류의 제품 콘셉트를 잘 살릴 수 있는 좋은 기회이기에, 특히 클럽에서 10월 31일을 전후로, 주말에 밤새워 노는 파티를 진행했다.

2000년대 초, 클럽문화의 발상지인 홍대입구에는 핼러윈데이 전부터 이미 각 클럽들의 핼러윈파티를 알리는 포스터가 골목골목에 나붙었다. 20~30대가 좋아하는 브랜드를 중심으로 강남의 재즈바나 나이트클럽 등을 통한 마케팅 프로모션이 활발했다. 핼러윈파티가 배낭여행, 어학연수 등으로 서양문화에 친숙해진 20~30대가 또래의 문화경험을 나누는 장으로 발전한 것이다. 파티전문기획사 '101상상공장'의 유재현은 "월드컵 이후 스탠딩파티에 익숙한 클러버Cluber(클럽을 드나드는 층)들이 오랜 만에 맘껏 즐길 수 있는 핑계를 '핼러윈'에서 발견한 것 같다"고 말했다.[21]

『머니투데이』(2002년 10월 30일)는 "크리스마스, 밸런타인데이와 함께 서양의 대표적인 축제인 핼러윈데이가 외식 · 주류 · 호텔업계의 새로운 마케팅 수단으로 활용되고 있다. 이들 업체는 10월의 마지막 날인 31일 다양하고 이색적인 이벤트 개최를 통해 자사제품 등을 적극 홍보하는 한편 푸짐한 경품행사를 통해 고객 확보에 주력하고 있다"며 다음과 같이 말했다.

"디아지오측은 이번 행사에서 카페 안은 갖가지 모양의 마네킹과 관, 십자가, 마늘 그리고 핼러윈의 상징인 호박으로 내부가 장식되고, 하드록카페 직원들 또한 드라큘라, 미라 등 괴기스러운 복장으로 고객을 맞는 등 음산한 분위기 속에서 진행된다. 또 고객들이 참여한 가운데 커플 림보게임 프로그램, 퍼포먼스 등 다채로운 이벤트도 진행될 예정이다. 패밀리 레스토랑 베니건스는 31일 드라큘라와 스파이더맨 등 핼러윈 복장의 직원들이 음식 서비스를 한다. 압구정점은 재미있는 할로윈 복장을 한 고객을 선발해 호주 여행권과 무료 식사권을 증정할 예정이다. 옥션www.auction.co.kr은 지난 29일까지 파티참가권, 의상, 소품 등 10여 종의 핼러윈 상품을 판매하는 '핼러윈 이벤트'를 진행했다."

■ 한국은 지금 데이 공화국

데이 마케팅의 효험이 널리 알려지면서 작위적인 '데이 만들기' 열풍이 휘몰아치기 시작했다. 1년 365일 사이클의 물신화物神化라고 해도 좋을 정도로 많은 데이가 양산되었다. 도대체 어떤 데이들이 생겨난 건지 차례대로 그 면면을 살펴보기로 하자.

오늘날의 포틴데이(매달 14일을 기념하는 것)의 모습을 갖춘 것은 2000년대 초이다. 1월 14일은 다이어리데이로 연인끼리 서로 일기장을 선물하는 날이다. 2월 14일은 밸런타인데이로 여성이 남성에게 초콜릿을 주며 고백하는 날이다. 3월 14일은 화이트데이로 남성이 여성에게 사탕을 주며 고백하는 날이다. 4월 14일은 블랙데이로 연인이 없는 사람들끼리 검은 복장으로 만나 짜장면을 먹는 날, 혹은 카페에서 블랙커피를 마시는 날이다. 5월 14일은 로즈데이로 연인끼리 장미꽃을 선물하는 날이다. 6월 14일은 키스데이로 연인끼리 입맞춤을 나누는 날이다. 7월 14일은 실버데이로 연인끼리 은반지(은제품)을 선물하는 날이다. 8월 14일은 그린데이로 연인끼리 산림욕을 하며 무더위를 달래는 날이다. 9월 14일은 포토데이로 연인끼리 함께 기념사진을 찍는 날이다. 10월 14일은 와인데이로 연인끼리 함께 포도주를 마시는 날이다. 11월 14일은 무비데이로 연인끼리 함께 영화를 보는 날이다. 12월 14일은 허그데이로 연인끼리 서로를 안아주는 날이다.[22]

물론 이게 전부가 아니다. 『한국일보』 2006년 11월 2일자에 따르면, "'빼빼로데이'(11월 11일)에 이어 '브래지어데이'(11월 8일), '고래밥데이'(12월 12일)까지. 유통업계의 '데이Day 마케팅'이 도를 넘어 마구잡이식 상혼으로 눈살을 찌푸리게 한다. 한 여성 내의 업체는 지난해부터 11월 8일을 '브래지어데이'로 정해 3만 원 이상 속옷을 구매하면 여성속옷용 손가방을 선물하는 이벤트를 벌이고 있다. 브래지어 끈 모양의 '11'과 가슴 모양의 '8'을 본 따 브래지어데이로 설정했다는 것이다".[23]

화장품업계는 자사의 이름을 딴 'ㅇㅇ데이'를 만들어 그날은 상품을 할인해주는 마케팅을 펼치고 있다. 화장품 브랜드 미샤는 '미샤데이즈'를 실시, 전 품목 30퍼센트 할인 이벤트를 진행한다. 2007년부터 매월 10일을 브랜드 데이로 지정해 할인을 해주는 마케팅을 펼치고 있다.[24]

오늘날의 성년의 날은 1970년대의 성년의 날과는 많이 다르다. 1993년 정부가 성년의 날 행사를 민간단체로 이양했고, 2000년대부터 장미꽃 스무 송이와 향수를 선물하는 풍토가 자리 잡았다.[25] 업체들이 대목인 이 날을 놓칠 리 없었다. 예컨대, 인터파크는 2013년 성년의 날을 맞아 '성년의 날 향수선물' 기획전을 열고, 백화점 입점 프리미엄 브랜드 향수를 비롯해 남녀 인기 향수 총 50종을 최대 40퍼센트 할인된 가격에 선보였다. 인터파크는 2013년 성년의 날 일주일 동안 향수 매출이 전주 대비 약 52퍼센트 증가한 것으로 나타났다. 또한 같은 기간 장미 비누는 25퍼센트, 장미 귀걸이는 18퍼센트 매출이 늘었다.[26]

데이 마케팅의 성공 요인

데이 마케팅의 정의는 1965년 미국의 오하이오 주립대학의 마케팅 교수들에 의해 처음 내려졌다. 이들은 데이 마케팅을 사회에서 기념일, 판매촉진, 교환, 물적 유통을 통해 경제적 재화와 서비스에 대한 수요구조를 예상하고, 확대하며, 만족시키는 과정이라고 정의했다.[27] 데이 마케팅의 의례적 요소를 연구한 논문에 따르면, '데이'에는 4가지 특징이 있는데, 다음과 같다.

"첫째, 데이는 상징성을 띠고 있다. 각각의 데이에는 그 데이와 관련이 있는 제품이 등장한다. 가령, 빼빼로데이에는 빼빼로를 주고받으며 사랑 또는 우정을 전달하고 확인한다. 둘째, 데이는 반복되는 특징이 있다. 1년이 지나면 또다시 돌아오는 연례행사이다. 예를 들어 외로운 사람들끼리 만나 블랙데이에 짜장면을 먹으며 서로 외로움을 달랬던 그날이 내년에 또 다시 돌아온다. 셋째, 각각의 데이는 데이에 참여하는 참여자들에게 역할을 부여한다. 밸런타인데이에는 여자가 남자에게 초콜릿을 주어야 하는 역할이 있다. 넷째, 데이는 사회적 진지함을 가지고 있다. 소비자는 각종 데이를 챙기면서 그날에 몰두하고 집중하게 된다."[28]

그렇다면 이러한 데이 마케팅이 성공을 거두고, 또 그에 따라 각종 한국판 ○○데이가 성행하게 된 이유는 무엇일까?

첫째, 경제성장과 이에 따른 소비문화 발달이 전제되었기에 가능했다. 먹고살기 바빠서, 하루 벌어 하루 먹고 살던 예전과 달리 지금은 음식을 남기고, 먹을 것이 넘쳐나는 풍요로운 시대에 살고 있다. 사람은 의식주가 해결되면 다른 곳으로 눈길을 돌리는 법. 그렇기에 영화도 보고 여행도 다니는 문화 · 여가생활을 즐기고, 각종 데이 때 선물 챙기고 술 마시면서 돈 쓰는 소비문화가 발달하게 된 것이다.

둘째, 데이 마케팅은 소비자의 감성을 자극한다. '밸런타인데이에 사랑을 확인하세요'라는 문구로 소비자에게 사랑이라는 주문을 요구한다. 밸런타인데이에는 꼭 초콜릿을 주고받아야지만, '나는 사랑받고 있고, 사랑을 주고 있구나' 라는 생각이 들게끔 애틋한 분위기를 형성한다. 또한 크리스마스 마케팅을 하는 기업들은 눈 내리는 하얀 겨울의 시각적 효과와 구세군 자선냄비 종소리인 청각적 효과를 결합해 이웃에게 정을 베풀라는 메시지를 전하며 따뜻한 크리스마스의 이미지를 전한다. 이러한 감성에 소비자가 동화되지 않을 수 없다.

셋째, 한국은 '우리' 라는 고유의 공동체 의식이 있다. 이것이 데이 마케팅에서는 너나 할 것 없이 따라하는 이상한 방향으로 가닥을 잡은 것이다.

기업체가 소비자의 감성을 자극하면, 거기에 동화된 수용자들은 하나둘 기념일을 챙기게 된다. 개인보다는 '우리' 라는 문화가 발달한 한국에서는 이 의식이 '우리 다같이 이날을 즐겨보자' 는 식으로 데이 마케팅에 접목되었다. 그래서 다른 사람들 다 챙기는 것을 나만 안 챙기는 건 싫고, '남들도 챙기는데 나도 한 번 챙겨볼까?' 라는 생각이 들게 만든다. 이를 챙긴 소비자는 소속감이 생기고, 반면 안 챙기거나 못 챙긴 사람은 소외감이 든다.

넷째, 365일을 똑같이 지내기에는 너무 지루하고, 하루라도 더 특별하게 보내고 싶은 사람들의 욕망이 기념일 마케팅에 반영되었다. 소위 말해, '놀 건수' 를 잡았다는 말이 적절하겠다. 그날이 어떤 의미에서 유래되었는지는 상관없이 그저 '이날은 ○○데이니까' 라는 명목 하에 하루라도 더 재미있고, 특별하게 보내고 싶은 소비자들의 욕구와 이를 노리는 기업체의 상술이 정확히 맞아떨어진 것이다.

다섯째, 세계화 시대가 되면서 데이 마케팅 성공에 박차를 가하게 되었다. 기술이 발달하면서 세계화 시대가 도래했다. 우리는 자유롭게 다른 나라를 갈 수 있게 되었고, 그곳에서 서양의 새로운 문화를 접했다. 그리고 인터넷의 발달로 손쉽게 서양의 문화가 유입되면서 이것이 '한국판 ○○데이' 로 파생되었다.

여섯째, 한국 역사는 억압의 역사였고, 우리 민족은 한恨이 많은 민족이다. 억눌렸던 민족의 한이 매일을 특별하게 보내고 싶은 욕구로 분출된 것이다. 앞서 이야기했듯이, 통금해지와 더불어 크리스마스의 밤 문화가 성행하게 된 것도 다 우리 민족 고유 정서인 한恨에서 연유한 것이라 할 수 있겠다.

■ 데이 마케팅의 명明과 암暗

데이 마케팅의 위력이 입증되자 데이 마케팅을 우리 고유문화와 농수산물 알리기, '노인의 날'에 노인 복지 챙기기 등과 같은 좋은 취지의 행사와 연결시키는 현상도 생겨났다.[29] 또한 기존의 밸런타인데이, 화이트데이, 블랙데이 등 사업성에 초점을 맞춘 기념일 대신에 최근 들어 생산자 단체가 중심이 되어 페어데이, 삼겹살데이, 옹데이, 복숭아데이, 구구데이 등 농축산물 소비 캠페인 차원에서 추진하는 각종 토종 데이가 소비자들에게 호응을 얻고 있다.

생산자 단체에서 운영하고 있는 토종 데이 마케팅 가운데 페어데이가 있다. 전남 나주의 새해맞이 축제에서 비롯된 페어데이(매년 1월 1일)는 새해를 맞이하는 기쁨과 한 해의 모든 일이 배로 잘 되라는 취지를 담고 있다. 3월 3일의 숫자를 생각하면 떠오르는 삼겹살데이가 있다. 이미 삼겹살데이는 일반 대중에게도 널리 알려져 있다. 구제역, 콜레라 등으로 인해 양돈 농가들이 큰 어려움을 겪자, 경기도 파주 축협이 2003년 돼지고기 소비 촉진 차원에서 삼겹살데이를 만들었다. 5월 2일은 발음의 특성상 알기 쉬운 오이데이다. 이날은 오이를 먹는 날이기도 하지만, 오리가 연상되기도 해 오리 먹는 날로도 지정 운영되고 있다. 전북 남원시는 추어탕 알리기에 앞장서기 위해 7월 5일을 추어탕데이로 지정했다. 사과가 풍성하게 열리는 10월에는 애플데이가 있다. 애플데이는 둘(2)이 서로 사(4)과한다는 의미에서 10월 24일이다. 사과를 먹으면서 친구나 연인끼리 서로 잘못한 것을 사과하자는 의미라고 한다.[30]

이러한 데이 마케팅에 참여한 유명인이 있다. 안철수다. 11월 11일은 우리에게 빼빼로데이로 유명하지만, 안철수는 이를 가래떡데이로 만들었다. 농촌이나 쌀과 전혀 관련 없는 안랩(안철수 연구소)에서 2003년 11월 11일, 처음 '가래떡데이' 행사를 시작하면서 이날은 전국적으로 확산된 것이라고 한다. 안랩은 지금까지 매년 11월 11일에 가래떡데이 행사를 이어오고 있다. 한편 농림부도 지난 2006년부터 가래떡데이를 공식 지정해 국가 차원으로 발전해왔다.

가래떡데이의 유래는 이러하다. 2003년 당시 안랩의 한 직원이 11월 11일을 상업성 짙은 빼빼로데이 대신에 우리 농촌과 농민을 생각할 수 있는 '가래떡데이'로 하면 어떨까 하고 아이디어를 냈다고 한다. 11월 11일의 숫자가 긴 막대 모습의 전통 흰떡인 가래떡을 4개 세워놓은 모양과 비슷한데서 착안했기 때문이다. 당시 안랩의 창업자이자 CEO였던 안철수도 좋은 취지에 공감해 그해 11월 11일 '가래떡데이' 행사를 안랩 전 직원과 함께 실시했다고 한다.[31] 그러나 이런 농수산물 소비 촉진에 앞장서는 데이들은 화이트데이나 밸런타인데이와 비교해서 아직 크게 영향력을 미치지 못하는 것이 사실이다.

또한 각종 데이에 안타까운 사례도 속출했다. 한 여중생이 빼빼로데이 선물이 너무 비싸 살 수 없게 되자, 가게에서 훔치다 적발되기도 했다. 『조선일보』 2013년 6월 15일자는 "김씨는 매년 6월 14일이 될 때마다 '세계 헌혈자의 날'이 '키스데이'에 묻히는 것 같아 아쉬움이 크다. 그는 '가족들이 아프기 전 헌혈에 관심이 없던 세월을 사죄하는 마음으로 헌혈 봉사를 한다'며 '젊은 사람들이 '키스데이'보다 훨씬 더 의미 있는 기념일에 관심을 가져줬으면 하는 게 간절한 바람'이라고 말했다"며 다음과 같이 말했다.

"이날 포털사이트 검색어 순위에는 종일 '키스데이'가 오르내렸다. 페이스북 · 트위터 등의 SNS(소셜네트워킹서비스)상에서도 '키스데이' 관련 글이 쉴 새 없이 올라왔다. 업계도 '키스데이'에 맞춰 발 빠르게 움직였다. '딥deep키스 대회'를 열거나 연인에게 사은품을 증정하는 등 '키스데이 마케팅'에 여념이 없다. 직장인 황인정(27) 씨는 '매년 이맘때쯤 키스데이 관련 기사가 쏟아져 키스데이라고만 알았지 헌혈자의 날인 줄은 전혀 몰랐다'고 말했다."[32]

결혼정보업체 듀오가 2011년 1월 18일부터 2월 6일까지 전국 20~39세 미혼 남녀 349명을 대상으로 실시한 설문조사에서, 응답자의 82퍼센트가 연인과 나누는 '데이'에 우울함을 느낀다고 답했다.[33] 이처럼 데이 마케팅으로 인해 각종 데이가 우리 생활에 깊숙이 자리 잡고 연례행사가 되면서 커플인 자와 그렇지 않은 자 사이의 보이지 않는 벽이 생겼다. 이런 각종 데이가 커플이 아닌 사람들은 더 외롭게 만드는 것이다.

■ 데이 마케팅의 현 주소는?

지금 한국은 매일 쏟아지는 ㅇㅇ데이에 정신이 없다. 기업으로서는 이 현상이 반갑겠지만, 사회적 측면에서는 그리 달갑지 않다. 우리의 전통 놀이나 세시풍속이 밸런타인데이, 화이트데이에 자리를 내주었다. 청소년들 자신은 ㅇㅇ데이에 서로 선물을 주고받으며 적당히 즐길 줄 안다고 생각할 수 있다. 하지만 3 · 1절을 '삼쩜일절'로 읽는 반면, 3 · 14가 화이트데이라는 것을 아는 청소년의 실태를 보면 더는 방관할 수만은 없다. 근본 없이 유입된 서양의 문화는 잘 알고 챙기면서 정작 우리 전통 문화는 모르는 청소년들에게 데이 마케팅은 성장기 청소년들이 제대로 된 가치관을 형성하는 데 큰 타격을 줄 수 있다.

이와 관련, 경희대 신명아 교수(영미어학부)는 "영어 교육이나 세계화는 우리의 고유한 문화를 토대로 이뤄져야 하고 전도돼서는 안 된다"며 "핼러윈데이가 상업화되면 아이들을 세계 문화라는 허상을 쓴 '도깨비'로 만들 수 있다"고 말했다.

청소년뿐만이 아니다. 20~30대 성인도 예외는 아니다. 가수 싸이가 2003년에 만든 〈할로윈 참사〉라는 노래 가사를 보면 우리의 실상을 알 수 있다. "할로윈이라고? 추석은 챙겼냐고. 다들 도대체 잃어버린 정체. 사치와 겉멋만으로 허파에 바람 나게 들어찬 것들 대가리 속 교통정체."

미국에서조차 그 의미가 퇴색해가고 있는 문화를 한국에서는 이날만 되면 서울 강남 지역 호텔이나 클럽을 중심으로 밤새워 술 마시고 춤추는 질펀한 파티가 열리고, 점차 그 규모가 커지고 있는 점에 대해 하도 어이가 없고 분통이 터져 랩을 썼다고 그는 말했다.[34]

또한 지나친 상술에 휘둘리는 소비자들뿐 아니라 그런 분위기로 몰아가는 기업들도 문제가 있다. 외국 명절에는 다채로운 행사를 마련해 고객들을 유치하는 특급호텔들이 정작 우리 전통명절에는 별다른 행사 없이 무관심을 보인다. 이들 호텔들은 단지 설뿐만 아니라 최대 민속명절의 하나인 추석을 비롯해 정월대보름, 단오 등 우리나라 고유의 전통명절에도 무관심하다.

이에 반해 크리스마스를 비롯해 핼러윈데이, 추수감사절, 밸런타인데이 등 외국명절이나 외국에서 비롯된 기념일은 크든 작든 꼭 빠뜨리지 않고 호텔 내 이벤트를 마련해 호텔을 이용하는 사람들이 분위기를 느낄 수 있도록 해왔다. 호텔이라는 장場이 단지 국내에 머무는 외국인들에게 숙식을 제공하는 가능뿐 아니라 우리의 세시풍속과 문화를 알리는 장으로도 적극적인 기능을 해야 한다는 측면에서 전통명절을 알리는 장소로 활용해야 한다는 관광업계의 목소리가 높다.[35]

남들과 같은 것이 싫어서, 일탈적인 성향을 지닌 신세대 문화와 손잡고 데이 마케팅은 승승장구해왔다. 하지만 이제는 너 나 할 것 없이 챙기는 획일적인 소비문화가 되어버렸다. 남들이 다 한다고 해서 나도 밸런타인데이에 꼭 여기 가서 밥을 먹고 영화를 볼 필요는 없다. 기념일이란 다른 게 아니다. 본래 나에게 '특별한' 의미를 지닌다면, 그날이 기념일인 것이다. 각종 데이를 적당히 즐기고, 합리적인 소비를 하길 바라는 마음이다.

1 황재근, 「데이 마케팅(Day Marketing)에서의 광고 전략: 발렌타인데이를 중심으로」, 경희대학교 산업정보대학원 석사학위논문, 2002년.

2 김보라, 「명절 선물 50년 변천사… '그땐 그랬지'」, 『아시아경제』, 2013년 2월 4일.

3 「秋夕(추석)맞이 商街閑散(상가한산)」, 『경향신문』, 1957년 9월 2일.

4 풀무원 블로그, http://blog.pulmuone.com/2548

5 「인식도 높아가는 백화점」, 『매일경제』, 1972년 5월 16일.

6 「14일까지 계속 하루 매상고 천 만원 신세계 '가정의 달' 세일」, 『매일경제』, 1972년 5월 10일.

7 「젊은이의 축일(祝日)-20일 첫 번 맞는 성년의 날」, 『매일경제』, 1973년 4월 19일.

8 「각 학교(學校) 제2회 성년(成年)의 날」, 『경향신문』, 1974년 4월 20일.

9 홍윤기, 「발렌타인데이 초콜릿 선물 유래는?」, 『머니투데이』, 2013년 2월 14일.

10 「바겐세일 소식」, 『경향신문』, 1984년 2월 9일.

11 「10대 고객 유치 경쟁」, 『매일경제』, 1984년 2월 14일.

12 「발렌타인 상술 이래도 좋은가」, 『동아일보』, 1986년 2월 13일.

13 「소비주도의 세대」, 『네이버 지식백과』

14 http://blog.naver.com/itmon7?Redirect=Log&logNo=40183746226

15 「'화이트데이', 청소년 소비성행사 성행」, 『연합뉴스』, 1994년 3월 14일.
16 http://cafe.naver.com/chocolozzz/53
17 한용섭, 「14일은 와인데이 아시나요?」, 『한국일보』, 2000년 10월 13일.
18 정상원, 「호텔들 할로윈데이 행사」, 『한국일보』, 2001년 10월 23일.
19 김동선, 「10월 마지막 날 너를 기다리마」, 『한국일보』, 2002년 10월 24일.
20 「할로윈데이(Halloween Day)」, 『네이버 지식백과』.
21 김동선, 「10월 마지막 날 너를 기다리마」, 『한국일보』, 2002년 10월 24일.
22 「14일 기념일」, 『위키백과』.
23 이왕구, 「브래지어데이 · 빼빼로데이 · 고래밥데이… '~데이' 아닌 날이 없네」, 『한국일보』, 2006년 11월 2일, 17면.
24 김승현, 「미샤, 오늘(10일) '미샤데이즈' 실시… 전품목 30퍼센트 할인」, 『엑스포츠뉴스』, 2013년 6월 13일.
25 산업통상자원부 블로그, http://blog.naver.com/mocienews?Redirect=Log&logNo=100187423935.
26 이초희, 「향수, 장미 비누 등 성년의 날 선물遜 온라인에서 '인기'」, 『아시아경제』, 2013년 5월 14일.
27 황재근, 「데이 마케팅(Day Marketing)에서의 광고 전략: 발렌타인데이를 중심으로」, 경희대학교 산업정보대학원 석사 학위논문, 2002년.
28 차태훈, 전승우, 하지영 「데이 마케팅의 의례 요소에 관한 탐색적 연구: 소비자 참여에 미치는 영향을 중심으로」, 『소비문화연구』, 제11권 제2호(2008년 6월).
29 정은아, 「메가박스, '메가견우직녀 데이' 이벤트 개최」, 『etnews』, 2003년 8월 7일; 정정욱, 「산업계 전반 10월 '데이 마케팅' 봇물, 10월의 멋진 날 특별한 경험을!」, 『세계일보』, 2011년 10월 10일.
30 김유일, 『마케팅이 곧 혁신이다』(뿌리출판사, 2006), 202~204쪽.
31 탐진강의 리얼스토리 http://ahnsamo.kr/index.php?document_srl=611945&mid=lifestory.
32 김지섭, 「'헌혈자의 날' 밀어낸 정체불명 '키스데이'」, 『조선일보』, 2013년 6월 15일.
33 「매월 14일만 되면 발병하는 데이 우울증」, 『시사저널』, 제1113호(2011년 2월 16일).
34 이승형, 「할로윈족 천박해~천박해~」, 『문화일보』, 2003년 11월 14일.
35 「외국 명절 땐 분주한 호텔, 우리 명절엔 무관심」, 『연합뉴스』, 1993년 1월 13일.

경영학부 2009학번
사회복지학과 2011학번

왜 우리는 '배달의 민족'이 되었나?

배달문화의 역사

■ 효종갱을 아십니까?

우리나라는 동네 상권이 잘 발달되어 있다. 집 앞에만 나가면 음식점과 슈퍼마켓 등이 널려 있어 배달을 하지 않아도 이용하는 데 큰 불편함이 없다. 우리나라 전통 음식은 탕류(국 · 찌개 등)가 많아 배달하는 데도 적합하지 않다. 또 유교의 영향으로 밥상에서 밥그릇을 드는 것조차 금기시되어 있는 점을 고려하면 배달문화가 발달할 이유가 없어 보인다. 하지만 세계 최고의 배달문화를 자랑한다. 왜 그럴까?

밥상 예절이 엄격한 우리나라에 배달문화를 이식시킨 주인공은 중국 음식이다. 한국전쟁 이후 대중화된 짜장면은 한국의 음식 배달문화를 낳은 기수로 꼽힌다. 짜장면으로 시작된 배달문화를 본격적으로 발전시킨 것은

'빨리빨리 문화'다. 전문가들은 '빨리빨리 문화'에 편리함을 추구하는 인간의 보편적인 욕구가 맞물리면서 우리나라 특유의 배달문화가 발달했다고 보고 있다.[1]

또 경제성장도 남들보다 한참 뒤처져 출발했기에 시간이 항상 부족하다는 인식이 한국 사회 전반에 팽배한 것도 요인으로 꼽힌다. 이러한 역사적 배경은 속도에 대한 민감성을 키웠으며, 반세기 동안 한국은 '고요한 아침의 나라'에서 'Dynamic Korea'로 변했다. IMF 외환위기와 경기불황의 영향으로 음식점·슈퍼마켓 등의 자영업이 크게 늘어나면서 서비스 경쟁이 가속화된 것도 한 원인으로 꼽힌다.

그렇다면 우리나라 최초로 배달된 음식은 무엇이었을까? 2012년 7월 6일 SBS에서 방영된 프로그램 〈1억 퀴즈쇼〉에서 이 문제가 출제되었다. "『해동죽지海東竹枝』(1925)에 기록된 우리나라 최초의 배달음식은?"이라는 물음과 함께 보쌈과 해장국 중에서 답을 선택하는 질문이 있었다. 답은 해장국이었고, 정확한 명칭은 '효종갱'이었다. 효종갱의 역사는 조선시대로 거슬러 올라간다. 효종갱은 남한산성에서 만들어져 밤사이 서울로 보내졌고 사대문 안 양반들이 새벽에 먹은 우리나라 첫 배달 음식이다. 최영년의 『해동죽지』는 다음과 같이 기록하고 있다.

"광주廣州 성내 사람들은 효종갱을 잘 끓인다. 배추속대, 콩나물, 송이, 표고, 쇠갈비, 해삼, 전복을 토장에 섞어 종일 푹 곤다. 밤에 이 국 항아리를 솜에 싸서 서울에 보내면 새벽종이 울릴 때쯤 재상의 집에 도착한다. 국 항아리가 아직 따뜻하고 해장에 더없이 좋다."[2]

효종갱曉鐘羹을 글자 그대로 풀이하면 '새벽종이 울릴 때 서울에서 받아

먹는 국' 이다. 국을 밤새 끓여 하인들이 식지 않도록 효종갱이 든 항아리를 이불로 싼 후 4시간 거리를 이고 날라 서울로 올려보내면 새벽녘 통행금지 해제를 알리는 파루의 종이 울려퍼질 때 사대문 안의 대갓집으로 배달되었다고 한다.

효종갱엔 지금 보아도 비싼 재료들이 듬뿍 들어가 있다. 이러한 보양식은 당시의 서민들이 평생 먹어보지도 못하고 죽을 수도 있는 음식이었을 것이다. 때문에 뇌물로도 전달되었다는 설도 있다. 게다가 해장국이라는 이름에 걸맞게 속풀이에 더없이 좋고 그 맛도 일품이라 효종갱을 맛있게 먹기 위해 일부러 밤새 술을 마시는 사대부들도 있었을 정도였다고 한다. 최초의 배달음식이라는 타이틀을 갖게 된 효종갱이지만 이러한 면에서 빈부격차나 신분제도의 아픔을 볼 수 있어서 씁쓸하다.

그런데 효종갱의 놀라운 점은 배달 방식이다. 남한산성에서 서울 시내까지 뛰어서 배달했다니 배달원의 인내심과 정성이 놀랍다. 보온병도 없던 시절에 배달된 우리나라 최초의 배달 음식을 통해 맛과 정성, 더 들여다보면 지배계층과 피지배계층의 다른 삶까지 엿볼 수 있다. 지금의 보편화된 배달문화가 그 당시에는 특권으로 여겨졌다는 건 배달의 '희소성' 을 말해주는 것이지만, 이후 점차 전달 수단이 발전하면서 '배달의 평등성' 이 나타나게 된다.

일제강점기의 자전거 배달

1910년대에 어디서나 볼 수 있는 흔한 직업 중 하나는 우물에서 물을 길어

집까지 배달해주는 물장수였다. 물장수는 1800년대 전후에 등장한 것으로 추정되는데, 1908년 기준으로 서울에서 물장수를 직업으로 삼았던 사람은 대략 2,000여 명 정도였다. 당시 서울 인구는 23만 3,590명, 상업 종사자는 1만 3,672명이었으니, 서울 상업 인구의 15퍼센트가 물장수였던 셈이다.[3]

일제강점기엔 자전거가 주요 배달 수단으로 이용되면서 자전거 배달의 달인들이 나타났다. 어효선은 『내가 자란 서울: 1930년대 서울 살림 엿보기』(2011)에서 "광교와 수표교 사이에 있는 콘크리트 다리 북쪽 천변에 '백양루' 라는 소문난 냉면집이 있었다. 겉으로는 솟을대문(행랑채의 지붕보다 높이 솟게 만든 대문)에 간판인 현판이 걸렸는데, 들어가 보면 큰 살림집이다. 가서 먹는 손님보다 시켜다 먹는 이가 더 많았던 것 같다" 며 다음과 같이 말한다.

"배달은 기다란 목판(나무로 만든 음식을 담아 나르는 그릇으로 보통 정사각형)에 담아서 어깨에 메고 자전거로 날랐다. 배달꾼들은 몸이 크고 튼튼한 장정이었다. 목판의 길이가 150센티미터인데, 한 목판에 스무 그릇이 놓였다. 이 목판을 한 어깨에 메고, 핸들을 왼손으로 잡고 달렸다. 소나무 목판 무게도 무게지만, 그릇 스무 개가 얼마나 무거웠을까? 커다란 사기 대접에 고깔 모양의 함석 뚜껑을 덮었다. 커다란 국물 주전자는 짐받이에 실었다. 장정 몇 사람이 들며 나며 쉴 새 없이 날랐다. 그때는 교통이 복잡하지 않았다고는 하지만, 목판을 엎었다는 이야기는 듣지 못했다."[4]

경인면옥이 냉면을 인천에서 서울까지 기차를 이용해 배달을 했다는 사실도 놀랍다. 원로 사진가 김석배는 13세이던 1938년 방학을 맞아 서울 을

지로의 삼촌댁에서 지내며 직접 본 인천 냉면의 배달 경로에 대해 이렇게 말했다. "당시 삼촌 친구 분들이 삼촌댁을 찾았어요. 식사 때가 되어서 삼촌은 인천 경인면옥에 전화를 걸어 냉면 15그릇을 배달시켰고, 삼촌과 친구 분들, 식구들과 저도 함께 배달 온 냉면을 맛있게 먹었던 기억이 생생합니다." 냉면 한 그릇에 15전씩 15그릇이었으니 2원 25전, 동인천역에서 서울까지 기차요금 1원 16전(왕복), 택시비가 인천에서 50전, 서울에서 1원이니 왕복 3원, 배달한 사람 팁이 1원, 합계 7원 41전이었다고 한다.[5]

기차와 택시를 이용한 배달도 있긴 했지만 그건 예외적인 것이었고, 배달의 주요 수단은 자전거였다. 일제시대에 자전거는 귀한 물건이어서 자전거 도둑이 꽤 많았다. 자전거 배달의 가장 큰 고충도 바로 이 자전거 도둑질이었다. 심지어 전화로 물품 주문을 해놓고 배달원의 자전거를 훔쳐 타고 도망가는 수법까지 등장했다. 1933년 5월 원산에서 일어난 일이다.

"불경기가 나날이 심각화하여감에 따라 절도도 가지각색이어서 상점이나 혹은 요리점에다 전화를 이용하여 여기는 무슨 은행 또는 무슨 회사인데 무슨 물건 무슨 요리를 보내달라고 거짓 주문을 해놓고 은행이나 회사 옆모퉁이에 숨어 있다가 점원이 주문받은 물품을 가지고 자전거를 타고 와서 문밖에 세워놓고 들어간 틈을 타서 자전거를 훔쳐타고 달아나기를 무릇 다섯 번이나 감행한 자가 있다."[6]

자전거는 해방 후에도 한 동안 배달의 주요 수단이었고, 우편배달도 자전거에 의존했다. 1948년 정부는 자전거 2,386대로 우편집배 업무를 시작했다. 자동차가 거의 없었고, 도로 포장도 매우 부족했던 당시 자전거는 매우 효율적인 교통수단이었다. "지금은 오토바이로 배달을 하지만 당시

(1960년대 초)는 자전거마저 없어 하루 2백 리 길을 발이 부르트도록 걸어야 했다"는 증언도 있다.[7]

1968년 우편배달에 오토바이가 처음 도입되었지만, 그래도 배달의 주요 수단은 여전히 자전거였다. 특히 지방에선 더욱 그랬다. "1970년대는 하루 평균 300여 통의 우편물을 걷거나 자전거를 타고 배달했습니다. 해안가 비포장도로가 대부분이어서 대꼬챙이로 자전거 바퀴에 엉킨 진흙을 떼어내며 60킬로미터 이상을 돌았지요. 자전거를 탄 거리보다 끌고 다닌 곳이 더 많았습니다."[8]

■ 1960년대의 배달문화

1960~1970년대 신문에서 배달에 관한 기사는 찾아보기 어려웠다. 이런저런 단신들은 나오지만, 하나의 스토리를 엮어내기엔 어림도 없다. 사정이 그와 같으니, 이 시대의 배달문화는 단신 기사들을 소개하는 것으로 대신해야 할 것 같다. 신문배달 관련 기사가 많다.

<u>1960년 1월 1일</u>

"새벽 사시경 서울 시내 영등포구 신길동 칠번지 앞길에서 때마침 신문배달하러 길을 건너던 최경수 군(18=성남고 일년생)은 초속도로 달리던 '합승택시'에 치여 중상을 입었다 한다."[9]

1960년 1월 4일

"서울 시내 영등포연합병원장 이범순 박사는 신문배달을 나왔다가 '택씨'에 치어 바른편다리가 절단되고 머리에 심한 파렬상을 입은 본보 영등포 지국배달원 최경수(성남고 일 년) 군을 무료로 치료해주고 있다. 한편 최군의 동료배달원 길원필 군 등 오일명은 일만이 환을 갹출하여 최군에게 전달하였다. 최군은 학교성적이 우수하나 등록금이 없어서 지금 학교에 다니지도 못하는 처지라는 것이다." [10]

1960년 1월 8일

"본보(동아일보) 삼척지국장 김성민 씨와 『한국일보』 삼척지국장 정두영 씨는 칠일 이곳 '동양씨멘트회사' 부사장 장수호 씨를 '업무방해' 및 '불법감금' 혐의로 삼척경찰서에 고발하였다. 솟장에 의하면 장씨는 이일 상오 일시경 자기 회사 경비원을 시켜 신문을 배달 중인 본보 배달원 이형백, 『한국일보』 배달원 김홍원양군을 경비실에 일시간이나 불법감금하고 그들이 가진 독자명부를 위협 강탈하여 명단을 등사했다는 것이다." [11]

1960년 3월 24일

"23일 하오 오시 반경 성북구 송천동 산 칠오에 사는 본보 배달원 주동일(16) 군은 미아동 '동도이발관' 옆골목에서 신문배달을 하는 중 미아동 오오 박성철(20=무직) 군에게서 무조건 구타를 당하여 얼굴에 전치 이주일 이상의 상처를 입었다. 박군은 이날 만취가 되어 주군의 앞길을 가로막고 구타한 것이라고 하는데 그는 얼마 전 모 대학에 응시했다가 불합격한 것을 비관, 술을 먹고 행패를 부린 것 같다고 한다. 성북서에서는 박군을 '폭행치상' 혐의로 연행 문초 중이다." [12]

1960년 3월 30일

"지난 28일 당지에서는 정복경찰관이 배달되는 본보(동아일보)를 강탈해 간 사건이 발생하였다. 이날 상오 구시 반경 본보 배달원 유차영(14) 군 이 양덕동 구방 소재 한성제지주식회사 사무실에다 신문을 투입하자 이때 동 사무실에 와 있던 두 명의 정복경찰관(성명미상)이 유군에게 '너 그거 무슨 신문이냐' 고 묻기에 『동아일보』라고 대답하자 '그 신문 이리 달라' 라고 하면서 유군이 가진 육팔부의 신문을 빼앗아 책상 위에 논 다음 동회사상무 김영옥(41) 씨를 향하여 이런 신문을 보지 말라고 다짐한 후 신문뭉치를 갖고 사라졌다." [13]

1962년 7월 3일

"(부산에선) 싸구려만 찾아다니고 화식집의 고객은 헤아릴 정도. 대중음식점은 최저 5원에서 최고 30원까지의 싸구려 국밥 · 백반이 날개 돋친 듯 팔린다. 한 그릇 10원씩의 배달 냉면은 해변가와 시장통에서 인기를 차지하고 있다." [14]

1962년 9월 25일

"전 같으면 외상주문만 받고도 집에 배달까지 해주던 쌀가게들이 요즈음에는 현금을 주어도 쌀이 없다는 배짱이니 정부는 무슨 대책을 빨리 세워줘야지 큰일났습니다…….”[15]

1962년 12월 6일

“이 사과상자 배달은 도매가격으로 산 사과를 구멍가게에서 산매할 때에도 원가로 공급하되 상자 속에 든 사과알만 뽑아주고 빈 상자는 자기가 갖는다. 말하자면 공상자가 곧 운임에 담당된다. 이 공상자를 싣고 도매상에 오면 개당 25원에 환매할 수 있는 것이다. 구멍가게의 입장에서는 이 배달업을 환영하지 않을 수 없다. 사과 몇 10개를 산매하기 위해 도매상에서 산다면 역시 운임을 계산에 넣어야 하고 수량이 적을수록 원가가 비싸 자연 산매이윤이 박해진다. 또한 아침마다 시장을 내왕하기란 여간 귀찮은 일이 아니다. 그런데 가만히 앉아서 시장도매가대로 물건을 공급받을 수 있으니 고마운 일이 아닐 수 없다. 구멍가게가 판매하는 것은 사과알이며 상자가 아니기 때문이다. 이 사과배달업의 시설은 손수레 하나면 그만이다. 신품에 가까운 중고품이 3천 원 정도 그 이하는 2천5백 원을 주면 구입할 수 있다. 단골(구멍가게) 기반이 어느정도 있는 사람이면 하루에 20상자를 놀면서 배달할 수 있다 한다. 공상자가 개당 25원이니 하루 수입이 5백 원, 한 달에 1만 5천 원이란 훌륭한 직업이다.”[16]

1964년 9월 4일

“‘어떤 손님들은 일 원짜리를 그냥 내주시고 거스름을 안 받아요. 오 원을 내드리면 그걸로 뭘 좀더 사먹고 더 부지런히 돌아다니면서 한 부라도 더 팔라고 격려해주셔요.’ 이렇게 말하는 태평로 일대의 가판소년 윤 모

(11)군은 '정부에서 신문들을 못 보게 한 뒤 그 전보다 이 할가량이 더 팔린다' 고 말했다. 요즘엔 정부가 보라는 신문은 전의 오분의 일가량씩 밖에 안 받는다는 가판소년들은 '신문사 아저씨들, 제목을 크게 좀 달아주세요. 그러면 더 잘 팔립니다' 라고 엉뚱한 충고까지 해줬다." [17]

1966년 5월 28일

"증권거래소는 시민들이 축의금이나 부의금으로 주식실물을 사용해 달라고 호소하고 있다. 결혼축하금이나 장례부의금으로 현금 아닌 증권을 써달라는 것이다. 현금을 봉투에 넣어주는 대신 증시에 상장된 주식을 1주식 이상씩 넣어 축의나 조의를 표해달라는 주식 대중화 운동의 하나다. 쓰고 싶은 시민이 거래소로 연락만 해주면 언제든지 거래소가 배달까지 해주겠다는 친절도 마련하고. 고운 봉투에 주식을 넣고는 '귀하는 이제 회사의 주주가 되셨습니다' 하는 안내장까지 동봉하겠다고 야단이다. 매년 전국적으로 27만 쌍이 결혼하고 30만 명의 사망자가 생긴다고 통계 숫자까지 들고 있다. 그리고 김 이사장은 이미 10여 곳에 한전, 경방주 등을 축하금으로 보냈더니 모두들 신기해하더라고……. 1인 주주의도 좋기는 좋다만 원 그래 그것도 '아이디어' 라고 한담……." [18]

1967년 2월 6일

"통간장은 보통 각 가정까지 배달되고 있는데 통간장을 구입하면 병간장보다 한 병에 7원꼴의 싼 가격으로 구입된다. 간장의 우열은 맛(단맛 · 짠맛 · 쓴맛)과 염분도 · 냄새 등으로 가려지는데 우리나라에서는 1년에 2억

7천만의 간장이 생산되고 이 중 7천만 가공장 제품으로 생산된다." [19]

1967년 2월 16일

"우리 '장홍상회' 에서는 과자 한 봉지라도 손님이 전화만 하시면 오후 11시 반까지는 어느 곳이라도 속히 배달해드리고 있다. 금년 들어 새로 시작한 이 배달은 사실 많은 양이라면 몰라도 작은 물건까지 먼 곳을 배달하려면 손이 모자라고 귀찮을 경우가 많지만 가정과 더욱 직접 연결된다는 점에 효과가 크며, 특히 손님들이 우리 '장홍상회' 에 대한 신임과 친근감을 얻는 데 크게 효과가 있었다." [20]

1968년 6월 29일

"종암동에 사는 이종구(39) 씨는 통금해제와 함께 눈을 뜬다. 남들은 한참 단잠을 즐길 시간이다. 이 씨의 기상시간은 거의 기계적 세수를 하는 둥 마는 둥 유일한 교통수단인 자전거를 타고 수유리, 장위동, 돈암동 일대의 골목길을 누빈다. 큰 길, 골목길의 약방들을 찾아 그날의 주문을 받는다.……말하자면 '약배달원' 인 이 씨는 도매상으로부터 약을 사다가 소매상에게 넘겨주는 과정에서 얼마만큼의 이윤을 얻어먹는 중간상인이다. 이 씨와 같은 유의 배달원은 서울시만 해도 5~6백 명이 된다. 그런데도 현행 약사법상 이들 '약배달원' 들은 약배달을 못하도록 규정하고 있다. 왜냐하면 이들은 약사 면허를 갖지 않고 있기 때문이다. 그렇다고 이들이 없다면 도매상들은 판로가 위협당한다. 그래서 도매상들은 이들에게 외무원증을 발급하고 사원 취급을 해준다. 물론 월급은 없다. '브로커' 나 다름없는 직업이다.”[21]

1968년 7월 6일

“아침 6시를 전후해서 정동법원 길목은 우유 배달원들의 자전거로 메워진다. 그날 배달할 우유를 가지러 오는 사람과 배달하러 나가는 사람들의 물결이다. 이들 배달원수는 서울의 경우만도 무려 4백여 명. 서울예고 옆에 이들 배달원들에게 우유를 공급하는 서울우유 협동조합이 자리잡고 있다. 우유 배달원들은 우유 협동조합으로부터 우유 실수요자에게 배달료를 받는다.……도심지의 다방 · 사무실 · 제과점에 우유를 공급하는 배달원은 하루 최고 1천 병(1홉들이)까지 배달한다고 한다. 1천 병의 배달료는 3천 원. 이 중 50퍼센트인 1천5백 원이 구역주에게로, 나머지 1천5백 원이 배달의 손으로 들어간다. 가정 배달원의 경우는 보통 4백 병에서 8백 병까지 배달한다고 하니 배달원들의 하루 수입은 8백 원부터 1천6백 원이 된다는 계산이다. 이 직업은 일요일 없이 일하기 때문에 한 달 수입은 평균 3만 6천 원. 5급 공무원보다 훨씬 많은 수익을 올리고 있다.”[22]

1968년 8월 19일

“유산균 음료는 균으로 되었기 때문에 특히 포장 및 운반 · 보관이 위생적으로 어려워서 상품으로서의 제한성이 다른 음료보다 크다는 특수성이 있다. 현재 대부분의 ‘메이커’가 판매 장소로는 약국을 많이 이용하며, 또한 매일 판매점에 직접배달 및 재고품 수거를 하는 등 판매 관리가 다른 음료에 비해 극히 까다롭다.”[23]

1969년 1월 31일

"소공동 등 시내 중심가에 사무실을 둔 직장에 취직한 초년생은 으레 점심때면 도시락을 배달해주는 아주머니를 만나게 된다. 초년생들은 이 아주머니를 처음에는 회사가 경영하는 식당에서 나온 아주머니로 착각하지만 실은 회사와는 아무 관계가 없는 사람이다. 이 아주머니들은 가깝게는 마포에서, 멀리는 이문동·영등포 등지에서 도시락을 팔기 위해 각 사무실을 찾아오는 것이다……. 애초 시작한 사람은 몰라도 우선 이 도시락 장사를 시작하기 위해 단골 빌딩을 잡자면 전임자에게 권리금(?)을 내야 된다는 것. 권리금은 그 빌딩에서 소비되는 도시락 분량에 따라 결정되지만 30개가 팔린다는 소공동 M빌딩에 권리금 1만 5천 원을 주고 다니기 시작했다는 아주머니가 있다. 세상 물건은 대부분 사놓으면 오르기 마련인데, 이 권리금은 자꾸 내려간다고 이 아주머니는 울상이다. 도시락을 먹는 분들이 자꾸 줄어 들어가고 있기 때문에 자연히 권리금도 내려간다는 것이다……. 30개 팔리면 3백 원, 버스라도 타고 다닌 날에는 2백50원 벌이에 그친다. 아주머니들은 여자벌이에 하루 2백 원이 어디냐고 눈을 크게 뜬다. 20개를 팔아도 좋으니 제발 사먹는 사람이 줄어들지만 않았으면 좋겠단다."[24]

1969년 2월 10일

"항상 믿고 살 수 있는 상점이 있다는 것은 장보는 데 시간과 노력의 낭비를 막아주는 첩경이 되는데 나에게도 7, 8년이나 된 오랜 단골야채 상점이 중앙시장 안에 있다. 평소 물건이 많을 때는 배달은 물론이려니와 무슨 야채든지 원하는 것이면 모두 구해다 준다.”[25]

1969년 8월 7일

“퇴계로 대한극장과 필동주유소, 필동 2가(2244)에 자리 잡고 있는 이 소비자협동조합은 목사들이 주체가 되어 지난 1967년 5월 2일 56명의 조합원으로 개점되어 지금은 3백 명 조합원에 1백70만의 회전자금에 의해 운영이 되고 있다. 밀가루, 설탕, 라면, 음료, 통조림, 내의 등 3백여 종의 상품을 정찰가격으로 판매하고 있으며 조합원이 서울 시내 곳곳에 산재하고 있으므로 무거운 물건은 물론 전화주문을 하면 조합원 각 가정에까지 배달을 해주고 있다.”[26]

1970년대의 배달문화

1970년 5월 9일

“성북구의 한 주부는 서울우유협동조합에서 배달되는 우유가 한 병에 삼십육 원인 줄 알았는데 배달원은 사십 원씩 받아간다고. 조합에 항의했더니 심부름 값으로 더 받는 게 아니겠느냐고 남의 일 같이 대답하더라고.”[27]

1970년 5월 19일

“한 달 전쯤부터 시내 일원에 서울용달사라는 상호를 새겨 넣은 푸른색의 ‘베이비 · 트럭’이 운행되기 시작했다. 이 회사는 고객들의 요청에 의하여 비교적 부피가 작은 물건들은 '베이비 · 트럭'에 적재할 수 있는 물건은 무엇이든지 운반해주는 것이 이 점포의 업무 전부이다. '작년 초에 서울시 당국이 교통질서에 많은 피해를 입혀 사고가 잦은 자전거, 손수레 등의 운행을 통제한데서 아이디어를 얻어 전문적으로 물건만 배달, 운반해주는 이것을 시작했습니다.' 운수업계에만 18년 동안 종사해왔다는 이재필 씨(38)는 점포 설립의 동기를 이렇게 말한다……. 개업 초기인 지난 달에는 신진자동차의 '퍼블리 · 카'(웨곤형) 30대로 시작했으나 지금은 60대로 불어났다." [28]

1970년 5월 28일

"청자를 피워야겠고 그것은 좀처럼 사기가 힘들고 그래서 아침마다 오십 원짜리 커피를 마셔주는 대가로 일백 원짜리 청자 한 갑을 가까스로 산다. 신탄진을 피우면 그만일 것 같으나 한국적인 소비풍토에다 신탄진의 질도 나빠 청자로의 악순환이 거듭된다. 이 바람에 판을 치는 것이 양담배. 청자보다 비싸지 않은 양담배가 직장과 가정으로 배달된다. 육팔 년 이천일백 건 남짓하던 적발 건수가 육구 년엔 사천구백 건으로 늘었다. 올해엔 얼마나 될지 헤아릴 길이 없다. 단속은 한다지만 술집과 유원지에선 얼마든지 팔고 있다." [29]

1972년 3월 31일

"물건이 흔하면 값이 내린다는 원리가 시판 우유에는 통하지 않는 듯. 공짜까지 돌려가며 우유 마시기 캠페인을 벌이고 있으나 유통 과정의 농간으로 배달 우유값은 여전히 멋대로. 서울우유협동조합에서 매일 일 홉짜리 이 병씩을 받는다는 김영일 씨(36 · 서울 종로구 명륜동)는 지난 달부터 값이 올랐다는 말에 그런 줄만 알고 한 병에 삼십 원씩 주었으나 이번 우유과잉 파동으로 뒤늦게 한 병에 이십오 원임을 알고 배달원에게 항의 했더니 '싫으면 그만두라' 고 대답하더라고. 또 지난 일일부터 이 홉짜리와 일 홉짜리 각각 일 병씩 하루 이 병을 받는다는 이철남 씨(32 · 서울 성북구 미아동)는 '정가로는 넣어줄 수 없다' 는 배달원의 배짱에 하는 수 없이 오 원씩 더 얹어 각각 오십 원과 삼십 원에 배달받는다는 것……. 이에 대해 서울우유측은 '배달원의 농간이라' 고 해명, 서울 시내 13개 보급소마다 단속원을 두고 있으나 손이 모자란다고." [30]

1972년 8월 30일

"판매와 소비 사이의 유통 과정을 단축시키고 유통 경비를 절약, 생산자와 소비자를 동시에 보호하려는 각종 판매전략이 선진 각국으로부터 도입되고 있는데 최근에는 서울시 화곡동에 있는 화곡수퍼마키트가 지역주민들을 대상으로 1일 2회 정기적으로 순회하면서 주문을 받아 집에까지 배달해주는 새로운 판매방식을 시도하고 있어 유통업계의 관심을 끌고 있다. 30일 화곡수퍼마키트에 의하면 새마을 수퍼체인 회원점포인 이 점포는 지난 5월 6일부터 화곡동 내의 고객가정 대문에 주문함을 달아주고 하루 두 번(상오 11시와 하오 2~3시)씩 순회하면서 주문을 받고 받은 주문은 다음 순회 때 배달해주는 방식을 취해오고 있다. 아직 성공 여부를 판단하기는 시기상조이나 자본의 뒷받침만 있다면 성공할 수 있다는 결론을 얻었다." [31]

1973년 11월 24일

"이 같이 연탄 수요량이 갑자기 늘어나고 있는 것은 유류파동에 따라 평소 기름보일러를 사용하던 가정에서 연탄보일러로 대체하는 사례가 많고 기름난로 대신 대부분 연탄난로를 사용하기 때문으로 분석되고 있는데 평소 하루 구십만여 개를 생산하던 사십구공탄과 삼십일공탄의 공급이 특히 달려 시내 일부 지역에서는 한 개 칠십오 원 구십이 전 하던 사십구공탄을 팔십 원까지 받고 팔고 있다는 것이며 변두리 지역에서는 가정용 연탄도 전에는 주문을 받은 즉시 배달을 해주었으나 최근에는 연탄이 달린다는 이유로 배달을 늦추고 있다." [32]

1974년 5월 1일

"쌀 · 쇠고기 · 생선류 · 배추 등 식품류와 비누 · 치약 · 연탄 · 운동화 등 일용필수품을 현재의 시장 가격보다 싼 값에 살 수 있는 수퍼체인이 5월부터 문을 연다. 수퍼체인은 지금까지 생필품이 생산자로부터 소비자에 이르기까지 거치는 여러 단계의 중간 유통 과정을 배제하고 생산자와 소비자를 직결시킴으로써 중간 유통 마진을 줄여 일용품을 보다 싼 값으로 소비자에게 공급하자는데 그 목적이 있다……. 주부들은 평소에 필요한 비누 · 치약 · 타월 등 상품을 그때그때 메모해두었다가 한꺼번에 쇼핑할 수 있으므로 시간을 절약하고 상품 구입에 따른 계획적인 가계를 꾸려나갈 수 있게 된다. 더구나 회사에 따라서는 전화주문, 무료배달 등을 계획하고 있으므로 수퍼체인이 다소 집으로부터 떨어져 있더라도 편리한 쇼핑이 가능하게 된다." [33]

1975년 9월 9일

"이렇게 불법복사된 음란카세트는 비밀판매조직을 통해 보급되어 왔는데 디스크상을 통해 판매되는 것이 아니라 주로 외판원에 의한 배달제라는 것이다. 점잖은 차림의 판매원은 주로 자가용 차 주차장 근방을 배회하면서 그런 테이프를 '좋아할 듯싶은' 운전 기사에게 접근, 은근히 권한다는 것. 그러니까 음란테이프는 주로 자가승용차를 대상으로 판매되어 왔다고 할 수 있다."[34]

1976년 6월 11일

"판매망이라고 해보았자 별다른 것은 아니다. 비교적 기업 규모가 큰 메이커의 경우 기껏 5~6명의 중간상인을 거느리고 있을 뿐이다. 이러한 중간상인의 수는 70명 안팎에 이른다. 이들의 손을 거쳐 얼음은 각 가정이나 음식점 등에 배달된다……. 얼음은 철저한 위생과 신속한 배달이 생명이다."[35]

1977년 1월 15일

"반세기만의 된추위가 맹위를 떨치면서 '연탄화덕배달업'이라는 색다른 서어비스업이 제철을 만났다. 서울의 '생활'이 첫 기지개를 켜는 꼭두새벽 동대문 남대문 시장할 것 없이 서울의 거의 모든 시장골목에는 한여름 물 기근 때 물동이처럼 수백 개씩의 연탄화덕들이 장사진을 이룬다. 어둠 속에 활활 피어오르는 불꽃들이 장관이다. 화덕업자들은 밤을 도와 연탄불을 피워 통금이 풀리는 새벽 4시경부터 문을 열기 시작하는 시장상인들에게 날라다준다. 새벽 찬 공기에 언 몸을 녹이게 하는 대신 받아내는 수

고비는 화덕 1개(연탄 2개들이)당 1백 원(연탄 값 포함). 이 같은 업자들은 동대문시장에만도 일곱 군데 30여 명이나 되고 서울 전체로는 3백 명이 넘는다. 동대문시장에서 8년째 이 일을 하고 있다는 용천태 씨(38)는 밤새 불을 피우면 하루 평균 2백 개는 배달할 수 있고 지난 연말 추위 때는 3백 개까지도 나갔다고." 36

1978년 12월 9일

"8일 오후 서울 성북구 장위초등학교에서 열린 성북지구 마지막 합동연설회에서 여야 후보들은 '산타클로스 논쟁'을 전개. 첫 연사로 나선 조세형 후보(신민)는 '산타클로스 할아버지를 통해 오늘 저녁부터 모당의 선물이 집집마다 푸짐히 배달될 것이니 선물은 주는대로 받고 표만은 양심적으로 찍어달라'고 호소. 이에 대해 정내혁 후보(공화)는 '공화당에서는 산타클로스를 보낼 계획이 분명히 없으며 만약 여러분들 집에 들르거든 고발해 달라'고 반격을 가한 뒤 '나는 금품으로 표를 사서 국회의원이 되는 그런 사람은 절대 아니다'고 주장." 37

1980년대의 배달혁명

한국 배달문화의 혁명적 변화는 아파트가 늘기 시작한 1980년대부터 시작되었으며, 그 선두엔 백화점이 있었다. 1982년 신세계 · 롯데 · 미도파 백화점 등 서울 시내 직영백화점들은 생활터전은 서울에 있으면서 거주지역은 성남, 안양, 부천 등지의 원거리 거주 소비자들이 늘어남에 따라 이런 고객들의 쇼핑 편의를 위해 서울에 한정했던 무료배달권을 과천, 성남, 안양, 수원, 부천, 부평, 역곡, 의정부, 인천 등지까지 넓혔다.[38] 또한 백화점·쇼핑센터 등 대형 유통업체들은 집이나 사무실에서 전화로 상품을 주문하면 직접 배달을 해주는 전화주문 배달체제를 대폭 강화했다.[39]

『매일경제』(1985년 12월 14일)는 "연말을 맞아 각 백화점들의 배달 서비스 경쟁에 불이 붙었다. 시중 백화점들은 늘어나는 연말연시 물동량에 대비, 각기 배달서비스팀을 구성하고 발대식과 함께 본격 배달 업무에 들어갔다"며 다음과 같이 말했다.

"신세계백화점은 배달의 신속화를 위해 영등포구 독산동에 대규모 배송센터와 장충동, 역촌동에 간이창고를 개설하고 배달 차량 50대와 1백50여 명의 요원을 확보, 당일 배달체제를 갖추고 있으며 특히 대구와 광주지역과는 제휴점을 통한 상호 무료배달을 실시하고 있다. 롯데쇼핑은 80대의 차량과 2백여 명의 배달 요원을 확보하고 당일 배달은 물론 24시간 배달 예약주문을 받고 있으며 미도파·뉴코아·현대 등도 각기 30~40대씩의 배달 차량과 아르바이트 사원을 통한 배달 서비스에 경쟁적으로 나서고 있다. 이들은 인근 주차장까지는 즉시 동행 배달을 하고 있으며 낮동안 집을 비우는 고객을 위해 야간 배달까지 실시하고 있다. 특히 강남지역 백화점들은 자전거나 오토바이 리어카까지 동원, 인근 주택가 배달에 나서는 등 각 사간의 배달 경쟁이 더욱 치열하게 벌어지고 있다."[40]

백화점들이 선도한 배달 경쟁은 다른 업종에도 영향을 미쳐, 1985년엔 동화를 집으로 배달해주는 사업이 등장했다. 『동아일보』(1985년 5월 6일)는 "여름밤 시원한 마루나 마당 가운데에 돗자리를 펴고 앉아 시간 가는 줄 모르고 귀 기울여 듣던 할아버지 할머니의 구수한 옛 얘기가 그리워지는 요즘 TV 등 오락매체에 밀려나 잊혀져가는 동화를 어린이들에게 되찾아주려는 움직임이 활발하다. 창작동화를 예쁜 그림과 함께 인쇄한 이야기 편지가 어린이들에게 배달되는가 하면 어머니들이 할아버지 할머니를 대신해 어린이들에게 동화를 들려준다"며 다음과 같이 말했다.

"지난 4월 24일 싹튼 동화나무는 석 달 만에 국내외 1천5백 명의 어린이 및 어머니 독자회원을 모집했고 뒤늦게 7월 1일 시작한 동화마을은 1천8백 명의 회원을 확보하여 어린이는 물론 성인들에게도 꿈과 동심을 심어주는 새로운 독서문화로 뿌리내리고 있다. 동화나무와 동화마을은 부모들이 자녀에게 보내는 편지 형태로 매주 한 편의 동화를 각 가정에 배달하는데 어린이들이 싫증을 느끼지 않도록 수시로 모양을 바꿔서 발행한다." [41]

1980년대 후반 배달문화의 가장 인상적인 장면은 다방 커피의 오토바이 배달이었다. 『동아일보』(1987년 5월 13일)는 커피 배달의 한 장면을 다음과 같이 묘사했다. "들녘으로 커피 배달가는 아가씨. 보건소 앞 논으로 커피 8잔만 후딱 갖고 오시오. 농번기에 접어들면서 논이나 밭에서 또는 비닐하우스에서 전화로 차 주문을 하는 모습이 흔히 눈에 띈다. 웬만한 시골다방이면 오토바이 한 대쯤 갖춰놓고 주문을 받자마자 커피포트를 싸든 레지아가씨를 태워 들판으로 달린다. 젊은이가 점점 줄어들어 부녀자들까지 모두 일터로 나가기 때문에 새참 일손을 벌기 위해 커피는 물론 짜장면, 통닭, 백반 등도 전화 주문하기가 일쑤다." [42]

유통업체들의 배달전쟁

1990년대 초 50~250시시 소형 오토바이 '스쿠터'가 보급되면서 오토바이 배달이 전 분야에 걸쳐 대중화되기 시작했다. 특히 '퀵 서비스'로 대표되는 오토바이 택배업의 출현은 성장의 기폭제가 되었다. 오토바이 택배업은 퀵서비스 주식회사 대표 임항신이 일본 유학시절(1984년)에 도쿄 시내를 주행하던 이륜배송서비스(일명 바이크빈)를 보고 1992년 한국으로 건너와 오토바이 5대로 시작한 게 효시다. 이듬해 3월 퀵서비스 주식회사는 국내 최초로 소화물 전문배송 서비스를 시작했고 1996년에는 업계 처음으로 법인을 설립했다.[43]

배달 품목도 다양화되었다. 『매일경제』(1990년 5월 11일)에 따르면, "주스류의 가정배달판매경쟁이 과열되고 있다. 우유, 야쿠르트 등에 이어 주스류가 주요 가정배달품목으로 부상하면서 이 시장 선점을 위한 판매 경쟁이 치열한 양상을 띠고 있다. 업계에서는 앞으로 주스시장은 고과즙시장이 성장을 주도할 것으로 예상, 가정배달주스 판매 경쟁은 더욱 치열해질 것으로 예상하고 있다."[44]

각종 업소의 형태가 매장 중심보다는 배달 중심으로 바뀌는 현상도 나타났다. 『매일경제』(1991년 11월 21일)는 "전화주문에 따라 배달해주는 외식 서비스가 크게 인기를 끌고 있다. 최근에는 별도의 매장없이 배달 판매만 하는 전문업소까지 등장했고 매장 안의 좌석을 없애고 가져가서 먹도록 하는 형태의 도시락 전문점이 선보였다. 배달 판매는 가정에서 손쉽게 음식을 불러 먹을 수 있을 뿐만 아니라 외식업체는 임대료가 비싼 매장비용을 줄일 수 있다는 장점이 있기 때문에 배달서비스를 강화하고 있다"며 다음과 같이 말했다.

"대부분의 피자 체인점들이 배달판매팀을 별도로 두고 있고 도미노피자와 익스프레스피자는 배달전문 체인업체로 운영되고 있다. 대형매장 위주로 점포를 전개해온 피자헛도 매장별로 1~2대의 배달전용차량과 오토바이를 배치하면서 배달 판매의 비중이 20퍼센트 이상 늘어났고 매장 내에서 먹지 않고 가져가는 경우가 매출의 30퍼센트나 됐다. 풍년식품이 개점한 도시락 전문체인인 미가는 매장 내에 아예 좌석이 없는 형태로 문을 열었다. 아이스크림체인점인 비암코리아도 사서 가져가는 비중이 매출의 40~65퍼센트로 늘어나면서 드라이아이스를 이용한 운반포장을 개발해 보급했다. 보쌈이나 족발 등 전통식품도 매장 판매보다 배달판매가 오히려 많은 품목이 됐다. 상계동 아파트 단지 안의 원조왕족발의 경우 몰리는 주문을 처리하기 위해 4대의 소형승용차를 운영하고 있다."[45]

그러나 이런 배달문화의 확산은 유통업자들에겐 엄청난 부담으로 작용했다. 그래서 1992년 2월 6일 한국 슈퍼체인협회 산하 47개 회원사의 450개 점포는 상품배달제도를 전면 폐지했다. 협회측은 이날 배달제도폐지와 관련, "최근 배달인력의 확보난과 인건비 부담의 증가로 더 이상 가정까지 물건을 배달하기 어렵게 됐다"고 밝혔다.[46] 이에 소비자들은 "대형체인점들이 그동안 '게으른' 소비자들을 위해 배달서비스를 해오면서 그 비용을 상품 값에 반영한 부분만큼 폭넓게 내려야 배달서비스 중단의 참뜻이 이해될 수 있다"고 주장했다.[47]

1992년 10월 14일 상공부는 도·소매업진흥법에 따른 '대규모 소매점 개설자 등의 업무에 관한 세부 기준'을 발표해 백화점 등이 셔틀버스 운행과 생필품을 무료로 배달하는 행위를 금지하고, 꼭 배달을 할 필요가 있는 상품에 대해서는 사업자 단체의 승인을 받도록 했다. 이에 대해 『한겨레신문』(1992년 10월 15일)은 "이번에 상공부가 백화점 등의 셔틀버스 운행과 무료배달 행위를 금지한 것은 중소상인 보호와 과열된 무료배달 경쟁을 진정시키기 위한 것이지만, 소비자들은 큰 불편을 겪게 됐다"고 논평했다.[48]

한국 슈퍼체인협회와 상공부의 이러한 조치로 경쟁이 줄어드나 했지만, 이는 법적 효력이 적은 기준이었기 때문에 완전한 조치는 아니었다. 이후에도 설, 한가위, 연말 대목 등에는 어김없이 배달전쟁이 일어났다. 『매일경제』(1993년 1월 8일)에 따르면, "백화점업계가 설날 대목에까지 상품예약배달제를 실시하는 등 연초부터 치열한 판매경쟁을 벌이고 있다. 업계에 따르면 롯데 신세계 미도파 뉴코아 등 자체 배달능력을 갖춘 일부 대형 백화점이 8~17일의 세일 기간 중 세일판매한 선물상품을 설날 직전 배달하는 예약배달제를 실시키로 했다. 이와 관련, 자체 배달능력이 없는 중소 백화점들이 대응책 마련에 부심하고 있다".[49]

또 『동아일보』(1995년 8월 31일)는 "추석을 앞두고 백화점마다 뜨거운 판촉전이 전개되는 가운데 다양한 배달서비스가 등장해 눈길을 모으고 있다. 백화점들은 배달 수요가 느는 추석에는 '신속하고 정확한' 배달이 관건이라고 판단, 인력보강과 아울러 지역 간 상호배달, 예약배달, 새벽배달, 배달확인서비스 등 다양한 방식의 배달체계를 구축하고 있다"며 다음과 같이 말했다.

"롯데백화점은 자동차를 탄 채로 갈비 굴비 등을 구입할 수 있는 '드라이브 인' 매장을 본점 잠실점 및 월드점 옥외주차장에 마련하는 한편 8일까지 고객이 원할 경우 모든 배달상품의 포장재를 전량 수거하며 등바구니 포장백을 가져오는 고객에게는 상품권이나 김과 교환해준다. 배달 여부를 확인해주는 서비스도 마련하고 있다. 현대백화점과 쁘렝땅백화점은 직원들이 고객에게 전화를 걸어 배달 여부를 확인하는 '해피콜' 제도를 운영하고 있으며 롯데백화점은 전화를 하면 자동으로 배달 상태를 알려주는 컴퓨터시스템을 가동하고 있다." [50]

홈쇼핑과 인터넷쇼핑의 등장

유통업체들과는 달리, 다른 업체들, 특히 식품업체들에 배달은 선택이 아니라 생존을 위한 필수였다. 『경향신문』(1992년 5월 13일)은 "아파트 단지 주변에 각종 식품배달업이 성업 중이다. 피자나 통닭 배달에서부터 최근에 생선회, 건강보조식품 배달업까지 등장, 새 풍속도를 그려내고 있다. 이들 신종식품 배달업의 특징은 배달서비스 자체를 판매하는 것으로 판매와 배달을 겸하는 슈퍼마켓이나 중국음식점 등과는 그 성격이 다르다"며 다음과 같이 말했다.

"최근 눈길을 끄는 곳은 동원직배가 서울 서초구 서초동에 지난달 11일 개점한 생선회 배달전문점, 일본에서 성업 중인 생선회 배달전문점을 보고 국내에 도입한 것으로 이 일대 아파트촌 주부들로부터 인기를 끌고 있다. 건강보조식품 배달점도 주택가 아파트 단지에 새로이 번창하고 있다. 갈수록 열기를 더해가는 건강제일주의의 조류를 타고 모습을 드러낸 건강식품 배달점은 태평식품 · 하림택배서비스 등 서울에만도 4개사 3백여 개의 체인점이 성업 중이다. 또 지난해 4월 등장한 당뇨병 환자를 위한 도시락 배달업체인 하림택배서비스도 2백여 명의 회원들의 건강 상태 · 합병증 여부 · 필요 열량 등을 점검한 뒤 이에 맞게 하루 세 끼 식사를 준비 · 배달하고 있다. 가격은 한 끼당 5천 원." [51]

외식업체의 배달 판매는 계속 성장 추세를 보였다. 1992년 5월 현재 피자헛 피자인 시카고피자 등 대형피자 체인업체의 매출 중에서 배달 판매의 비중은 30퍼센트 선을 넘어섰으며, 족발체인점은 배달 판매의 비율이 50퍼센트를 넘는 곳도 속출했다. 아파트 단지나 주택가의 족발전문점이나 보쌈전문점, 양념통닭체인 등도 매출의 상당 부분을 배달 판매에 의존했다.[52]

『한겨레신문』(1994년 4월 4일)은 "지난해 봄 도시락 반찬 배달로 시작된 음식류 택배서비스는 최근 들어 야채샐러드, 죽, 밤참, 음식 재료 등으로 범위를 넓혀가고 있다. 끼니마다 식단을 정하고 반찬거리를 사서 다듬고 씻고 조리해야 하는 번거로움을 덜어주는 아이디어 사업인 택배서비스는 주부들로부터 폭발적인 호응을 얻고 있다" 며 다음과 같이 말했다.

"음식류 택배서비스의 효시는 도시락 반찬 전문회사인 그린엠이 지난해 4월 1일부터 시작한 도시락 반찬 배달이다. 새벽 4시에 만든 신선한 도시락 반찬을 아침 7시 이전에 회원 가정으로 배달해주는 이 서비스는 하루에 두세 개의 도시락을 싸야 하는 고등학생 자녀를 둔 가정과 맞벌이부부 가정에서 특히 인기다. 밤참거리를 배달해주는 곳도 있다. 지난해 말 대전에 본사를 두고 영업을 시작한 달빛야식은 전국에 40여 개의 체인점을 갖추고 있는데 밤 1시까지 야식을 배달해주는 이색업체이다." [53]

『매일경제』(1994년 4월 18일)는 "이 같은 음식택배업은 최근 맞벌이부부의 증가 추세와 편리한 생활을 추구하는 젊은 세대의 생활양식에 비춰볼 때 앞으로도 더욱 확산될 전망이다"고 분석했다.[54]

1995년 8월 1일 한국홈쇼핑(현 GS홈쇼핑)과 39홈쇼핑(현 CJ홈쇼핑)이 8시간짜리 첫 홈쇼핑 방송을 내보내고 인터넷쇼핑이 활성화되면서 한국 배달문화의 또 다른 혁명이 시작되었다. 『동아일보』(1995년 8월 31일)는 "'교통지옥과 인파의 숲을 뚫고 백화점에 직접 갈 것인가, 아니면 집에서 '클릭' 한 번으로 간단하게 해결할 것인가.' 가족 친지들에게 졸업이나 입학선물을 사주기 위해 백화점까지 나가는 일은 사실 여간 귀찮은 일이 아니다"며 다음과 같이 말했다.

"서울에 사는 주부 김미숙 씨(34·강서구 등촌동). 그는 클릭 쪽을 택하기로 마음먹었다. 유치원에 입학하는 다섯 살짜리 딸에게 선물로 줄 책가방을 인터넷 쇼핑으로 구입하기로 한 것. 10여 개 인터넷 쇼핑몰을 검색해 가장 예쁘고 싼 가방을 고를 계획이다. 맞벌이부부인 김씨는 선물을 구입하기 위해서는 주말에 따로 시간을 내야 한다. 그러나 이번 설에도 쇼핑센터나 백화점 등에 가지 않고 인터넷쇼핑으로 선물을 간단히 해결했다. 김씨처럼 시간이 모자라는 사람들에게는 인터넷쇼핑이 제격이다. 북적대는 사람과 혼잡한 교통에 시달리지 않고 컴퓨터 한 대만 있으면 상품 선택부터 배달까지 한 번에 해결할 수 있는 것이 사이버쇼핑의 가장 큰 매력."

1995년 11월 농협도 서울과 경기 과천·고양 지역을 대상으로 '농협가공식품 가정배달판매사업'을 시작했다. 가정에서 전화 한 통화만 하면 김치 된장 고추장 참기름 등 200여 개 품목을 배달해주는 서비스였다. 3만원어치 이상 주문해야 하는 조건이 있었지만, 이 서비스는 세트화된 상품만을 취급하는 농협의 기존 통신판매와는 달리 소비자가 원하는 품목과 양으로 세트를 만들어 배달해주었다.[55]

배달의 춘추전국시대

이렇게 농협까지 배달 경쟁에 뛰어드는 상황에서 '배달 없는 유통'은 점점 더 기대하기 어렵게 되었다. 그래서 1997년 7월 LG유통, 한화유통, 해태유통, 농심가 등 슈퍼마켓 운영업체들은 5년 전에 폐지한 배달금지 협정을 스스로 파기하고 배달용역업체와 정식으로 계약을 맺거나 자체적으로 배달 직원을 고용해 배달 서비스를 제공하기 시작했다. 특히 일부 업체는 '배달 업무 지침'까지 마련해 특정 영업소를 배달영업소로 지정해 본사에서 모든 비용을 지원하는 등 조직적으로 배달 서비스를 실시했다.[56]

1997년부터 1998년까지 이어진 신세기통신 파워디지털 017 광고는 어디서나 전화가 잘 터진다는 것을 어디서나 짜장면 배달을 시킬 수 있다는 재미있는 방식으로 묘사해 전국에 "짜장면 시키신 분~"이라는 유행어를 퍼뜨렸다. 이는 동시에 한국 배달문화의 막강함을 웅변해준 문화적 사건이기도 했다. 사람들은 광고에서와 같이 어디서든 짜장면이 배달되는지를 궁금하게 생각했다. 한강둔치와 같은 야외에서 짜장면 배달하는 사람이 눈에 띄게 늘어나기 시작했고 따라서 기존의 주소지만 배달되던 짜장면 배달 시스템이 바뀌기도 했다.[57]

그뿐만 아니라 배달의 달인들은 김대중 정부의 '신지식인'에 선정되기도 했다. 중국집 '번개 배달'로 스타강사에 오른 조태운, 초등학교 출신으로 집배용 컴퓨터 정밀 지도를 고안해 배달사고를 없앤 장형현 등이 바로 그 주인공들이다.[58] 이후 배달의 춘추전국시대가 열리면서 이색 배달 서비스가 선을 보였는데, 최근에 이르기까지 몇 가지만 살펴보자.

1997년 8월 전국 꽃가게 모임인 한국화원통신배달협회는 115번 전보서비스를 이용하는 고객에게 꽃 배달 서비스를 함께 제공하기 시작했으며,[59] 1999년 12월 아이레터(인터넷에서 작성한 전자우편을 진짜 편지)로 인쇄해 무료로 배달해주는 서비스 사이트를 개설하고 연말연시를 맞아 친지나 집안 어른께 보내는 새해 안부편지를 인터넷으로 작성해줄 것을 권했다.[60]

2005년 6월 인천의 대표적 어시장인 '소래포구'를 찾는 사람들은 선창가에서 횟감과 함께 갓 배달된 시원한 생맥주를 즐길 수 있게 되었다. 어시장 곳곳에 붙어 있는 스티커에 적혀 있는 전화번호로 주문하면 2~3분 내에 생맥주 통을 등에 짊어진 '배달맨'이 달려오기 때문이다.[61]

학습 배달 서비스도 선을 보였다. 2009년부터 전국 최초로 대전에서 시작된 배달 강좌는 5인 이상 구성된 대전 시민이라면 누구나 배달 강좌홈페이지를 통해 참여할 수 있었으며, 시민들이 모인 장소 어디든지 배달 강사가 직접 찾아가는 학습자 맞춤형 평생교육 서비스를 선보였다. 어학, 건강, 스포츠 등 배달이 가능한 모든 강좌에 대해 학습 서비스가 제공되었다. 5인 이상의 구민 요청에 의해 개설된 강좌는 1강좌당 20회 이내에서 서비스가 제공되었으며 한 강좌가 종료된 후에도 다른 강좌를 배달 요청할 수가 있어 실제로 구민이 연간 이용할 수 있는 강좌 수는 제한이 없었다.[62]

2012년 들어 배달 업계에도 이른바 '스마트 바람'이 불기 시작했다. 인터넷과 스마트폰 애플리케이션으로 주문 방법이 다변화된 가운데, 43.2퍼센트가 인터넷을 통해 배달 음식을 주문한 경험을 가지고 있었으며, 특히 30대 남성(60퍼센트)과 여성(63퍼센트)의 주문 경험이 많았다. 가장 많이 주문한 음식은 피자(76.9퍼센트, 중복 응답)였으며, 치킨(28.2퍼센트), 패스트푸드(12.5퍼센트) 순서였다. 스마트폰 애플리케이션을 통한 주문은 10명 중 2명(19.1퍼센트) 정도가 해보았으며, 피자(57.6퍼센트, 중복 응답)와 치킨(44.5퍼센트)의 배달 비중이 단연 높았다.[63]

그중에 최고의 어플은 '배달의 민족' 이다. 2013년 2월 현재 배달의 민족 애플리케이션은 누적 550만 다운로드를 넘었고, 하루 평균 7,000~8,000건이 추가되는 인기를 누렸다. 배달의 민족 대표 김봉진은 "김정호가 전국을 돌며 대동여지도를 만들었듯이, 우리도 전국 모든 음식점들이 온라인으로 편리하게 주문 · 결제할 수 있게 지원하는 것이 목표"라며 "배달의 민족에 전국 10만 개 음식점 정보뿐 아니라 음식 메뉴까지 정교하게 넣는 '대장경 프로젝트'를 2 · 4분기 내 완료하려고 합니다"고 밝혔다.[64] 4월 28일 '배달의 민족' 이용자는 600만 명을 넘어섰다.[65]

아파트-자영업-빨리빨리의 삼위일체

'배달의 민족' 은 배달문화에 큰 변화를 가져왔다. 또 전문화된 콜센터를 설립해 주문만 처리해주는 업체가 있는가 하면 배달만을 전문적으로 수행하는 업체도 등장했다. 배달문화에 아웃소싱 바람이 불고 있는 셈이다. 앞으로 배달문화의 발전이 어떤 양상을 보일지 기대하지 않을 수 없다.

우리나라는 같은 유교 문화권에 있는 일본과 중국에 비해 배달문화가 유독 발달했다. 이를 두고 혹자들은 우스갯소리로 "배달의 기수, 배달의 민족이어서 배달 문화가 발달했다"고 말한다. 배달문화는 외국인들이 놀라워하는 한국 문화 중 하나다. 팁 문화에 익숙한 외국인들의 눈에 팁도 주지 않고 가만히 앉아서 피자, 짜장면 등을 시켜 먹을 수 있는 배달문화는 신기할 따름이다. 2011년 5월 미국 CNN이 운영하는 아시아 정보사이트 'CNN Go'는 '서울이 세계에서 가장 멋진 도시인 50가지 이유'에서 배달 서비스를 세 번째 이유로 꼽았다.[66]

우리가 세계 최고의 '배달의 민족'이 될 수 있었던 첫 번째 이유는 아파트 중심의 고밀집 주거 구조에서 찾을 수 있을 것 같다. 둘째는 자영업 비중 또한 세계 최고 수준이어서 그만큼 치열해진 서비스 경쟁의 와중에서 배달 서비스가 발달했으리라는 추론이 가능하다. 그리고 셋째로는 한국인 특유의 빨리빨리 정신을 들 수 있겠다. 당일 맡긴 옷을 당일로 배달해주는 세탁체인점 '그린토피아'의 서비스처럼,[67] 많은 배달 서비스의 경쟁력이 '빨리빨리'에 있다. 이 세 가지 이유를 가리켜 '아파트-자영업-빨리빨리의 삼위일체'라고 할 수 있겠다.

우리를 포함해서 요즈음 시대의 사람들은 배달 서비스가 너무 발달한 나머지 당연하게만 받아들인다. 알게 모르게 우리는 배달의 혜택을 많이 받고 있다. 과장해서 이야기하면 우리나라가 빠르게 발전하는 데 한몫을 충분히 했을 가능성도 존재한다. 그런데 이러한 세계 최강 배달의 민족의 이면에는 배달원들의 희생이 있었고 지금도 희생을 하고 있다.

물론 경제적 원리에 의해서 '그들은 직업이고 돈을 벌어야 하니까 당연하지!'라고 생각할 수도 있지만, 만일 그들이 우리의 부모님, 친구라면 어떤 반응을 하게 될까? 최근에는 배달원들의 사망사고도 심심치 않게 들려온다. '빨리빨리'를 외치며 조금만 늦어도 불평과 불만을 쏟아내는 우리의 성급함이 세계 최강의 배달 문화를 만들었겠지만, 이제 조금은 마음의 여유를 가지고 배달원들의 고충을 이해해줄 때도 되지 않았나 싶다.

나부터도 당장 내일 짜장면을 시키게 된다면 조금 늦게 오더라도 이해하고 참는 습관을 길러보도록 해야겠다. 어찌되었든 세계 최강 '배달의 민족'이 된 지금, 우리는 매우 편리하고 빠른 생활을 할 수 있게 되었다. 다음 단계는 무엇일까? 다음에는 어떠한 방식의 배달이 등장할까? 어떠한 이색 배달을 볼 수 있을까? 세계 최강이지만 우리는 아직 배고프다.

1 「세계 최강…'배달 민족' 코리아」, 『매일신문』, 2011년 10월 29일.
2 예종석, 「양반들의 해장국 '효종갱'」, 『한겨레』, 2011년 5월 1일.
3 이승원, 『사라진 직업의 역사』(자음과모음, 2011), 196~197쪽.
4 어효선, 『내가 자란 서울: 1930년대 서울 살림 엿보기』(대원사, 2011), 110쪽.
5 「"냉면" 매콤새콤 중독성, 나른한 입맛 잠깨다」, 『경인일보』, 2011년 4월 15일, 1면.
6 「전화로 물품주문 자전거 절취 도주」, 『조선일보』, 1933년 6월 1일, 조간 3면.
7 「대상 전순형씨 3부자」, 『경향신문』, 1990년 9월 4일, 12면.
8 「모두들 떠나는 마을에 '情(정) 나르기' 30년 99경향 체신봉사상 본상 전남 우수영우체국 김기선씨」, 『경향신문』, 1999년 12월 11일, 16면; 배달 수단으로 오토바이가 자전거를 능가하게 된 것은 1980년대부터였다. 1994년 11월 1일 현재 전국 우편배달용 교통 수단은 오토바이 9,946대, 자전거 1,321대, 배달용 차량 223대로 오토바이가 자전거에 비해 8배가량 많았다. 1999년에 이르면 집배원 한 명당 배달 물량은 1000여 통으로 20여 년 전에 비해 2.5배가 늘어났지만, 집배원 수는 오히려 8,524명으로 1,000명 이상 줄었다.
9 「운전수는 도주 사람치운 합승택시」, 『동아일보』, 1960년 1월 1일, 7면.
10 「오아시스」, 『동아일보』, 1960년 1월 4일, 3면.
11 「신문배달 감금하고 독자명단 등사」, 『동아일보』, 1960년 1월 8일, 3면.
12 「어린이 무조건 구타 대학불합격 화풀이」, 『동아일보』, 1960년 3월 24일, 3면.
13 「경관이 신문 강탈」, 『동아일보』, 1960년 3월 30일, 3면.
14 「개화가 가져온 사회상 특파원이 본 주요도시 실태」, 『경향신문』, 1962년 7월 3일, 2면.
15 「올해는 왜 추석 기근?」, 『경향신문』, 1962년 9월 25일, 2면.
16 「5천원짜리 생업 소자본으로 사는 사람들(6) 사과 배달」, 『경향신문』, 1962년 12월 6일, 4면.
17 「신문 배달」, 『동아일보』, 1964년 9월 4일, 3면.

18 「근조—주식이오!」, 『경향신문』, 1966년 5월 28일, 4면.
19 「간장」, 『매일경제』, 1967년 2월 6일, 4면.
20 「상인의 소리 장흥상회 서대문장흥상회 박영수」, 『매일경제』, 1967년 2월 16일, 4면.
21 「돈 (45)」, 『매일경제』, 1968년 6월 29일, 2면.
22 「돈 (51)」, 『매일경제』, 1968년 7월 6일, 2면.
23 「요구르트 음료」, 『매일경제』, 1968년 8월 19일, 4면.
24 「돈 (167)」, 『동아일보』, 1969년 1월 31일, 2면.
25 「중앙시장야채점」, 『매일경제』, 1969년 2월 10일, 4면.
26 「소비자협동조합」, 『매일경제』, 1969년 8월 7일, 6면.
27 「족집게」, 『동아일보』, 1970년 5월 9일, 2면.
28 「세일즈맨 (15) 서울 용달사 이재필 씨」, 『동아일보』, 1970년 5월 19일, 4면.
29 「담배 저질 · 품귀 틈타 양담배 활개」, 『동아일보』, 1970년 5월 28일, 2면.
30 「남아도는 우유 배달 값 멋대로」, 『동아일보』, 1972년 3월 31일, 2면.
31 「순회주문 · 배달제 실시」, 『매일경제』, 1972년 8월 30일, 8면.
32 「변두리 지역 연탄 품귀」, 『동아일보』, 1973년 11월 24일, 6면.
33 「무료배달 · 전화주문도 '수퍼 체인'…상품 구입요령」, 『경향신문』, 1974년 5월 1일, 4면.
34 「기존메이커 뺨치는 음란테이프 지하 아지트」, 『경향신문』, 1975년 9월 9일, 8면.
35 「여름 경기진단 계절성수품의 동향 (6) 얼음」, 『매일경제』, 1976년 6월 11일, 5면.
36 「이색직업…혹한을 녹여주는 '연탄화덕 배달업'」, 『동아일보』, 1977년 1월 15일, 6면.
37 「독설 · 폭로 막바지 열전」, 『동아일보』, 1978년 12월 9일, 2면.
38 「백화점 무료배달지역 확대」, 『매일경제』, 1982년 8월 6일, 10면.
39 「안방쇼핑시대…전화 한 통화로 구입서 배달까지」, 『매일경제』, 1984년 8월 31일, 10면.
40 「백화점 배달서비스 경쟁 치열」, 『매일경제』, 1985년 12월 14일, 10면.
41 「"동화를 배달해 드립니다"」, 『동아일보』, 1985년 5월 6일, 7면.
42 「들녘으로 커피 배달가는 아가씨」, 『동아일보』, 1987년 5월 13일, 9면.
43 「['배달의 기수' 그들은 · 1] 배달의 역사와 폭주족의 등장」, 『경인일보』, 2011년 6월 13일, 3면.
44 「주스류 가정배달판촉 과열」, 『매일경제』, 1990년 5월 11일, 13면.
45 「전화주문 외식배달 인기」, 『매일경제』, 1991년 11월 21일, 23면.
46 「전국 슈퍼 배달제 폐지」, 『동아일보』, 1992년 2월 6일, 20면.
47 「대형슈퍼 "가격인하"−중소점포 "배달계속" 손님끌기 경쟁치열」, 『경향신문』, 1992년 2월 21일, 21면.
48 「백화점 셔틀버스 운행 상품 무료배달 못한다」, 『한겨레신문』, 1992년 10월 15일, 6면.
49 「대형백화점 '예약배달' 경쟁」, 『매일경제』, 1993년 1월 8일, 19면.
50 「한가위 배달서비스 강화」, 『동아일보』, 1995년 8월 31일, 44면.
51 「'배달 전문점' 신종서비스」, 『경향신문』, 1992년 5월 13일, 21면.
52 「"배달판매로 승부 외식업체 총력전"」, 『매일경제』, 1992년 5월 14일, 21면.
53 「식사 · 야식 · 안주 배달해드립니다」, 『한겨레신문』, 1994년 4월 4일, 11면.
54 「음식택배 날로 확산」, 『매일경제』, 1994년 4월 18일, 25면.
55 「고추장 · 된장 · 김치 등 전화 한 통화로 가정배달」, 『경향신문』, 1995년 11월 24일, 26면.
56 「슈퍼마켓 배달서비스 부활」, 『매일경제』, 1997년 7월 16일, 19면.
57 편집부, 「ADstory: 웃음으로 사로잡다 파워디지털 017」, 『Daehong Communications』, 2006: MAY+JUN, p.67.
58 임채청, 「학력이 지식인의 기준인 시대 갔다/金 대통령 경제대책회의서 강조」, 『동아일보』, 1998년 12월 5일, 5면.
59 「전보치고 꽃도 배달」, 『매일경제』, 1997년 8월 14일, 16면.
60 「인터넷 이메일을 진짜 편지로 전달」, 『매일경제』, 1999년 12월 7일, 44면; 그러나 현재 아이레터 홈페이지를 들어가

보니 부동산 홈페이지로 바뀌었다. 이 서비스가 별 호응을 얻지 못했다는 이야기다.

61 「"목타는데…생맥주 한 잔 시켜볼까" 이색 배달서비스 열풍」, 『조선일보』, 2005년 6월 8일.

62 대전배달강좌 홈페이지, http://edulife.dile.or.kr/

63 배달음식 이용관련조사 中 배달음식 주문경험, 엠브레인트렌드모니터(trendmonitor.co.kr), 2012년.

64 「'배달의 민족' 앱 서비스하는 우아한형제들 김봉진 대표」, 『파이낸셜 뉴스』, 2013년 2월 17일, 20면.

65 「배달의 민족 '600만 다운'·'구글 초청' 겹경사」, 『머니투데이』, 2013년 4월 28일.

66 「세계 최강… '배달 민족' 코리아」, 『매일신문』, 2011년 10월 29일.

67 김덕한, 「스피드=돈」, 『조선일보』, 2005년 5월 26일, B1면.

이소희
신문방송학과 2010학번

여성의 입술은 무엇을 말하는가?

립스틱의 역사

여자를 표현하는 립 메이크업

여자의 메이크업 중 가장 기본은 무엇일까? 가장 손쉽게 얼굴에 포인트를 줄 수 있는 메이크업은 어디일까? 바로 립 메이크업이다. 입술은 우리의 얼굴에서 가장 움직임이 많고 표정이 풍부하기 때문에 눈에 잘 띄는 부분이다.[1] 그래서 그날의 립 컬러를 통해 여성이 표현하고자 하는 것은 매번 다를 수 있다.

이처럼 색은 커뮤니케이션의 수단이자, 메시지를 전달하기 위한 것이 될 수 있다. 물체를 본다는 것은 색을 보고 있는 것과 동일하다. 눈이나 두뇌에서 발생하는 시각적 · 생리적 반응은 끊임없이 심리적 영역에서 작용하고 있다. 이 같은 색채 경험은 지적 · 정서적 경험에까지 그 영향이 파급

된다.[2]

이미 20세기 초 과학기술이 발달되면 될수록 상실해가는 순수한 자연과 인간성을 되찾기 위해, 혹은 꿈의 세계, 무의식의 세계를 표현하기 위해 미술가들은 색의 상징적 이미지에 의지하기도 했다. 이렇듯 색은 성격과 감정에 작용해 인간에게 다양한 분위기와 이미지를 창조한다. 그리고 색이 기분의 변화에도 영향을 미치므로 그 효과는 심리적이고 미학적이다.[3]

현대 사회에 접어들며 소비자들의 마음을 움직일 수 있는 주요한 감성 요소로 컬러가 크게 대두되고 있다. 립스틱과 인간 심리의 관계를 보여주는 "립스틱 효과"가 그 대표적인 예라고 할 수 있다. 립스틱 효과는 '저가 제품 선호 추세' 라고도 한다. 특히 여성 소비자의 어려운 경제 여건을 나타내는 것으로, 저렴한 립스틱만으로도 만족을 느끼며 쇼핑을 알뜰하게 하는 데에서 유래된 말이다. 본래는 '립스틱만 발라도 분위기를 바꾸는 효과를 얻는다' 는 뜻을 지니고 있다.[4]

언제부턴가 자연스럽게 립 컬러는 여성에게 가장 바꾸기 쉬운 기호의 표현으로 자리 잡았다. 그러면서 자연스럽게 컬러의 기호는 해마다 또는 계절마다 타깃 소비자에 따라 변화되고 있다.[5] 여성들은 유행하는 색이나 새로운 화장법에 대한 관심도가 높으며,[6] 유행색의 경향은 대체로 난색계의 색상이 유행한 후에는 한색계의 색상이, 또 맑은 톤이 유행한 후에는 부드러운 톤이, 다음은 회색 기미 등 유행색은 일정한 주기를 갖고 반복되는 양상을 보인다고 한다.[7]

이렇듯 립 컬러가 갖는 사회적 의미가 적지 않지만, 립 컬러의 변화 양상에 대해 장기간에 걸친 역사적 연구가 거의 없다는 건 매우 아쉬운 일이다.

이 글은 1930년대부터 시작해 2000년대까지 우리나라에 유행한 립스틱 컬러에 담긴 의미를 분석하고, 시대별 사회 상황과 분위기와 연관지어 당시의 여성들과 사회적으로 어떤 관련성을 갖고 있는지에 대해 생각해보고자 한다.

'모던 걸', 립스틱으로 도전하다

1930년대에 이른바 '모던 걸'로 불리는 신여성들은 치마저고리 대신 양장을 차려입었고, 땋거나 쪽진 머리를 대신 단발이나 파마로 바꾸었고, 버선발 대신 양말이나 스타킹을 신었고, 고무신 대신 구두를 착용했다. 그들은 '구식'과 다른 것을 착용함으로써 '신식'이 되어간다고 믿었고, 자신들이 주체적이고 개성적인 시대인으로서 유행을 이끈다고 인식한 것이다.[8]

그렇다면 1930년대 모던 걸의 화장은 어땠을까? 화장품은 파우더, 립스틱, 아이섀도 등 다양했고, 크림은 일반 여성들에게도 널리 사용되었다. 당시 여성지에 실린 광고에는 '미백美白'이란 말이 많이 나왔는데, 신여성들은 서구의 백색 미인을 기준으로 삼아 화장을 할 때는 뽀얗고 창백한 느낌이 들도록 표현했다.

눈썹은 밀어버리고 펜슬로 가늘게 활 모양으로 그렸고, 윗입술은 얇고 작게 아랫입술은 도톰하게 그렸는데 립스틱은 빨간색이 유행했다. 이러한 화장 모습은 일본풍이나 인기 있는 영화배우들에게서 영향 받은 바가 큰 것이었지만, 일방적인 추수追隨가 아니라 신여성들 나름 응용하고 창의한 것이었다.[9] 그러나 이에 대한 반발이 적지 않았다. 예컨대, 『동아일보』

1931년 6월 7일자는 다음과 같이 말했다.

"최근에는 선지피를 칠한 것가티 새빩안 입슐을 맨드러가지고 다니는 분이 퍽 만하젓습니다. 아무리 화장을 깨긋이 조출하게 하얏드라도 입슐이 그 모양이면 야만인을 연상하게 되어 보기에 매우 불쾌합니다. 더욱이 음식도 먹게 되고 또 이야기도 하게 되어 다른 부분보다도 입슐의 화장이 쉬 벗겨집니다. 여긔서 조고마한 핸드빽의 부튼 거울을 보고 황망이 입슐만 고처 화장하면 자연히 얼굴 전체에 어울릴 만한 화장이 못되고 따로나 보이게 됩니다. 이런 때에 물론 얼굴 전체를 비추어볼 만한 큰 거울이 잇스면 다행이지만 그러치 못한 때에는 연지를 입슐에 칠한 후에 두 입슐을 잠간 합처 빨면 대개는 어떠한 얼굴이든지 마질만치 어울려집니다."[10]

우리의 전통적인 미를 지켜나가기보다 서양의 미를 추구하는 데 적극적이던 모던 걸의 빨간색 립스틱은 당시 서구화되지 않은 한국인들의 이목을 끈 요소 중 하나였다. 이전의 한국 사회에서 미美는 단아함과 우아함이 중시되었기 때문에 높은 신분층으로 갈수록 강렬한 색상은 천박하다고 여겨 환영받기 어려웠다. 이 시기의 유행 립 컬러는 단순히 미용의 목적보다는 여성이 기존의 관습과 편견에 도전해 서구화하려는 모습을 표현한 것으로 보인다.

1930년대의 화려했던 양장, 헤어스타일, 화장 문화의 르네상스는 제2차 세계대전의 발발로 일제 말의 어두운 사회적 분위기를 반영하며 쇠퇴했다. 남자들에게는 빡빡 민머리에 전투복과 전투모가, 여자들에게는 전투복으로 유행과는 무관한 통바지 비슷한 몸빼 차림이 강요되었다. 이 시기는 일본 군국주의 후반의 강요된 획일성을 보여주는 것으로 개성의 표현이

억제되어 화장 문화가 위축되었다.[11]

'서구적 미의 기준'을 둘러싼 갈등

1945년 8 · 15해방 이후 여성들은 사회 기반을 구축하는 일원으로 남녀평등과 여성권익 보호를 위한 운동을 전개했다. 또한 이 시기에는 서구 문명이 급격히 밀려옴에 따라 미용에 대한 의식도 변화했으며 수입 화장품이 주류를 이루었다. 서구 화장법에 대한 우려의 목소리가 나오지 않을 리 없었다. 예컨대, 『경향신문』 1946년 10월 7일자는 다음과 같이 말했다.

"언제나 그러치마는 정치적으로나 경제적으로 오늘과 같은 사회현상에서는 여자의 화장이 가장 솔직한 개성의 표현이어야 할 것입니다. 서양식 화장을 함부로 숭내내는, 덮어놓고 모방하려는 것은 아즉 큰 망발입니다. 화장이라는 것은 얼굴뿐만 아니라 체격은 물론, 정신적인데까지 고와야 합니다. 조선이 가진 가장 단아하고 소박한 아름다움……. 이것을 살려나가기에 누구나가 힘써야만 할 것입니다. 전통을 직혀나가는 새로운 창작미가 오늘 조선 여성에게 요구되고 있습니다."[12]

당시 일반적인 화장 패턴은 얼굴을 희게 하고 눈썹은 반달 모양, 볼연지와 붉은 입술을 하는 것이었다.[13] 입술 화장은 윗입술과 두 개의 대칭이 되는 곡선으로 둥글고 과장되게 그렸다.[14] 기본적으로 붉은 컬러의 립스틱을 발랐지만 과장된 입술 화장을 통해 입술을 부각하고 강조하려는 심리에서 이전 시대보다 대담해진 여성들의 모습이 보인다.

1950~1953년 한국전쟁을 거치면서 우리나라는 미국 문화의 영향을 많

이 받았고, 미용 분야에선 미군에서 흘러나온 미제 화장품이 인기를 끌었다. 미국 영화의 영향은 말할 것도 없고, 대표적 여성지인 『여성계』(1953년 12월 창간)와 『여원』(1954년 10월 창간)을 비롯한 각종 언론매체들은 헤어 메이크업, 패션 등 여성의 유행을 자극하는 역할을 했다.[15]

1950년대는 색조 화장 형태에서 서구적인 미가 미의 기준이 되었는데, 이런 경향은 1957년에 열린 제1회 미스코리아 선발대회 이후 가속화되었다. 서구적 미의 기준은 1959년에 치러진 미스 유니버스에 동양 여성이 선발되어 화제가 된 기사 내용에서도 잘 드러난다.

"지난 7월에 거행된 1959년 미스 유니버스의 결과는 우리들에게 예년에 없는 쇼크를 주었습니다. 미스 유니버스에 일본 대표 고지마 아키코 양이 뽑혀 동양 사람이 단 하나의 세계적 미인으로 뽑혔다는 것은 획기적인 사실인데……. 고지마 아키코 양은 눈이 째지고 눈썹이 쭉 뻗치고 광대뼈가 나왔으며 입이 커서 어떤 면으로 현대적인 아름다움을 지녔다고 볼 수 있습니다. 그러고 보면 이번에 동양인이 최고를 인정받긴 했지만 역시 저울은 서양인의 저울로써 다루어진 것임을 알 수 있습니다."[16]

전반적으로 보아 1950년대 후반에는 핑크계의 피부색이 유행했는데, 입술 역시 앵두처럼 빨간색 립스틱이 핑크 계통의 립스틱으로 바뀌기 시작했다. 이전 시대부터 유행했던 빨간색 립스틱이 국내에서 상영된 할리우드 영화에 등장한 서양 여배우의 인기로 인해서 핑크색 립스틱으로 바뀌기 시작한 것이다. 그럼 이 색들에 담긴 의미는 무엇일까?

빨강은 역동적인 색으로 우리 몸의 활동력을 자극한다. 또 어느 색보다도 감정에 대한 충격이 큰 색으로 따뜻함과 안전함을 주지만 대담하고 위험한 성질을 동시에 지니고 있다.[17] 분홍은 우아하고 달콤하며 섬세한 색으로 여성다움을 상징하며 부정적인 이미지는 거의 가지고 있지 않다. 분홍에는 빨강에서 보이는 분노와 에로티시즘의 느낌은 배제되고 없지만 관능성은 여전히 남아 있다.[18] 결국 빨강과 분홍은 종전 후 여성미의 부활을 보여주는 대표적인 립 컬러라고 말할 수 있다.

오렌지 립스틱의 유행

"'마이아미 · 비취'에서 열린 미스 유니버스 선발대회엔 세계 각국에서 형형색색의 미인 88명이 모여들었다가 당락當落이 결정되자 희비쌍곡 가운데 뿔뿔이 헤어지는 중이다. 얼굴이 똑 따게 생겼느냐, 육체미가 미끈하냐, 애교도 제법 부리느냐 등이 선발의 중점이었던가 보다. 이러한 격렬한 경염장 속에서 미스유니버스는 미국 런다 베넌트, 그리고 우리나라의 손미희 양은 여섯 번째를 차지했다. 베넌트는 어떤 조건이 구비돼서 세계 제일 미인이 됐고 우리 손양은 무슨 결점이 있길래 제6위가 됐는지 그 심미의 기절을 알 수는 없으나 어쨌든 그만한 입선권 내에 들은 것만도 불행 중 다행하다."[19]

『동아일보』 1960년 7월 12일자의 기사 내용이다. 서구적 미의 기준에 대한 불만을 토로하면서도 한국 여성이 6위를 차지한 것을 다행으로 여기는 게 인상적이다. 그러나 1961년 5 · 16쿠데타 이후 경제개발과 근대화(서구화)가 본격화되면서, 서구적 미의 기준은 점점 더 우리의 내면세계에까지 밀려 들어왔고, 이는 화장 문화에도 큰 영향을 미치기 시작했다.

1962년부터는 아이섀도, 파운데이션, 매니큐어, 마스카라 등이 선보이면서 메이크업 제품이 국내 업체들에 의해 개발되기 시작했다.[20] 메이크업을 둘러싼 전반적인 문화가 1950년대까지는 이상적인 여성미를 기준으로 한 획일적인 모방의 시대였다면 1960년대부터는 대체적으로 입술 색상과 눈썹 색상을 최대한 흐리게 표현하고 눈을 강조했다.

그러나 익숙지 않은 색조화장이 서양 전문가의 눈엔 꽤 어색하게 보였던가 보다. 『동아일보』 1963년 4월 26일자엔 다음과 같은 기사가 실렸다.

"우리나라 여성에게 피부보호법과 화장법을 강의하기 위해 미국의 미용가 준 마틴 여사가 지난 22일 내한, 26일 하오 5시 15분부터 시민회관에서 화장법을 무료 공개하게 되었다……. 준 마틴 여사는 이렇게 말하였다. 한국 여성은 크림이나 콜드 같은 피부 보호제를 많이 사용하기 때문에 피부는 서양 여자들보다 훨씬 곱다. 이런 현상은 동양 여성 전부에게 통한다. 그러나 색채화장에는 여간 서툴지 않아 거리에는 퍽 어색한 화장의 여인이 눈에 뜨인다고……."[21]

좀 어색했을망정 입술 화장의 개념에도 이전과는 다른 변화가 있었다. 흔히 입이 작아야 미인이라고 표현된 동양의 미인관이 변해 입 큰 것이 오히려 현대적 감각이 듬뿍 풍기는 정열적이고 매력적인 것으로 평가되었다. 입이 크면 생활력이 강하고 활동적이라는 평가도 있었다. 립스틱 컬러는 외국에서는 짙은 핑크가 유행했지만 우리 한국 사람에게 잘 맞는 오렌지 계통의 빛깔이 유행했다.[22]

그렇다면 왜 오렌지색이 당시 한국인과 잘 맞았을까? 오렌지색은 빨강과 노랑을 혼합한 색으로 활발하고 화려하며 외향적이고 개방적인 느낌을 준다. 빨강의 강열함이 따뜻함으로 누그러진 색이고, 노랑의 불안함이 편

안함으로 바뀌는 색이기도 하다.[23]

잔인한 전쟁을 끝내고 다시 일상으로 복귀하려고 노력하는 한국의 전반적인 모습이 오렌지 립 컬러를 통해서 드러난 것으로 볼 수 있다. 사회적 안정을 찾지 못해 불안한 모습을 보였던 1950년대와는 달리 1960년대는 어느 정도 정돈이 이루어진 가운데 역동적인 모습이 보이는데, 이에 따라 자연스레 당시 유행한 여성의 립 컬러에도 그런 사회적 상황이 반영되었다고 볼 수 있지 않을까?

1970년대는 화장품의 춘추전국시대

1970년 3월 12일자 『동아일보』는 외신을 인용해 "립스틱을 입술의 선을 넘어서 그리는 여성은 로맨틱하고 플레이 걸 형, 극도로 엷게 칠하는 여성은 신경질이다"는 '립스틱 감정법'을 소개했는데,[24] 이런 감정법은 한국에 적용하긴 좀 어려운 면이 있었다. 화장 인프라가 약했기 때문이다. 그러나 1970년대부터 사정이 크게 달라진다.

1970년대는 화장품 제조기술이 급속한 발전을 하게 되고, 메이크업의 수요 증가, 색조화장 인식 계몽, 인기 색조 화장 품목의 방문판매유통이 활발히 이루어진 이른바 화장품의 춘추전국시대였다.[25] 1970년대 초반에는 피부표현에 중점을 둔 메이크업이 대세였지만, 중반에서부터 후반으로 갈수록 서서히 색조화장이 유행하기 시작했다.

처음으로 색조 메이크업이 도입되었을 당시에는 색조 메이크업에 대한 선입견이 있었으나 국내 화장품 회사의 주도하에 메이크업 캠페인이 시작되면서 색조화장의 필요성이 부각되기 시작했다. 예컨대, 『경향신문』 1978년 2월 20일자는 다음과 같이 말했다.

"1978년도 메이크업 발표회가 태평양 화학 주최로 15일 하오 3시 동 사 강당에서 열렸다. 이 발표회에 따르면 올해의 메이크업 경향은 얼굴 가운데 가장 여성적이고 정감 있는 부분인 입술을 강조하여 화사하고 부드러운 분위기를 연출하는 화장이 주류가 될 것으로 보인다. 너무 예리하거나 둥글지 않은 윤곽의 입매에 핑크황색 보라 등 화려한 꽃빛깔의 입술 색상이 인기를 끄는 가운데 올리브 그린과 이끼색 등 신선한 느낌을 주는 빛깔이 대두될 전망. 얼굴의 기본 색조는 밝은 핑크계열이며 볼연지도 엷은 색으로 피부색과 조화를 이룬다." [26]

전반적으로 1970년대에는 1960년대와 비슷하게 핑크색과 오렌지색이 유행했다. 하지만 같은 핑크색과 오렌지색이라 하더라도 색상의 채도는 더욱 높아진 것으로 보인다. 즉, 오렌지색이 지닌 활발하고 외향적인 성격이 더욱 강조된 것이다. 이러한 배경에는 억압적인 사회 분위기를 벗어나고 싶어 하는 여성들의 심리와 대중매체로 인해 발달하기 시작한 대중문화의 영향이 있었던 것 같다.

또한 1970년대엔 태닝화장이 시작되었으며 후반에는 TPO에 적합한 화장이 유행했다. 이는 당시 『여성중앙』에 실린 기사를 통해서도 알 수 있다. "아이메이크업을 할 때는 피부와 복장의 조화와 동시에 TPO(시간, 장소, 목적)를 고려하도록 하고 낮에는 자연스런 아이메이크업을, 반대로 밤에 외출할 때는 붙이는 눈썹이나 심는 눈썹을 사용하여 화려하게 하는 것도 좋을 것이다." [27]

'1백50만 명이 똑같은 립스틱을 고르는 나라'?

1980년대에 가장 유행했던 화장은 짙고 두꺼운 눈썹, 빨간 립스틱, 브라운계 아이섀도에 의한 보이시한 이미지였다. 하지만 후반에는 자연지향풍이 나타나면서 눈썹은 자연스러운 형태로 변했으며 아이섀도는 톤을 낮추고 포인트를 입술에 둔 내추럴과 원 포인트 메이크업이 유행했다.[28]

이 당시 가장 인기 있었던 립스틱 컬러는 다홍색과 진한 핑크색이다. 다홍색은 기존 주황이 가진 활발하고 화려하며 외향적이고 개방적인 색상에서 빨강에 가깝도록 채도를 높인 색이다. 그리고 핑크색도 기존 핑크색이 지닌 우아한 여성성에서 채도를 더해 더 강한 의미를 부여했다. 이 두 색상은 복합적으로 중성적, 단정함, 싱그러움, 신선한 이미지를 갖는다.[29] 이러한 컬러 추세는 『경향신문』(1988년 3월 25일) 기사를 통해서도 확인할 수 있다.

"올봄 여성들의 화장법에는 자연색인 오렌지 핑크 등 두 종류의 색깔이 두드러지게 이용되는 것이 특징. 지난 연말까지도 일부 유행의 첨단을 걷는 여성들만 이용해 오던 오렌지색 화장법은 이제 많은 여성들에게 호응을 얻어 대중화해 가고 있는 추세다. 오렌지 색깔은 주로 눈화장에 이용되어 눈두덩이 위에 연노란색이나 황금색 등 오렌지 계열의 아이섀도를 펴바르고 속눈썹 주위를 보라빛으로 살짝 칠하는 것, 또 눈화장에 맞춰 입술엔 오렌지가 섞인 갈색이나 산호색 립스틱을 발라 조화를 이루게 한다."[30]

1990년대 메이크업의 특징은 자연스럽고 가벼운 내추럴함이라고 할 수 있으며 아울러 고전적인 미를 강조하는 복고형 메이크업 경향을 보였다. 이 시기 한국 여성들의 대표적 아이콘 스타였던 청순미를 강조한 심은하, 고현정 등에서 표현되는 자연스럽고 내추럴한 이미지가 많은 여성들에게

이상화된 미적 표현으로 이용되었다.[31]

국내에서 시판되는 해외 브랜드들의 화장법도 적잖은 영향을 미치기 시작했다. 예컨대, 『경향신문』(1997년 1월 28일)에 따르면, 이런 식이다. "샤넬은 네온을 주제로 색조화장보다는 피부의 투명감을 강조하고 있다. 립스틱 역시 하얀빛으로 보이지만 독특한 색상이 은은하게 나타나 입술을 반짝이게 하는 투명한 제품이며 아이섀도는 눈꼬리 부분에만 황금빛을 살짝 발라준다. 크리스티앙 디오르의 봄 화장 주제는 아예 노컬러. 자신의 피부나 입술색과 같은 파운데이션과 립스틱을 아주 연하게 펴발라 전혀 화장을 하지 않은 듯하면서도 세련되고 지적인 이미지를 연출한다."[32]

당시 유행했던 립 컬러는 체리핑크와 빨간색이다. 이 두 색은 깔끔함, 화려함, 섹시함, 신비로움의 이미지를 갖는다.[33] 현대 페미니즘과 같은 사상적 영향도 여성의 메이크업에 많은 영향을 주었겠지만, 1990년대 중반에 불어닥친 외환위기의 여파로 사회 분위기가 전반적으로 여성에게 화려한 이미지보다는 차분한 이미지를 요구했음을 알 수 있다.

『월간조선』 1998년 7월호에 실린 「한국 여성들의 획일화된 화장문화 비판: 1백50만 명이 똑같은 립스틱을 고르는 나라」라는 제목의 기사처럼, 한국 여성의 '립스틱 획일화'를 비판하는 목소리도 있었지만, 획일화가 한국 사회 전반에 만연된 상황에서 립스틱만 특별히 비판받을 이유는 없지 않을까? 그리고 자신을 '드러나지 않게 하면서 드러내는' 미세한 차이에도 주목해볼 필요가 있지 않을까?

2000년대 립 메이크업은 1990년대의 오버된 입술 모양에서 본래의 입술을 살린 자연스러운 형태로 변화되었다. 그리고 1990년대의 매트matte(무

광택의)한 입술에서 글로시glossy(번들거리는)한 입술로 유행이 바뀌면서 립글로스의 사용이 보편화되었다. 입술을 진하게 표현하지 않고 립글로스만 살짝 발라주는 정도의 가벼운 입술 표현을 선호하게 된 것이다.[34] 2000년대 유행한 립 컬러는 로즈와 라벤더 베리다. 라벤더 베리는 보라 계통의 색깔로 민감, 변화, 매혹적인 쾌락 등을 의미한다.[35] 기존의 여성성을 강조하는 립 컬러를 벗어나 사이버틱한 컬러가 유행했다는 사실은 개성 표출 시대가 개막했음을 보여주는 것이다.

■ 립스틱, 여성들이 애용하는 소통의 수단

립스틱은 여성들, 특히 페미니즘 진영 내에서도 오랜 논란의 대상이었다. 립스틱으로 대변되는 화장을 어떻게 볼 것인가 하는 문제 때문이었다. 여성의 화장, 특히 립스틱을 긍정하는 '립스틱 페미니즘lipstick feminism'이 나오게 된 것은,[36] 어쩌면 립스틱이 갖는 커뮤니케이션 효과를 높이 샀기 때문인지도 모르겠다.

좀 다른 차원에서 립스틱은 저항의 상징이기도 했다. 특히 자율을 주장하는 10대 소녀들에게 그러했다. 미국에서 1937년에 조사된 한 통계를 보면, 10대 소녀의 50퍼센트 이상이 립스틱 때문에 부모와 싸운 경험이 있는 걸로 나타났다.[37] 이란 같은 나라에선 1990년대 한때 여성이 립스틱만 발라도 처벌했기 때문에 립스틱을 바르는 건 처절한 여성해방 투쟁이기도 했다.[38]

립스틱을 바르더라도 어떤 컬러의 립스틱을 바르느냐에 따라 커뮤니케이션의 내용이 달라진다. 컬러는 각각의 다양한 의미를 내포하고 있다. 그렇기에 사람들은 소통의 도구로 언어, 문자 등을 이용하는 데 그치지 않고 다양한 컬러를 활용한다. 여성의 립 컬러도 이와 같은 맥락에서 볼 수 있다. 여성의 메이크업 중 쉽게 컬러를 입히고 여러 의미 전달이 가능한 것은 단연 립 메이크업이다. 따라서 시대별 유행한 립 컬러는 여성들이 애용한 사회적 소통의 수단임을 알 수 있다. 왜냐하면 립 컬러는 보는 사람들에게 가장 함축적으로 의미를 전달할 수 있는 이미지이기 때문이다.

립스틱 컬러가 지닌 이런 다양한 의미를 잘 표현한 노래가 한국 대중 가요 속에 있다. 바로 임주리의 〈립스틱 짙게 바르고〉다.

"내일이면 잊으리 꼭 잊으리 립스틱 짙게 바르고 사랑이란 길지가 않더라 영원하지도 않더라 아침에 피었다가 저녁에 지고 마는 나팔꽃보다 짧은 사랑아 속절없는 사랑아 마지막 선물 잊어주리라 립스틱 짙게 바르고 별이 지고 이 밤도 가고 나면 내 정녕 당신을 잊어주리라."

우리는 이 노랫말을 듣고 은연중에 사랑에 상처받은 여자가 립스틱을 짙게 바르며 자신의 복잡한 심경을 다잡는 듯한 이미지를 떠올리게 된다. 정말 립스틱 컬러와 여자의 관계를 단순하지만 명확하게 표현한 노래이지 싶다.

시대별로 유행했던 립 컬러는 그동안 한국 사회의 변화 양상을 어렴풋하게나마 보여준다. 한국은 1930년대 이후부터 내부적으로 자발적인 변화 양상을 띠면서도 서양의 스타, 문화, 사상 등에서 줄곧 영향을 받아왔다. 이러한 모습은 한 시기 유행되는 립 컬러가 형성되는 과정을 통해서도 쉽게 확인할 수 있다. 예컨대, 메릴린 먼로, 마돈나 등의 세계적인 스타와 포스트모더니즘 사상 등의 유행은 한국 사회 내에 새로운 분위기를 형성했고 그 변화는 립 컬러의 변화까지 이끌어왔기 때문이다.

그리고 유행한 립 컬러는 한국 사회 내 여성의 지위 변화 양상까지 보여준다. 여성미를 강조하는 립 컬러에서 남성과의 동등한 대우를 받고 싶어 표현한 립 컬러, 그리고 자신의 개성을 강조하는 립 컬러까지 다양한 컬러의 변화를 통해 여성이 한국 사회에서 얼마나 성장했는지를 알 수 있기 때문이다.

1 강진희, 「색조화장에 있어 입술화장이 얼굴 이미지에 미치는 영향에 관한 연구」(중앙대학교 의약식품대학원 석사학위논문, 2003), 33쪽; dl.nanet.go.kr
2 강진희, 「색조화장에 있어 입술화장이 얼굴 이미지에 미치는 영향에 관한 연구」(중앙대학교 의약식품대학원 석사학위논문, 2003), 6~7; dl.nanet.go.kr
3 김명리, 「화장 행위가 갖는 심리학적 효과에 관한 연구」(숙명여자대학교 원격대학원, 2004), 30쪽; dl.nanet.go.kr
4 「립스틱 효과」, 『두산백과(www.doopedia.co.kr)』.
5 「컬러 트렌드」, 『위키백과사전(ko.wikipedia.org/)』.
6 김명리, 「화장 행위가 갖는 심리학적 효과에 관한 연구」(숙명여자대학교 원격대학원, 2004), 85쪽; dl.nanet.go.kr
7 최남식, 「유행색상이 색조화장품의 구매행동에 미치는 영향」(숙명여자대학교 원격대학원, 2008), 20쪽; dl.nanet.go.kr
8 맹문재, 「일제강점기의 여성지에 나타난 여성미용 고찰 : 1930년대를 중심으로」(한국여성학회, 2003). 10~11쪽; dl.nanet.go.kr.
9 맹문재, 「일제강점기의 여성지에 나타난 여성미용 고찰: 1930년대를 중심으로」(한국여성학회, 2003), 21~22쪽; dl.nanet.go.kr.
10 「입슐화장은 이러케 고처야」, 『동아일보』, 1931년 6월 7일, 4면.
11 주은경, 「20세기 전반기 한국 화장문화에 관한 연구」(한성대학교 예술대학원, 2003), 62쪽; www.riss.kr.
12 「화장(化粧) 개성미(個性美)가 나게」, 『경향신문』, 1946년 10월 7일, 4면.
13 최남식, 「유행색상이 색조화장품의 구매행동에 미치는 영향」(숙명여자대학교 원격대학원, 2008), 8쪽; dl.nanet.go.kr.
14 신세영,「한국 입술화장(化粧)문화에 관한 通時的 고찰」(한성대학교 예술대학원, 2003), 24쪽; www.riss.kr.
15 이승연, 「한국 영화로 보는 시대별 메이크업에 관한 연구」(조선대학교 디자인대학원 석사학위논문, 2006), 13쪽; dl.nanet.go.kr.
16 김민제, 「20세기 후반 한국 여성의 화장(Make-up) 문화와 이미지 연구-여성잡지를 중심으로-」(창원대학교 박사학위논문, 2011), 36쪽; www.riss.kr.
17 김용숙, 『컬러심리 커뮤니케이션』(일진사, 2008), 47쪽.
18 김용숙, 『컬러심리 커뮤니케이션』(일진사, 2008), 59쪽.
19 「횡설수설」, 『동아일보』, 1960년 7월 12일, 1면.

20 이승연, 「한국영화로 보는 시대별 메이크업에 관한 연구」(조선대학교 디자인대학원 석사학위논문, 2006), 30쪽.

21 「한국여성(韓國女性)은 색채화장(色彩化粧) 서툴러」, 『동아일보』, 1963년 4월 26일, 6면.

22 김민제, 「20세기 후반 한국 여성의 화장(Make-up) 문화와 이미지 연구—여성잡지를 중심으로-」(창원대학교 박사학위논문, 2011), 45쪽; www.riss.kr.

23 김용숙, 『컬러심리커뮤니케이션』(일진사, 2008), 75쪽.

24 「한눈에 상대(相對)를 아는 감정법(鑑定法)」, 『동아일보』, 1970년 3월 12일 4면.

25 김영희, 「1970년대 한국 여성의 사회적 이미지와 메이크업 특성 연구」(한국패션비즈니스학회, 2008), 8쪽; www.riss.kr.

26 「올해 메이크업 경향 입술에 화사한 색상(色相)」, 『경향신문』, 1978년 2월 20일, 4면.

27 김민제, 「20세기 후반 한국 여성의 화장(Make-up) 문화와 이미지 연구—여성잡지를 중심으로-」(창원대학교 박사학위논문, 2011), 52쪽; www.riss.kr.

28 김민제, 「20세기 후반 한국 여성의 화장(Make-up) 문화와 이미지 연구—여성잡지를 중심으로-」(창원대학교 박사학위논문, 2011), 59쪽; www.riss.kr.

29 강진희, 「색조화장에 있어 입술화장이 얼굴 이미지에 미치는 영향에 관한 연구」(중앙대 의약식품대학원 석사학위논문, 2003), 24쪽; dl.nanet.go.kr.

30 「올 봄 화장(化粧) 오렌지색(色) 크게 유행(流行)」, 『경향신문』, 1988년 3월 25일, 16면.

31 유지영, 「한국 여성의 시대별 미적 표현성에 관한 연구」(울산대학교 대학원 석사학위논문, 2007), 37쪽; www.riss.kr

32 「올 봄 화장 투명한 로맨틱 분위기 화장품사(社) 제안 색조 포인트」, 『경향신문』, 1997년 1월 28일, 14면.

33 강진희, 「색조화장에 있어 입술화장이 얼굴 이미지에 미치는 영향에 관한 연구」(중앙대학교 의약식품대학원 석사학위논문, 2003), 24쪽; dl.nanet.go.kr

34 정재진, 「한국 여성의 메이크업 변천 요인에 관한 연구: 1970년대 이후」(대구가톨릭대학교 디자인대학원, 2006), 40쪽; dl.nanet.go.kr

35 하랄드 브램, 이재만 옮김, 『컬러의 의미와 상징 색의 힘』(일진사, 2010), 137쪽.

36 「Lipstick feminism」, 『Wikipedia』.

37 「Lipstick」, 『Wikipedia』.

38 유숙렬 정리, 「해외논단: 아랍 여성의 립스틱 정치학」, 『문화일보』, 1999년 8월 22일, 7면.

우리도 몰랐던

우리 문화

초판 1쇄 2014년 3월 7일 펴냄
초판 2쇄 2014년 9월 26일 펴냄

지은이 | 강준만 외
펴낸이 | 강준우
기획 · 편집 | 박상문, 안재영, 박지석, 김환표
디자인 | 이은혜, 최진영
마케팅 | 이태준, 박상철
인쇄 · 제본 | 대정인쇄공사

펴낸곳 | 인물과사상사
출판등록 | 제17-204호 1998년 3월 11일

주소 | (121-839) 서울시 마포구 서교동 392-4 삼양E&R빌딩 2층
전화 | 02-325-6364
팩스 | 02-474-1413
www.inmul.co.kr | insa@inmul.co.kr

ISBN 978-89-5906-252-2 03300
값 14,000원

이 도서의 국립중앙도서관 출판시도서목록(CIP)은 서지정보유통지원시스템 홈페이지(http://seoji.nl.go.kr)와
국가자료공동목록시스템(http://www.nl.go.kr/kolisnet)에서 이용하실 수 있습니다.
(CIP제어번호: CIP2014006080)